高等职业教育房地产类专业精品教材

物业管理应用文写作

主　编 孟　化
副主编 谭小辉　罗小平　屈甜利
参　编 余　蕊　刘　薇

北京理工大学出版社
BEIJING INSTITUTE OF TECHNOLOGY PRESS

内 容 提 要

本书以《教育部关于加强高职高专教育人才培养工作的意见》提出的"高职高专应以培养高等技术应用性专门人才为根本任务"和《教育部关于深化职业教育教学改革全面提高人才培养质量的若干意见》提出的"加强文化基础教育"为理念进行编写。全书共分为9个模块,主要内容包括物业管理应用文写作概述,物业管理公务文书,物业管理事务文书,物业管理招标投标书,物业管理专项业务文书,物业管理常用表格,条例、规章类文书,物业管理日用文书,物业管理礼仪文书等。

本书可作为高等院校物业管理类相关专业的教材,也可作为相关部门、机构的培训教材,还可作为相关从业人员的参考用书。

版权专有　侵权必究

图书在版编目（CIP）数据

物业管理应用文写作 / 孟化主编. -- 北京：北京理工大学出版社, 2022.1（2022.2重印）
ISBN 978-7-5763-0913-3

Ⅰ.①物… Ⅱ.①孟… Ⅲ.①物业管理－应用文－写作－高等职业教育－教材 Ⅳ.①F293.347

中国版本图书馆CIP数据核字(2022)第015337号

出版发行 / 北京理工大学出版社有限责任公司
社　　址 / 北京市海淀区中关村南大街5号
邮　　编 / 100081
电　　话 /（010）68914775（总编室）
　　　　　（010）82562903（教材售后服务热线）
　　　　　（010）68944723（其他图书服务热线）
网　　址 / http://www.bitpress.com.cn
经　　销 / 全国各地新华书店
印　　刷 / 河北鑫彩博图印刷有限公司
开　　本 / 787毫米×1092毫米　1/16
印　　张 / 15　　　　　　　　　　　　　　　　责任编辑 / 江　立
字　　数 / 337千字　　　　　　　　　　　　　　文案编辑 / 江　立
版　　次 / 2022年1月第1版　2022年2月第2次印刷　责任校对 / 周瑞红
定　　价 / 48.00元　　　　　　　　　　　　　　责任印制 / 边心超

图书出现印装质量问题，请拨打售后服务热线，本社负责调换

出版说明

Publisher's Note

物业管理是我国实施住房制度改革过程中,随着房地产市场不断发展及人们生活水平不断提高而产生的一种住房管理模式。物业管理在小区公共设施保养维护、社区服务、小区建设,以及提升城市住宅的整体管理水平方面都有千丝万缕的关联。物业管理行业,作为极具增长潜力的新兴服务产业,被称作"房地产的第二次开发"。同时,物业管理又是一个劳动密集型行业,可以吸纳大量的劳动力就业,而物业管理的优劣关键在于物业管理服务的品质,服务品质提升的关键又在于企业是否拥有先进的管理体制和优秀的人才。

随着我国经济的不断发展,人民生活水平进一步提高,物业管理行业的发展更加规范化、市场化,市场竞争也日趋激烈。高等职业教育以培养生产、建设、管理、服务第一线的高素质技术技能人才为根本任务,加强物业管理专业高等职业教育,对于提高物业管理人员的水平、提升物业管理服务的品质、促进整个物业管理行业的发展都会起到很大的作用。

为此,北京理工大学出版社搭建平台,组织国内多所建设类高职院校,包括甘肃建筑职业技术学院、山东商务职业学院、黑龙江建筑职业技术学院、山东城市建设职业学院、广州番禺职业技术学院、广东建设职业技术学院、四川建筑职业技术学院、内蒙古建筑职业技术学院、重庆建筑科技职业学院等,共同组织编写了本套"高等职业教育房地产类专业精品教材(现代物业管理专业系列)"。该系列教材由参与院校院系领导、专业带头人组织编写团队,参照教育部《高等职业学校专业教学标准》要求,以创新、合作、融合、共赢、整合跨院校优质资源的工作方式,结合高职院校教学实际以及当前物业管理行业形势和发展编写完成。

本系列教材共包括以下分册:

1.《物业管理法规》
2.《物业管理概论(第3版)》
3.《物业管理实务(第3版)》

4.《物业设备设施管理(第3版)》
5.《房屋维修与预算》
6.《物业财务管理》
7.《物业管理统计》
8.《物业环境管理》
9.《智慧社区管理》
10.《物业管理招投标实务》
11.《物业管理应用文写作》

本系列教材的编写，基本打破了传统的学科体系，教材采用案例引入，以工作任务为载体进行项目化设计，教学方法融"教、学、做"于一体、突出以学生自主学习为中心、以问题为导向的理念，教材内容以"必需、够用"为度，专业知识强调针对性与实用性，较好地处理了基础课与专业课、理论教学与实践教学、统一要求与体现特色以及传授知识、培养能力与加强素质教育之间的关系。同时，本系列教材的编写过程中，我们得到了国内同行专家、学者的指导和知名物业管理企业的大力支持，在此表示诚挚的谢意！

高等职业教育紧密结合经济发展需求，不断向行业输送应用型专业人才，任重道远。随着我国房地产与物业管理相关政策的不断完善、城市信息化的推进、装配式建筑和全装修住宅推广等，房地产及物业管理专业的人才培养目标、知识结构、能力架构等都需要更新和补充。同时，教材建设是高等职业院校教育改革的一项基础性工程，也是一个不断推陈出新的过程。我们深切希望本系列教材的出版，能够推动我国高等职业院校物业管理专业教学事业的发展，在优化物业管理及相关专业培养方案、完善课程体系、丰富课程内容、传播交流有效教学方法方面尽一份绵薄之力，为培养现代物业管理行业合格人才做出贡献！

北京理工大学出版社

前言

PREFACE

本书在编写过程中始终贯彻以"应用"为主旨,以特征构建课程和教学内容体系这一宗旨。本书的编写者为一线教师,他们具有多年的教学经验,在经过多年试用学习全国优质教材的基础上,分析了建筑行业的社会需求和近年来学生的特点,并经教研组反复研讨和课题调研,形成了一套"教案先导、学案践行"的新型教学模式。本书的编写即以这种新型教学模式为基础,从教材学习到课堂教学及学生阅读练习,打破常规教学,形成模块化教学,规避了以往重理论轻实践,教师"一言堂"的教学形式,课程设计采取学生训练为主、教师指导为辅的互动教学形式,解决了长期以来课程理论与课程实践倒置的矛盾,解决了课程内容与课时安排的矛盾,解决了一直以来课堂教学教师与学生互动交流缺乏的矛盾。本教材以全新的面貌展示了以下特点:

(1)编排体例模块化。本书所选内容均为实际工作生活中常用的文书,特别针对建筑类专业学生的职业需求单独编写了建筑文书写作。全书共分为9个模块,以实践教学为主线,把知识模块化,又把每一模块划分为若干教学单元,将课程知识体系和"模块""单元"相结合,构建与各专业相适应的教学内容,并对所学任一文书进行实例示范、理论教学和实践练习,有的文书后辅以相关文书内容作为拓展知识。

(2)教学目标明确化。教材本着服务学生专业学习、职业发展、日常生活的原则,以"适应为主,够用为度"的原则,以职业能力和素质培养为重点。通过学习本课程,使学生了解常用文书的定义、特点、作用及其写作基础知识,具备常用文书的写作能力,引导学生认识到学习掌握应用文写作知识技能的重要意义和实用价值,帮助学生加强应用文写作的规范意识和写作水平,提高学生的语言文字应用水平,全面提升学生的个人写作综合素质,增强学生职场综合竞争力。

(3)实训练习规范化。本书强化了学习应用文写作的实训练习,每一文书后均配有基础练习和写作训练等不同形式的写作练习,且写作练习均可以前文"模式应用"为参考模板来完成,旨在通过多层次、多角度的思考练习,加大实训练习题量的同时,强化学生对所学文书知识的理解、记忆,进一步规范应用文写作格式和结构。

本书是一线教师在工作中实用、贴合实际、易操作的好助手，同时也是学生在学习过程中简便、易掌握、容易进行写作的好帮手。本书在编写过程中，参阅和借鉴了大量优质教材的特点，在理论方面要求精准度高，在实践方面要求精准度好，感谢一直以来在应用文写作方面孜孜以求不断推出精品教材的同仁们！

由于编者水平有限，书中疏漏及不妥之处在所难免，敬请读者批评指正。

编　者

目录

CONTENTS

模块一　物业管理应用文写作概述 ·· 1
　　单元一　关于物业管理应用文写作 ·· 2
　　单元二　应用文写作基础 ··· 5

模块二　物业管理公务文书 ··· 18
　　单元一　公务文书概述 ·· 19
　　单元二　通知、通报 ·· 26
　　单元三　报告、函 ··· 34
　　单元四　请示、批复 ·· 45
　　单元五　会议纪要 ··· 51

模块三　物业管理事务文书 ··· 58
　　单元一　物业管理计划 ·· 59
　　单元二　物业管理总结 ·· 64
　　单元三　物业管理简报 ·· 68
　　单元四　物业管理调查报告 ·· 71
　　单元五　物业管理会议记录 ·· 78
　　单元六　物业管理经济活动分析报告 ··· 82
　　单元七　物业管理述职报告 ·· 86
　　单元八　物业管理公约 ·· 92

模块四　物业管理招标投标书 ··· 99
　　单元一　物业管理招标书 ·· 101

目 录

  单元二 物业管理投标书 ... 106
  单元三 物业管理合同 ... 112

模块五 物业管理专项业务文书 ... 124
  单元一 入住手续文书 ... 125
  单元二 装修管理文书 ... 130
  单元三 物业管理告知类文书 ... 136

模块六 物业管理常用表格 ... 145
  单元一 物业管理常用表格编制 ... 146
  单元二 物业管理服务常用表格 ... 147

模块七 条例、规章类文书 ... 156
  单元一 物业管理章程 ... 157
  单元二 物业管理规定 ... 167
  单元三 物业管理条例 ... 168
  单元四 物业管理办法 ... 170

模块八 物业管理日用文书 ... 173
  单元一 启事 ... 174
  单元二 海报 ... 179
  单元三 聘书 ... 182
  单元四 求职信 ... 184
  单元五 申请书、倡议书 ... 188
  单元六 介绍信、证明信 ... 196
  单元七 条据 ... 200

模块九 物业管理礼仪文书 ... 205
  单元一 请柬、邀请信 ... 206
  单元二 贺信（电） ... 209
  单元三 感谢信、慰问信 ... 211
  单元四 开幕词、闭幕词 ... 215
  单元五 欢迎词、欢送词、答谢词 ... 219
  单元六 演讲词 ... 224

参考文献 ... 232

模块一 物业管理应用文写作概述

学习目标

通过本模块的学习，掌握应用文写作的基本知识(种类、作用、性质、特点、原则)，应用文写作的主旨、材料、结构、语言等，为物业管理应用文写作打下坚实基础。

能力目标

对物业管理应用文写作有基础认知，能明确应用文写作的主旨、材料、结构、语言。

引入案例

国家发展和改革委员会、建设部关于印发《物业服务收费明码标价规定》的通知
（发改价检〔2004〕1428号）

各省、自治区、直辖市及计划单列市发展改革委(计委)、物价局、建设厅、房地局：

  为进一步规范物业服务收费行为，提高物业服务收费透明度，维护业主和物业管理企业的合法权益，促进物业管理行业的健康发展，根据《中华人民共和国价格法》《物业管理条例》和《关于商品和服务实行明码标价的规定》，我们制定了《物业服务收费明码标价规定》。现印发给你们，请认真贯彻执行。

  附：物业服务收费明码标价规定（略）

国家发展和改革委员会
建设部
2004年7月19日

模块一　物业管理应用文写作概述

这是发改委与原建设部联合发布的一份"通知"，属于应用文的一种。什么是应用文呢？它跟其他的文章有什么不同？物业管理应用文课程主要学习什么内容？

单元一　关于物业管理应用文写作

一、物业管理应用文的种类、作用

应用文是根据文章的功能标准所划分出的一大文体类别，指的是在社会生活中为人们所普遍运用的处理公私事务的实用型文书。

(一)物业管理应用文的种类

物业管理应用文根据性质和功能不同，可分为如下几类。

1. 按性质不同划分

按性质可分为一般常用应用文和国家行政机关公文两种。

(1)一般常用应用文主要是指物业管理公司经常使用的公务文书、事务文书和专用文书。

(2)国家行政机关公文是指国家机关、社会组织和团体行使职权、办理公务所撰写的法定文书，是《党政机关公文处理工作条例》中所规定的文种。其包括决议、决定、命令(令)、公报、公告、通告、意见、通知、通报、报告、请示、批复、议案、函、纪要，共15种。

2. 按功能不同划分

物业管理应用文按功用不同可分为三种，即物业管理公务文书、物业管理事务文书、物业管理专用文书。

(1)物业管理公务文书主要包括物业管理通知、物业管理通报、物业管理报告、物业管理请示、物业管理函、物业管理会议纪要等。

(2)物业管理事务文书主要包括物业管理计划、物业管理总结、物业管理调查报告、物业管理合同等。

(3)物业管理专用文书主要包括物业管理章程、物业管理规定、物业管理投标书等。

(二)物业管理应用文的作用

物业管理应用文作为一种工具在解决和处理物业管理事务，反映和维系物业管理公司与社会各方面的联系交往，沟通和协调物业管理公司与业主的关系等方面，具有不可低估的作用，具体表现在以下几个方面。

1. 法规作用

物业管理应用文，尤其是以公文形式发布的有关物业管理的法规和规章，具有法律的规范作用。物业管理公司发布的通知、规定、章程等，既规范和制约着物业管理人员的行为活动，也直接规范和制约着业主日常生活中的行为活动。如小区物业管理的各种规定、

模块一　物业管理应用文写作概述

管理办法等,不仅具有制约业主某一方面行为的作用,而且也是保证物业管理工作顺利开展和小区生活秩序稳定的重要工具之一。

2. 指导作用

物业管理应用文有利于制订、宣传、贯彻党和国家重要方针政策。指导物业部门的管理工作,使企业从宏观到微观都能按章办事,工作有规律、有秩序、有效率;同时,物业管理应用文也能指导业主配合物业管理部门,按时按质地完成有关活动,认真履行自己的义务,从而保证自身的合法权益。

3. 施行作用

施行就是实施、执行,也就是把文件中的条文,通过实践使之变成事实的过程。物业管理应用文中的大多数文种,都是为了施行物业管理的方针、政策而发的。其施行作用是使物业管理的各项方针、政策和管理意图付诸实施,使之变成现实。

4. 凭证作用

物业管理应用文在使用过程中,一般都能起到凭证作用,如合同书、协议书、入伙通知、收款通知、暂停某项服务通知、某项活动通知等。实际上,物业管理应用文可作为企业和业主维护自身权益的一种依据。

5. 通报作用

物业管理应用文的通报作用主要是指其上传下达、互通信息的作用。物业管理应用文是物业管理工作中不可缺少的信息流,主要包括信息的收集、传递和办理,包括情况的汇报,意见的交换,指示、决定的下达,以及执行情况的上报等。调查报告、工作报告所反映的情况,请示中所提出的问题,工作中所总结的经验、教训及所发的通知、通报等,都需要及时、准确地上传下达,保持信息畅通。否则,会给工作造成失误。

6. 联系作用

物业管理应用文有利于物业管理部门与业主之间交流信息,密切联系,加强协作,总结经验,改进工作,共同建立一个美好的公共环境,共同营造一种既安全又舒适、既高雅又休闲、既大众化又高品位的生活氛围。

二、物业管理应用文写作的性质和特点

(一)物业管理应用文写作的性质

物业管理应用文是物业管理企事业单位在实施管理的过程中使用、具有直接实用价值和一定惯用格式的文书的总称。

物业管理应用文写作是研究物业管理应用文写作方法和规律的一门实用性极强的写作学科。

(二)物业管理应用文写作的特点

物业管理应用文的特点是其直接的实用价值和明显的工具特征。物业管理应用文具有以下特点。

模块一　物业管理应用文写作概述

1. 使用的广泛性

物业管理应用文的文体种类繁多，内容涉及的面非常广泛。可以说，物业管理公司对内上上下下的行政事务处理，对外方方面面的联系协调工作，都要使用物业管理应用文。但是由于具体内容、功能、对象不同，所以适用的文种不同。因此，物业管理应用文使用范围的广泛性是其他文体所不能相比的。

2. 事实的客观性

物业管理应用文是为解决物业管理中的实际问题而存在的。在使用过程中，物业管理应用文对象明确、客观性强、实用价值大。这种目的明确、解决实际问题、追求现实效应的客观性和实用性，是物业应用文写作的又一显著特点。

3. 功能的实用性

物业管理应用文的价值在于实用，且在于解决实际管理工作和与业主联系沟通中存在的问题。物业管理应用文直接作用于现实工作的需要，或以理服人，或以法治人，或以知教人，或以事告人等。因此，物业管理应用文主要是用来处理公务、办理事务、协调关系，用来解决实际工作中的具体问题，其功能明确、具体、直接地表现为实用。

4. 格式的规定性

俗话说，不依规矩，难成方圆。物业管理应用文一般有它惯用的格式，这种格式是约定俗成的，一旦公认，就相对固定下来，具有规定性质，对所有写作者起一定的制约作用，不允许任何一位写作者随心所欲地去另创一种格式。如物业计划的标题内容需包含单位、期限、内容、种类四个要素，正文要有前言、主体、结尾三大部分，可见，格式的规定性是物业管理应用文写作的又一显著特点。

5. 用语的简要性

物业管理应用文的语言属于事务语体，要求简洁朴实、明确自然、通俗易懂；而其文风崇尚庄重严谨，不崇尚浮华和修饰。物业管理应用文在实际工作中逐步形成了某些专用词汇，在词汇的组合上具有习惯的或固定的模式化特点。另外，还吸收了如"此致""特此通告""妥否，请批示""为荷"等一些惯用语。这种惯用语因其表意明确而易于理解，形式固定而易于把握，特别适用于处理实际事务。

三、物业管理应用文写作的原则和要求

物业管理应用文的写作原则和要求是由其特点和作用决定的，要写好物业管理应用文，应从以下几个方面入手。

（一）加强理论修养，提高政策水平

物业管理应用文的撰写者必须具有较高的法规政策水平，要了解与物业管理有关的方针、政策，熟悉与物业管理有关的法律规定，善于把握政策的新动向。要使物业管理应用文写作的内容与国家的政策和法律相一致，使之具有合法性、政策性及科学性、实践性，就必须加强撰写者的理论修养，提高法规政策水平。

（二）掌握相关专业知识，提高业务水平

物业管理应用文的种类较多，其内容十分广泛，常常涉及物业管理专业知识，无论是写作者还是使用者，都要求熟悉物业管理专业，并且有较高的业务水平，否则就会笑话百出或令人费解，甚至造成工作的失误。

（三）熟悉文体特点，提高写作和使用水平

物业管理应用文的种类较多，在内容和格式方面都有自己的特点和要求。撰写者必须把握各种文体的要点，提高写作和使用物业管理应用文的水平，以适应不同领域、不同部门和不同情况的需要。

（四）掌握基本功，提高语文水平

物业管理应用文虽有其自身的显著特点，但仍属文章范畴。所以，撰写者要提高写作和使用的水平，就得提高语文水平。如果没有语言、文字、语法、逻辑、修辞的一些基本功，也不熟悉普通写作的一些基础知识，就无法写出高质量的物业管理应用文。只有强化基本功，提高语文水平，常练常写，常学常用，熟能生巧，才能真正具备物业管理应用文写作的能力。

单元二　应用文写作基础

一般来说，物业管理应用文写作应从主旨、材料、结构、语言、表达方式等几个方面着手。下面就对这几个方面逐一进行说明。

一、主旨

主旨即文章的灵魂，是作者在说明问题、反映情况、表明主张时，通过文章全部内容所表达出来的基本态度和看法，也是作者所表达出的主要意图和主张，也称为主题、观点或中心思想。物业管理应用文主旨在文章写作之前就应该确立好。

主旨是物业管理应用文诸要素中最具决定意义的要素。物业管理应用文的主旨决定了文章材料的搜集、占有和选择，决定了文体的选择。物业管理应用文主旨的形成和确定一般是由写作目的决定的。

物业管理应用文主旨的确立，只能是按照既定的写作目的、写作意图和写作要求，以现实的环境和材料为基础去分析研究，有明确的针对性和约束性。

（一）确定主旨的原则

物业管理应用文主旨的基本原则是正确、集中、鲜明、深刻。

（1）正确。正确是指要以正确的理论为指导，要符合国家的方针政策、法律、法规，要反映事物的本质与规律。

(2)集中。集中是指全文的主旨只能有一个,这个主旨在文章中要集中、突出地表现。这对材料也提出了相应的要求。

(3)鲜明。鲜明是指物业管理应用文所表述的观点必须明确,无论肯定什么或反对什么,态度要鲜明,表达要清楚,而不能模棱两可。

(4)深刻。深刻是指物业管理应用文要揭示的是本质和规律,要有思想深度。

(二)主旨的作用

物业管理应用文主旨的作用主要表现在以下两个方面。

1. 主旨是灵魂

物业管理应用文的主旨一经确立,就成了全文的中心。主旨决定着应用文书的价值、质量和影响,全篇文章会因它而有灵魂。如果主旨没有选好,材料再典型、结构再完善、语言再标准,也不可能具有生命力,也不可能是好文章。因此,主旨的正确与否、深刻与否,决定着文章的质量、作用、影响和价值。

2. 主旨制约行文

物业管理应用文在下笔前先确定主旨,材料取舍、结构安排、方法运用、语言调遣都要为表达、突出主旨服务。由此可见,物业管理应用文书的材料取舍、布局谋篇、技巧运用,乃至拟订标题、遣词造句等,都受到主旨的制约,并服从表现主旨的需要。

(三)主旨的表现方法

物业管理应用文的主旨,在文章中有不同的表现方法,现介绍如下。

1. 标题显旨

标题显旨是指在文章的标题中直接点明主题。

如《关于加强城市绿化建设的通知》(国发〔2001〕20号),在标题中即体现出加强城市绿化建设的主旨。

2. 段首点旨

段首点旨是指在文章的开头或每一段落的开头用简短的语句陈述主题,使主题凸显出来。可以在正文开头使用主旨句点题,一般主旨句以介词结构"为了……"为特征。通知、通报、通告、报告、意见及规章文书等常用此方法。也可以直接阐述意义、主张或基本观点,如一份求职信的开头:"欣闻贵公司招聘人才……"

3. 结尾点旨

结尾点旨是指在文章结尾之处点明主题,有利于加深对文章的印象,一般用于总结、调查报告、通报等。如一份物业工作总结结尾:"虽然,我们的工作取得了一定成绩,但还有很多地方需要改进和完善。如……针对以上几点,在未来的工作中,我们将努力提高员工的素质水平和服务技能,把工作做得更好。"

二、材料

物业管理应用文的材料是应用文的构成要素之一,是指作者为了某一写作目的,收集或积累的能够表现文章主旨的事例、数据、道理等资料。

(一)材料的性质

如果主旨是物业管理应用文的灵魂，那么材料就是应用文的血肉。在物业管理应用文写作中，材料是提出问题、确立观点的基础和依据；没有材料就无法确立和形成观点，无法表现和印证主旨。材料的好坏、多寡、真实与否，直接影响到物业管理应用文的作用和价值，因此，广泛地占有材料，是物业管理应用文写作的首要任务。

(二)材料的搜集方法

物业管理应用文写作时，首先应占有丰富、翔实的材料。没有材料，写作就无从谈起，材料不充分，也不可能写出好文章。因此，写作前应准备好足够材料。搜集材料的方法通常有以下几种。

1. 感受和观察

(1)感受就是撰写者在实践中通过对客观外界事物的切身接触，感受、认识和接受客观事物，对客观事物进行思考、分析。它是进入思维的前提和基础。

(2)观察是指用眼睛仔细地察看、了解客观事物或客观现象。观察是获取第一手材料的重要方法。在观察时要做到实事求是，防止主观武断、先入为主。为获取真实、广泛完整的材料，要全面、系统、动态地进行观察，同时要比较差异，筛选特征，抓住典型，给写作提供基础。

2. 调查和采访

调查是指为了摸清楚情况，总结经验或发现、解决问题而进行的有目的的，并按一定的方法和步骤对某一事物进行了解的行为方式。采访就是寻访有关的人物，搜集要写的社会生活事物相关信息。

调查采访一般有开调查会、个别采访、问卷调查三种方式。这是获取材料的主要方法。

3. 检索和阅读

大量查阅文献资料来获取材料，是应用文写作经常采用的方法。具体方法如下：

(1)撰写笔记。对重要的资料、数字和有关情况，采用撰写笔记的方式，积少成多，建立资料库。

(2)资料卡片。为便于查找，对有重要价值的资料，制成资料卡片。

(3)剪贴资料。将一些报纸杂志上的资料剪下来贴到自己的资料本上，便于集中查询。

(4)网络查阅。现代社会，由于计算机的普及，知识信息的网络化，通过计算机网络广泛收集资料已成为积累材料最常用、最重要的手段。

(三)材料的选择和使用

1. 材料的选择

材料的选择和使用是为主旨服务的。材料的选择应符合真实、切题、典型、新颖的要求。

(1)真实。应用文体的生命在于真实，也就是说，所有写入文章中的材料要确凿无误。在材料的选择过程中不能改变材料本身的性质，从大的事件到具体细节，都不允许有丝毫的虚假，必须保持材料的真实性，对材料中的时间、地点、数据、事实过程及结果都不能任意改动。

（2）切题。切题是指写入应用文书里的材料和文章主题要统一。选用的材料必须有针对性，能紧扣写作主旨，同时能准确地说明观点，坚决不能让材料和观点相脱节。与主旨无关的材料，再生动也不能选用，离题万里、与主题南辕北辙的材料更不能使用。

（3）典型。在选择材料时，一定要考虑选用能深刻反映事物本质和规律，具有广泛代表性和强大说服力的典型材料，应用文的材料宜精不宜多，否则，就会使文章冗杂且不能突出主旨。

（4）新颖。新颖是指写进应用文书里的材料，是新近发生的具有时代特点的材料，或虽是旧闻却能在一定程度上反映新意的材料。一方面，要尽量挖掘出新人、新事、新举措；另一方面，对于比较普通的材料要力求从一个新的视角去理解。

2. 材料的使用

材料的使用也称为剪裁，就是根据主旨的需要，对选择的材料确定先后顺序、主次、详略，进行加工处理、合理安排。对材料的使用应做到以下几点：

（1）要服从主旨的需要。在处理材料时，首先要服从主旨的需要，分清楚主要材料和次要材料；然后根据文种的需要，决定其前后顺序、详略轻重。

（2）要合理安排材料的顺序。对已选定的材料，要有条理地组织安排顺序。有的开门见山，先提出观点，接着用材料来说明观点；也有的先用材料阐述观点，然后水到渠成地得出结论。

（3）要点与面结合。不仅要有整体的情况说明，而且要有典型事例的介绍，才能全面具体反映情况，抓住重点，突出中心。

（4）要详略得当。根据主旨的需要选择，主要材料要详写，使它起到突出主旨的作用。

三、结构

物业管理应用文的结构是指文章各部分按一定的组合关系连接而成的序引形式。结构也称为组织、布局、章法、格局、文序等。只有将应用文各要素有机结合，才能形成一篇中心突出、结构严谨、层次分明、条理清楚的应用文。

（一）结构安排的原则

1. 体现文体的特点

物业管理应用文的种类不同，结构各异。应用文的正文一般都具有开头、主体、结尾等部分，但在具体安排结构时，还要根据不同的文体特点安排不同的结构层次的形式。

2. 要服从主旨的需要

主旨是文章的灵魂，结构要为表现主旨服务。离开了主旨，结构安排就没有了依据和准绳。因此，应从表现主旨出发，不但要注意文章整体上的篇章结构，而且要注意全文的逻辑结构。

（二）结构类型

物业管理应用文的结构类型，是指应用文书的文章结构在外部形态上所表现出的形式。应用文书的外部形态尽管各有不同，但大体可分为六种类型，见表1-1。

表1-1 物业管理应用文的结构类型

类型	内容
一段式	正文全文内容包容在一个完整的自然段内，即一个段落就是一篇完整的文章。这是内容简单、篇幅较短的应用文书常用的形式。如写在商品外包装上的说明文，公文中的函、批复，常用一段文字来进行写作
两段式	正文内容用两个自然段来表达。内容简单、不需每层内容都分段的应用文常采用这种结构形式。这种结构模式一般有以下几种情况： （1）将结语部分内容和主体内容分开写，单列一个自然段，成为两段式。即行文的缘由和行文事项为一段，希望、要求等结语为一段。 （2）将三段式中的结语部分省略，写作目的、行文事项各为一段。 （3）在转发、发布性公文中，将发布或转发的文件名和发文意见列为一段，执行要求另为一段。 （4）答复性公文如复函、批复等文种中，将表示收到对方文件的内容列为一段，而答复事项另为一段。 （5）没有开头、结语部分，将主体内容列为两段
三段式	三段式是短篇应用文比较规范的结构模式。正文部分分为写作目的、写作事项、结尾三个层次来写
多段式	多段式用于内容较多、篇幅较长的应用文书，总共有四个或四个以上自然段，如短文式的说明书、简单的市场预测报告等。一般是开头概述基本情况，说明原因、目的、依据，结尾单独成段或省略结尾，主体部分内容较多，分为若干个自然段，各部分都不分条列项
多款式	用分条列项的形式安排结构。规章制度、计划、合同和职能部门的一些文书，较多使用这种形式。全文从头到尾都用条款组织内容，给人以眉目清楚、排列有序的印象
不成文式	不成文式是物业管理应用文书，特别是其中的告启类文书所特有的一种结构类型。它不像一般文书那样有完整的结构内容，开头、结尾、层次、段落、过渡和照应不一定都齐备或有明显标示，从其外部形态来看不像传统的文章样式，而通常运用图文相间的形式或图表形式。它看似不成文，没有传统文章的形式，但表达效果往往比成文好

（三）结构的基本内容

物业管理应用文的结构一般包括开头、结尾、层次、段落、过渡和照应六个方面。

1. 开头

物业管理应用文的开头应当点题或揭示应用文全文的内容走向，并领起下文，常见的开头方式有概述式、说明依据式、陈述目的式、说明原因式、提问式、结论式几种。

（1）概述式。概述式要求用简明扼要的语言，围绕主题介绍主要内容、基本情况或主要问题，调查报告、会议纪要或总结常用这种方法开头。

（2）说明依据式。说明依据式开头引用上级指示精神或有关法律、法规，标示行文的依

据，常以"根据""按照""遵照"等词语领起下文。这种方式常在通知、批复、通告、规章等文种的开头使用。如《住房和城乡建设部关于印发物业管理师继续教育暂行办法的通知》的开头："为了开展和规范物业管理师继续教育工作，提高物业管理师的专业素质、执业能力和职业道德水平，根据《物业管理条例》和《物业管理师制度暂行规定》的有关规定，我部制定了《物业管理师继续教育暂行办法》，现印发给你们，请贯彻执行。执行中的情况，请及时告我部房地产市场监管司。"

(3)陈述目的式。陈述目的式的开头以简明的语言，直接说明写作的目的和意义，常用介词"为……""为了……"等构成的主题句领起下文。法规、规章、决定、通知等应用文书常用此方式开头。如《关于成立小区业主委员会的通知》一文开头写道："为了适应小区建设的新形势，加强小区业主间的沟通联系……"

(4)说明原因式。说明原因式的开头常用"由于""鉴于""因为"等词领起下文，也可以简述发文原因，再引出写作目的。如《××绿地整治通告》的开头为："由于建设的需要，经有关机关批准，××小区绿地整治工程将于今日开工。为便于整治工程顺利进行……"

(5)提问式。提问式开头先提出问题，提示应用文书的主要内容，然后引出下文，这种开头方式能引起读者的注意和思考，常见于调查报告、学术论文的写作。如《谈近阶段我国物业管理的发展方向和目标》一文的开头：物业管理在我国发展了20多年，形成了一个新兴产业的雏形，拥有企业近3万个，从业人员有200多万人，有较强的社会影响力。但企业营利水平不高，员工待遇比较低，业主认识差距较大，服务工作中普遍存在困难和矛盾，人们未免担心物业管理的前途和命运，物业管理究竟要往何处去？物业管理应当往何处去？物业管理要追求什么样的发展方向和目标？此类问题成了业界的一个重要课题，很有必要认真探讨并给予科学的结论，本文试对近期物业管理发展的主要方向和目标进行初步思考，希望对业界有所裨益，起到为行业鼓劲、明晰奋斗方向与目标的作用。

(6)结论式。开头用结论的方式先提出观点，或者点明主旨，接着加以解释说明，以引起读者的重视。如某物业管理企业工作分析报告的开头：自从五月份实行楼管员体制以来，各项工作分工明确，更清楚地了解所管理楼宇的住户状态和公共设施、设备的分布情况，使公司各项工作管理体制更进一步完善，逐步迈向正规化管理。具体表现在：一方面，明显提高了对业主的服务质量；另一方面，体现了包干制提高管理效率的优势，促进了工作进度，从而为业主创造了舒适、祥和的生活环境。下面将这几个月工作情况汇总如下……

2. 结尾

物业管理应用文书常见的结尾方式有总结式、强调式、号召式、说明式、建议式等几种。

(1)总结式。对全文内容和基本思想作进一步概况归纳，以加深认识。

(2)强调式。为引起阅读者的重视，正文结束时，对文中主要问题作强调说明。

(3)号召式。归纳全文，提出希望，发出号召，下行文中较为常见，如决定、指示和讲话稿等。

(4)说明式。对与主体内容有关但性质不同的问题或事项作补充交代、说明，以保证内容的完整性,如公文结尾交代施行日期、执行范围、传达对象、与该文规定不符的原有规定如何处置等;论文结尾处说明尚未解决而应另作讨论的问题。

(5)建议式。针对设定的施行目标,对产生的问题提出意见和建议。

3. 层次

层次是物业管理应用文主旨的表现次序,也称为意义段。大多数物业管理应用文的层次没有固定的模式,是灵活多变的。物业管理应用文层次安排常见方法见表1-2。

表 1-2 物业管理应用文层次安排常见方法

方法	内容
纵式结构	层次安排的顺序按应用文的主旨纵向发展的结构方式可分为以下三种: (1)以时间的推移为顺序来安排层次。这种方法反映事物变化发展过程,头绪单一,容易掌握。如总结、调查报告等,常采用这种方式。 (2)以事理的递进为顺序来安排层次。这种方法层层递进,逐步深入,由表及里,说理透彻。如请示、报告等,常采用这种方式。 (3)以事物的因果逻辑为顺序来安排层次。这种方法或前因后果,或前果后因,体现事物的逻辑联系。如通报、通告等,常采用这种方式
横式结构	横式结构是指层次安排的顺序按事物的不同方面或不同类别横向展开的结构方式可分为以下两种: (1)总分式。一种辐射式展开的层次。每一层分别从不同的角度来反映主旨的某一个方面,几层意思合起来等于主旨的全部外延。这种方式中心突出,层次分明,条理清楚。如工作总结、专题报告、会议纪要等,常采用这种方式。 (2)条款式。一种归类式安排的层次。将同一类问题归纳在一起,独立成章,章下分条、款,条与条之间、款与款之间相对独立。这种结构多用于规范性文种,如规章、制度、规定等
纵横交错式结构	纵横交错式结构是将纵向推进和横向展开综合起来交叉安排层次的方式。这种结构方式比较灵活,适应性强。一些内容复杂、时空交换较大、篇幅较长的应用文常采用这种方式。如经济活动分析、市场预测等,往往采用这种形式安排结构

4. 段落

段落又称为自然段,是应用文结构的基本构成单位,是作者为了表达文章思想内容而作出的划分。

段落是文章的思想内容出现转折、停顿、强调、间歇等情况时所造成的文字的停顿,具有换行、空两格的明显标志。应用文书正文分段的目的是清晰而有次序地把内容展示出来,它着眼于表达的效果。

物业管理应用文段落构成的要求是单一、完整、有序、合理。

(1)单一。单一是指在一个自然段里,只表达一个意思,不将呈并列关系的两个段意混杂在一起,放在一个自然段里。

(2)完整。完整是指一个自然段把一个意思说完全,不残缺,不留尾巴,不割裂成几段。

(3)有序。有序是指一个段内的各个句子之间、段落之间的组合关系要合理,要有逻辑性与连贯性。

(4)合理。合理是指段落的划分要注意长短适度，匀称得当。

段落和层次既有区别也有联系，如果层次是着眼于文章思想内容先后次序的安排的话，那么段落则着眼于表达过程中的间歇、转折的自然划分。一般情况下，层次大于段落，一个层次是由几个自然段构成的；在有的情况下，层次等于段落，一个段落就是一个层次；当然也有在个别情况下，层次小于段落的，即"篇段合一"，一个段落中包含了几个小层次。

5. 过渡

过渡是指文章中相邻层次、段落之间的衔接、转换。多用具有承上启下作用的词语、句段把上下文联系起来，使其行文流畅、结构完整、脉络清晰。

过渡有以下三种方式：

(1)运用过渡词。即用一些关联词语或转折词语进行过渡。如"为此""总之""由此可见""综上所述"等。

(2)运用过渡句。即在前段尾用一句话引出后段，或在后段头用一句话承接前段。

(3)运用过渡段。用一个相对独立的自然段来承转过渡。

6. 照应

照应是指文章前后内容上的关照和呼应。可以是文中不相邻层次的呼应，也可以是段落之间的照应。它的作用是加强文章前后内容的联系，增强文章的整体感。

常见的照应方式有以下三种：

(1)题文照应。应用文的标题往往体现主旨，文章开头照应标题有突出主旨的作用。

(2)首尾照应。应用文的开头和结尾遥相呼应，可以使文章首尾圆合，结构严谨。

(3)文中照应。根据主旨表达的需要，层次或段落之间相互呼应，使行文严密，突出主旨。

四、语言

语言是文章的构成材料，文章的主旨是通过语言来表达的。受应用文作用和表达方式的制约，应用文写作的语言有别于其他体裁的文章。语言运用在应用文写作中是重要条件之一。

(一)应用文语言的性质

应用文的语言讲求表达的庄重性、简约性和社会化，因此具有明显区别于以生动形象为特征的文学语言和以通俗谐趣为特征的日常口语的特点。

1. 以社会化的书面语体为主

应用文是处理公私事务、解决实际问题的工具。为了准确、快捷地实现写作目的，避免造成阅读、理解上的障碍或偏差，使之更有效地传达撰写者的意图，撰写应用文时必须使用全社会共同认知的通行语体，并以书面语为主。

2. 常用规范化、模式化语言

规范化、模式化语言是应用文语言运用的重要特点。应用文常用的习惯用语主要有四类，具体见表1-3。

表 1-3　常用习惯用语的类别

类别	内容
一般用语	一般用语包括称谓用语、祈使用语。 （1）称谓用语。第一人称："我""本"，如"我局""本校""本人"等；第二人称："你""贵"，如"你厂""贵公司"等；第三人称："该"，如"该厂""该地区"等。 （2）祈使用语。祈使用语是指某些希望对方给予回答、请其办理或执行的公文常用专用语。行文方向不同，使用的祈使用语也有所不同
结构用语	结构用语是指应用文尤其是公文开头、结尾和过渡性的用语。它体现了应用文语言、语法方面的特色。主要有以下两种： （1）领起语。领起语是指开头时常用的习惯用语。如"为了""根据""按照""据查"等。多为介词结构模式，表述缘由、依据等。 （2）结尾语。结尾语是指应用文尤其是公文结尾时的习惯用语。如"为荷""为盼""特此通知""特此报告"等
行业用语	行业用语是指能体现行业特点的专用术语。在行文时为了叙述行业的工作情况和问题，使用必要的行业术语，实属必然
简称	简称是为使文章简洁，应用文尤其是公文写作时，要使用一些法定的、社会公认的或约定俗成的简称。如"北大""十六大""三个代表""希望工程"等

3. 适当运用书面辅助语言

应用文写作具有实用性、工具性的特点，因此，经常使用图形、表格、符号、公式等书面辅助语言替代、补充文字语言，从而使应用文的语言表述更为直观、简明。

4. 句型、句式有惯用或特定的要求

应用文一般使用陈述句和祈使句，较少使用疑问句、感叹句。大多数应用文尤其是公文，为了行文的简洁，还经常使用无主句这种特殊句型。

（二）语言的基本要求

应用文语言的基本要求是做到准确、简洁、庄重、得体。

1. 准确

准确是应用文语言的最基本要求。准确地记载与传递信息是应用文写作的基本要求。要实现这一要求，应用文的语言要合乎语法规则，在遣词造句时把握好度，使用最贴切、最准确的词语表现特定的事物和现象。这里的语言也包括数据语言，数据语言的书写要规范，如在同一篇文章中序数数字的体例要统一。

在修辞上，应用文的语言要适当运用比喻、对偶、排比等常规修辞格，尽量不用夸张、通感、暗示等可能使事物有较大变形或曲折达意的修辞格。

2. 简洁

运用简洁明快、精练、概括性强的文字表达尽可能丰富的内容是应用文语言表达的基本特征，因此，在应用文中常使用一些精当的词语，例如，专业词语、单音节的文言词语

及一些习惯用语；同时，也使用一些缩略句、"的"字句等形式，使表达简洁明了。

3. 庄重

应用文中的公文具有法定的权威性，其用语应当严谨庄重。使用规范化的现代汉语是应用文语言的基本要求。规范化的书面语言，其词义严谨周密，可以使读者准确理解公文主旨，不产生歧义，从而认真贯彻执行。另外，为体现公文的严肃性、权威性，还要掌握使用一些早已约定俗成、在公文中使用频率较高的专用词语。

4. 得体

得体，即根据行文目的、内容、对象，有分寸地、恰当地使用语言，做到文实相符，内容和形式相统一，这是由应用文书特有的语体风格所决定的。要求在行文时，文章内容要适合发文者的身份，注意发文机关的隶属关系；要适合题旨，语言的色彩要体现出文章的题旨；语言的表达方式要适合发文的对象，同时，文章的感情色彩适合语境，如惩戒坏人坏事的通报，语言应言之确凿、义正词严，表彰好人好事的决定，语言则应热情、朴实。

(三)语言的表达方式

语言的表达方式是指运用语言介绍情况、陈述事实、阐明观点、总结经验、表达情感的具体方法与手段。通常，人们使用的文章表达方式有叙述、说明、描写、抒情、议论五种。由于文体性质和撰文目的的不同，不同种类的应用文运用的表达方式也各有侧重。通常，物业管理应用文主要采用叙述、说明、议论三种表达方式，以达到使人知晓的行文目的。

1. 叙述

叙述是有次序地将人物的经历、言行和事件的发生、发展变化的过程叙说交代出来的一种表达方式。完整的叙述包括时间、地点、人物、事件、原因、结果六要素。

(1)叙述的人称。人称是指作者叙述的观察点、立足点，可以分为第一人称叙述、第三人称叙述、第二人称叙述。

第一人称叙述一般是直接叙述自己的所见、所闻、所感、所想，会让人产生一种直观、真实、亲切的感觉；第三人称叙述，是作者站在旁观者的角度，用第三者的口吻进行客观叙述，不受时空和是否亲身经历限制；第二人称叙述，有直接对话的亲临感，让读者感觉到像面对面在交流，在实际写作中，这种叙述方式相对使用得比较少。

(2)叙述的方法。撰写应用文，主要以顺叙、倒叙、插叙的方法，见表1-4。

表1-4 叙述的方法

方法	说明
顺叙	顺叙是指按事件发生、发展到结局的顺序进行叙述。这种方法有利于将事情的来龙去脉交代清楚，给人以完整的印象
倒叙	倒叙是把事件的结局或事件中最突出的片段提到前面来叙述，然后以时间的先后顺序来叙述事情发生、发展的过程。倒叙可以在文章开头就造成悬念，引起阅读兴趣

续表

方法	说明
插叙	插叙是在叙述主要事件的过程中，因为需要，暂时中断叙述主线，插入与中心事件有关内容的叙述。在叙述时，插叙只能作为顺叙的一种补充，本身不能成为文章的主要叙述方法

2. 说明

说明是指用简明、准确的文字对事物的特征、状态、功能、成因等进行客观的解释和介绍。说明也是应用文最基本的表达方式。

(1)运用说明的要求。

①说明要客观，即实事求是地进行说明。

②说明要科学，即内容准确，说明方法得当。

③说明要准确，即抓住事物的特征，用语恰当，归类正确。

(2)说明的方法。说明有六种方法，见表1-5。

表1-5 说明的方法

方法	内容
定义说明	定义说明，即对事物的内涵与外延作明确的界定。要求语言准确，有科学性，能把握住事物、事理的本质特征
诠释说明	诠释说明，即对事物作比较详细、具体的介绍，是定义说明的具体化。该方法能使人们对客观事物有一个全面的认识
举例说明	举例说明，即通过具体事例来说明概念或观点。该方法能将较抽象的事物或事理的本质特征具体而浅显地表达出来，便于人们理解和接受
比较说明	比较说明，即通过对两种以上事物进行对照，突出所要说明的事实和问题。该方法能使人具体而直观地鉴别事物的优劣、高下
分类说明	分类说明，即将事物按一定的标准划分成不同类别，并对各类别加以说明。该方法能使事物的各个部分得以清晰展示，使人了解事物的概貌特征
数字及图示说明	数字及图示说明，即运用统计数据或图表来说明。该方法能给人以量化和直观的印象

3. 议论

议论是作者对客观事物进行分析、评论以表明自己观点和态度的一种表达方式。应用文中的议论应简约、平实，一般采用直接议论的方式，就事论事、表明观点。

(1)应用文议论的要求。应用文中的议论大多使用立论，具体要求如下：

①庄重。对任何事物的评价要持实事求是的态度，以理服人。

②简洁。要直截了当地阐明观点，不拐弯抹角，不回避矛盾。

(2)议论的构成。完整的议论由论点、论据和论证三要素构成。

①论点是作者提出的观点、主张、看法、态度，通常由作者以判断的形式表现出来，论点可分为中心论点和分论点。中心论点是文章论述的核心，也被称为基本论点；分论点是围绕中心论点的小论点。

②论据是用以证明论点的材料。论据支撑论点，论点统帅论据，两者相辅相成。论据包括事实论据和理论论据。事实论据是指客观存在的事实等；理论论据是指被实践证明了的真理，如定律、公理、格言等。

③论证是组织和运用论据证明论点成立的过程与方法。论点是核心，论据是基础，论证是连接论点和论据的桥梁。论证有立论和驳论两种方式。在论证过程中，这两种方式常综合运用，共同完成对论点的证明。

(3)常用的论证方法。物业管理应用文常用的论证方法有例证法、对比法、引证法、因果法等，见表1-6。

表1-6 物业管理应用文常用论证方法

方法	说明
例证法	例证法是用事实作为论据，举例直接证明论点的论证方法。用作论据的事实，不但要典型，而且量要适度。列举的事实过少显得单薄，过多又会淹没、冲淡论点
对比法	对比法是将性质相反、相对或有差异的两种或几种事物作比较，以证明论点的论证方法。 有比较才有鉴别，这种方法可以使论点更加鲜明突出，文章更有说服力。在运用对比法时，要注意事物之间是否具有可比性
引证法	引证法是引用经典性言论、党和政府的文件、科学的定义、公理、格言、谚语等来直接证明论点的论证方法。 引证法具有极大的权威性和鲜明的理论性，在物业管理应用文中被广泛使用，在引用原文时，要完整、准确地把握原义，不能断章取义，要做到引用的语句、标点都完全正确。只有这样，才能使引证为文章增强表现力和说服力
因果法	因果法是通过分析事物的前因后果，揭示论点和论据之间的因果关系来证明论点正确的方法。 因果分析是论证的重要方法，因为事物发展没有无因之果，也没有无果之因。因果联系是事物的客观联系，采用这种论证方法，便于阐明道理

本模块主要介绍了关于物业管理应用文和应用文写作基础的部分内容。

(一)关于物业管理应用文写作

物业管理应用文是根据文章的功能标准所划分出的一大文体类别，指的是在社会生活中为人们所普遍运用的处理公私事务的实用型文书。

物业管理应用文按性质不同可分为一般常用应用文和国家行政机关公文；按功能不同可分为物业管理公务文书、物业管理事务文书、物业管理专用文书三种。

(二)应用文写作基础

一般来说，物业管理应用文写作应从主旨、材料、结构、语言、表达方式等几方面进行。主旨即文章的灵魂，是作者在说明问题，反映情况，表明主张时，通过文章全部内容所表达出来的基本态度和看法，也是作者所表达出的主要意图和主张，也称为主题或中心思想。

应用文的材料是应用文构成要素之一,是指作者为了某一写作目的,收集或积累的能够表现文章主旨的事例、数据、道理等资料。

应用文的结构是指文章各部分按一定的组合关系连接而成的序列形式。语言是文章的构成材料,文章的主旨是通过语言来表达的,应用文写作语言有别于其他体裁的文章,语言运用在应用文写作中是重要条件之一。

语言的表达方式是指运用语言介绍情况、陈述事实、阐明观点、总结经验、表达情感的具体方法与手段。通常,物业管理应用文主要采用叙述、说明、议论3种表达方式,以达到使人知晓的行文目的。

复习思考题

1. 物业管理应用文有哪些种类?
2. 物业管理应用文有哪些作用?
3. 物业管理应用文写作有哪些特点?
4. 物业管理应用文写作的原则要求是什么?
5. 物业管理应用文的主旨有哪几种表现方法?
6. 如何对物业管理应用文材料进行选择和使用?
7. 物业管理应用文结构的基本内容是什么?
8. 物业管理应用文语言表达方式有哪些?

模块二 物业管理公务文书

学习目标

通过本模块的学习，掌握公务文书的概念、种类、特点，掌握各种文书的结构和写作要求，为提高物业管理公务文书写作能力奠定扎实的基础。

能力目标

能根据需要写作相应的公务文书。

引入案例

××市××物业管理公司关于××小区装饰装修安全的自查报告

（×物〔2017〕2号）

××市房管处物业管理科：

　　接到你科下发的《关于小区装饰装修安全自查通知书》后，我公司再次认真查验了住房办理装饰装修的相关手续，并成立工作小组深入装饰装修现场，进行严格的安全检查。

　　经查，我小区无违规进行家居装饰装修的现象。各种装修手续齐全，现场管理井然有序。无未经我公司审核而擅自进行装饰装修的现象。

　　特此报告！

××市××物业管理公司（印章）

2017年1月15日

　　以上是一份报告，属于公务文书的一种。物业管理公务文书具有作者的法定性、严格的时效性和程式的规范性等特点。物业管理公务文书是物业管理人员在工作中运用最广泛的文书之一。

模块二　物业管理公务文书

单元一　公务文书概述

一、公务文书的概念和种类

物业管理公务文书简称物业管理公文，是指物业管理行政机关、社会团体、企事业单位为处理公务而形成的文字材料。物业管理公文的种类简称文种。传统公文以纸质制作。由于科学技术的发展，电子公文以其快捷、成本低、传播面广的优势，将逐步取代传统纸质公文。

2012年4月16日，中共中央办公厅、国务院办公厅联合发布《党政机关公文处理工作条例》（中办发〔2012〕14号），同年7月1日起施行。新条例确定的公文种类有15种，分别为决议、决定、命令(令)、公报、公告、通告、意见、通知、通报、报告、请示、批复、议案、函、纪要。

按照行文方向对公务文书进行划分，有上行文、平行文和下行文三种。

(1)上行文。上行文是指具有隶属关系的下级单位向上级单位报送的公务文书，如请示、报告等。

(2)平行文。平行文是指同一组织系统的同级单位或不相隶属单位之间的来往公务文书，如函、议案等。

(3)下行文。下行文是指上级单位对下级单位所属单位发送的公务文书，如命令(令)、决定、指示、公告、通告、通知、通报、批复、会议纪要等。

另外，公务文书按缓急程度可划分为特急、急件、一般文件三类；按保密级别可划分为绝密、机密和秘密三类。

二、公务文书的特点

公务文书的特点具有作者的法定性、严格的时效性和程式的规范性。

(1)作者的法定性。公务文书的内容受法律、工作需要和领导指示的制约，撰写和制发公务文书不是个人行为，其法定作者制发公务文书的权利和名义受法律的保护。

(2)严格的时效性。公务文书具有严格的时效性，即在法定的或一定的时间范围内，它的执行才有效。

(3)程式的规范性。规范性是指公务文书的编制和办理具有一系列的原则、方法、程序和格式，一般参照《党政机关公文处理工作条例》和《党政机关公文格式》(GB/T 9704—2012)中对行政公文的文体、结构、格式、用纸规格、行文规则、公文的办理、归档管理等的规定，不得随意更改。

三、公务文书的格式

《党政机关公文处理工作条例》规定："公文一般由份号、密级和保密期限、紧急程度、发文机关标志、发文字号、签发人、标题、主送机关、正文、附件说明、发文机关署名、成文日期、印章、附注、附件、抄送机关、印发机关和印发日期、页码等组成。""公文的版式按照《党政机关公文格式》(GB/T 9704—2012)国家标准执行。"

《党政机关公文格式》(GB/T 9704—2012)将公文的各要素划分为版头、公文主体、版记三部分。

(一)版头

版头部分是指置于公文首页红色分隔线以上的各要素。其主要包括以下几项。

1. 份号

份号是指根据同一定稿印制的若干份公文依次编制的顺序号码。用阿拉伯数字顶格标识在版心左上角第1行。涉密公文应当标注份号,一般用6位阿拉伯数字标注。

2. 密级和保密期限

涉及党和国家秘密的公文应当标明密级和保密期限,顶格标识在版心左上角第2行,若需同时标注,则在秘密等级和保密期限之间用"★"隔开。秘密等级分为"绝密""机密""秘密"三个等级。

3. 紧急程度

紧急程度是指对公文送达和办理的时限要求。紧急公文根据其紧急程度,注明"特急""加急"字样,顶格标识在版心左上角。如需同时标注份号、密级和保密期限、紧急程度,按照份号、密级和保密期限、紧急程度的顺序自上而下分行排列。

4. 发文机关标志

由发文机关全称或规范化简称后加"文件"二字组成,也可使用发文机关全称或规范化简称,旨在表明公文的责任者。联合行文者,主办机关排列在前,"文件"二字置于发文机关名称右侧,上下居中排布。

5. 发文字号

发文字号是指发文机关对其所发文件依次编排的顺序号,由发文机关代字、年份和序号组成,编排在发文机关标志下空两行位置,居中排布。上行文的发文字号居左空一字编排,与最后一个签发人姓名处在同一行。年份、序号用阿拉伯数字标识;年份应标全称,用六角括号"〔 〕"括入;序号不编虚位(即1不编为001),不加"第"字,采用大流水的方法依次编写,不得出现重复或漏编的情况。一份公文只有一个发文字号。

6. 签发人

上行文应当注明签发人姓名,是指代表机关最后核查并批准公文向外发出的领导人的姓名,平行排列于发文字号右侧,居右空一字。如有多个签发人,签发人姓名按照发文机关的排列顺序从左到右、自上而下依次均匀编排,一般每行排两个姓名,回行时与上一行第一个签发人姓名对齐。

(二)公文主体

主体部分是指置于红色分隔线(不含)以下、公文末页首条分隔线(不含)以上的各要素。其主要包括以下几项。

1. 公文标题

公文标题是指公文主要内容的概括性名称，置于红色分隔线下空两行位置，一般由"发文机关、事由、文种"三要素构成。某些时候可以采用规范的省略形式，例如，可以省去发文机关名称，如《关于工业生产情况的报告》；或省略事由，如《中华人民共和国主席令》；一些普发性公文可以只用文种，如《公告》。标题中除法规、规章名称加书名号外，一般不用标点符号，可分一行或多行居中排布。回行时，要做到词意完整，排列对称，长短适宜，间距恰当，排列为梯形或菱形。

2. 主送机关

主送机关是指收受公文的机关，应当使用全称或规范化简称、统称，在标题下空一行位置顶格书写。所有上行文都必须有主送机关，而且一般只有一个。针对性很强的下行文，应当有主送机关。若收文对象无法限定或无须限定时，可省去主送机关。

3. 正文

正文是公文的主体部分，在主送机关下一行空两格写起。正文要求一文一事，一般由缘由、主体、结尾三部分组成。缘由部分交代制发公文的目的、缘由和依据；主体部分叙述情况、分析问题、说明做法、提出要求；结尾是正文的收束，一般讲述执行要求或用一些惯用语，如"以上请示当否，请批示"等。

正文部分要求内容清晰，主题突出。结构层次序数的使用规范为：第一层为"一、"；第二层为"（一）"，第三层为"1."；第四层为"（1）"。这四个层次可以跨越，但不可颠倒。

4. 附件说明

附件说明是公文附件的顺序号和名称。在正文下空一行左空二字编排"附件"二字，后标全角冒号和附件名称。如有多个附件，使用阿拉伯数字标注附件顺序号；附件名称后不加标点符号。附件名称较长需回行时，应当与上一行附件名称的首字对齐。

5. 发文机关署名

署发文机关全称或规范化简称。单一机关行文时，一般在成文日期之上、以成文日期为准居中编排发文机关署名。

6. 成文日期

成文日期是指形成文件的确切日期，以会议通过或发文机关负责人签发的日期为准，联合行文以最后签发机关负责人的签发日期为准。成文日期位于正文之后的右下方，右空四字编排，用阿拉伯数字将年、月、日标全。

7. 附注

附注是指对文件内容或有关事项、要求的注解与说明。如有附注，应当加括号标注，位于成文日期下一行空两格书写。请示件要注明联系人姓名和电话时，可标注在附注位置。

8. 附件

附件是指公文正文的说明、补充或参考资料。另面编排在版记之前，与公文正文一起装订。

（三）版记

版记是指公文末页首条分隔线以下、末条分隔线以上的部分。其主要包括以下几项。

1. 抄送机关

抄送机关是指除主送机关外需要执行或知晓公文的其他机关，应当使用全称或规范化简称、统称。在印发机关和印发日期之上一行、左右各空一字编排。"抄送"二字后加全角冒号和抄送机关名称，回行时与冒号后的首字对齐，最后一个抄送机关名称后标句号。既有主送机关又有抄送机关时，应当将主送机关置于抄送机关之上一行，之间不加分隔线。

2. 印发机关和日期

印发机关即公文的送印机关，一般是各机关的办公厅（室）或文秘部门，没有专门的办公室或文秘部门，则可用发文机关标识。印发时间以公文付印的日期为准，可与成文日期同时，也可延后，但不能提前。

印发机关和印发日期编排在末条分隔线之上，印发机关左空一字，印发日期右空一字，用阿拉伯数字将年、月、日标全。

党政机关公文格式，如图 2-1～图 2-3 所示。

```
000001
机    密
特    急



                    ××××××
                    ×    ×    ×
                    ××××××

                                        签发人：×××  ×××
×××〔2018〕10 号                                    ×××
```

```
        ××××××关于××××××的请示
×××××××：
    ××××××××××××××××××××××××××
××××××××××××××××××××××××××××
××××××××××××××××××××××××××××
××。
    ××××××××××××××××××××××××××
××××××××××××××××××××××××××××
××××××××××××××××××××××××××××。
```

图 2-1　公文格式（上行文）

```
000001
机密★1年
特  急



          ×××××文件

        ×××〔2018〕10 号
```

×××××关于××××××的通知

××××××××：
　　××××××××××××××××××××××××××××
××××××××××。
　　××××××××××××××××××××××××××××
××。
　　××××××××××。
　　×××××××，××××××××××××××××××××
××，××××××××××××××××××××××××××，
××××××××××××××××××××××××××××××
××××××××××××××××××××××××××××，×
×××××××××××××××××××××××××，××××
××××××××××××××××××××。

图 2-2　公文格式（下行文）

000001
机密★1年
特　急

×××××
×　　×　　×文件
×××××

×××〔2018〕10号

××××××关于×××××××的通知

××××××××：
　　××××××××××××××××××××××××××××××。××。××。

图2-2　公文格式(下行文)(续)

×××××××××××××××××××××××××××××××
××××××××××××。
××××××××××××。
　　×××××××××××××××××××××××
××××××××××××××××××××××。

(×××××)

抄送：××××××××，××××××，×××××，×××××，×××××。

××××××× 　　　　　　　　　　　　　　2018年7月1日印发

×××××××××××××××××××××××××××××××××××
××××××××××××××××××。
××××××××××××。
　　×××××××××××××××××××××××××××
××××××××××××××××××××××××××××。

　　　　　　　　　　　　　　　　　　　　　　××××
　　　　　　　　　　　　　　　　　　　　　2018年7月1日

(×××××)

抄送：××××××××，××××××，×××××，×××××，×××××。

××××××× 　　　　　　　　　　　　　　2018年7月1日印发

图 2-3　公文格式(末页)

四、公务文书用纸要求和印制要求

公务文书通常采用国际标准 A4 型纸张，张贴的公务文书用纸大小，根据实际需要确定。文字符号，一律从左至右横写、横排。在少数民族自治的地方，可以并用汉字和通用的少数民族文字。公务文书要双面印制，左侧装订。

单元二　通知、通报

一、通知

物业管理通知是物业管理企事业单位批转下级公文、转发上级和不相隶属单位的公文、发布规章、传达要求下级办理和有关单位需要周知或共同执行的事项、任免或聘用干部的一种公务文书。

(一)通知的种类

根据使用性质，物业管理通知可分为批示性通知、指示性通知、知照性通知、事务性通知和任免性通知五大类。

1. 批示性通知

批示性通知包括"批转""转发""印发"三种形式。"批转"是指领导机关对直属部门或下级机关呈报的报告或其他文件，认为具有普遍意义，于是对来文加上批语，再用通知的形式发给所属的各个下级机关单位或部门，要求下级作借鉴、参考或贯彻执行。"转发"是指机关、单位对上级机关、单位和不相隶属机关、单位发来的文件，认为对本机关、单位所属下级机关、单位具有指示、指导或参考作用，加上按语，再用通知的形式发给下级。印发是机关、单位对本单位公文的办理形式，是一种对内发文的特定形式。当某个机关单位认为本单位的特定公文需要正式发文，或需要将某个特定部门制定的规章制度上升为机关单位共同执行的事项时，即通过印发来完成。

【例文 2-1】

住房和城乡建设部关于印发《业主大会和业主委员会指导规则》的通知

（建房〔2009〕274 号）

各省、自治区住房和城乡建设厅，直辖市房地局（建委），新疆生产建设兵团建设局：

为了规范业主大会和业主委员会的活动，维护业主的合法权益，根据《物业管理条例》等法律法规的规定，我部制定了《业主大会和业主委员会指导规则》，现印发给你们，请贯彻执行。执行中的情况，请及时告我部房地产市场监管司。

附件：《业主大会和业主委员会指导规则》（略）

中华人民共和国住房和城乡建设部（印章）

2009 年 12 月 1 日

2. 指示性通知

当上级机关对下级机关就某一项工作做出指示和安排，而根据公文内容又不必用"命令"或"意见"时，可用这类通知。

【例文 2-2】

住房城乡建设部办公厅关于做好取消物业服务企业资质核定相关工作的通知
（建办房〔2017〕75 号）

各省、自治区住房城乡建设厅，北京市住房城乡建设委，上海市住房城乡建设管委，天津市、重庆市国土资源房屋管理局：

为贯彻落实《国务院关于第三批取消中央指定地方实施行政许可事项的决定》（国发〔2017〕7 号）和《国务院关于取消一批行政许可事项的决定》（国发〔2017〕46 号），做好取消物业服务企业资质的后续管理工作，现将有关事项通知如下：

一、各地不再受理物业服务企业资质核定申请和资质变更、更换、补证申请，不得以任何方式要求将原核定的物业服务企业资质作为承接物业管理业务的条件。

二、切实承担物业服务属地管理主体责任，按照业主自我管理与社会化服务相结合的原则，积极推动将物业管理纳入社区治理体系。县级以上房地产主管部门要会同城市管理、民政、公安、价格等有关部门按照各自职责指导监督物业管理工作，充分发挥街道办事处或乡镇人民政府在加强社区党组织建设、指导业主大会和业主委员会、监督物业管理活动等方面的重要作用，建立健全物业管理联席会议制度，维护社区和谐稳定。

三、建立健全物业服务标准和服务规范，规范物业服务合同行为，明确物业服务企业责任边界，引导物业服务企业增强服务意识，创新服务理念，提升服务品质。

四、进一步落实物业承接查验制度，指导监督建设单位、业主和物业服务企业依法做好物业共用部位、共用设施设备的查验和交接工作，理清各方主体之间的权利义务关系，减少开发建设遗留问题，确保物业服务项目交接的平稳顺利。

五、完善物业服务投诉平台，畅通投诉渠道，建立健全投诉反馈机制，明确受理、处理投诉的程序和要求，加强投诉反馈监督检查，及时解决群众有效投诉，预防化解物业服务矛盾纠纷。

六、加强物业服务行业事中事后监管，制定随机抽查事项清单，建立健全"双随机"抽查机制，合理确定抽查的比例和频次，对发现的违法违规行为，依法依规加大惩处力度。

七、加快推进物业服务行业信用体系建设，建立信用信息共享平台，定期向社会公布物业服务企业信用情况，建立守信联合激励和失信联合惩戒机制，构建以信用为核心的物业服务市场监管体制。

物业服务事关广大人民群众的切身利益。各地要把加强物业服务市场监管作为保障和改善民生的重要举措,确保各项措施落实到位,并将落实情况及时上报我部。我部将抓紧研究制定物业服务导则和信用评价体系,适时对各地贯彻落实本通知的情况进行监督检查,并通报检查结果。

此前有关物业管理规范性文件规定与本通知不一致的,以本通知为准。

中华人民共和国住房和城乡建设部办公厅(印章)
2017 年 12 月 15 日

3. 知照性通知

知照性通知主要用于知照有关单位或个人需要周知的事项,一般不需要执行或办理。如有需要,也可通过传媒向社会公布。此类通知的结尾惯用"特此通知"或"以上事项望周知"等用语。

4. 事务性通知

事务性通知多用于上级机关向下级机关宣布某些应知事项,不具有强制性。

【例文 2-3】

关于物业管理单位经理岗位培训的通知
(×物管〔20××〕2 号)

各物业管理单位:

根据××部文件要求,"物业管理企业经理采取定点培训。经研究决定,××培训中心、××教育中心为全国物业管理企业经理岗位培训指定单位"。本市的物业管理单位经理可视自身情况,自行选择上述培训地点(见附件)。

已取得《××市物业管理资质合格证书》的物业管理单位中,除经理外,其他岗位的负责人,包括分公司经理、房管段(站)长、物业管理处主任、部门经理及房管员等,必须参加我市组织的部门经理、管理人员岗位培训。具体时间、地点另行通知。

附件:××市物业管理企业经理岗位培训指定单位(略)

××市居住小区管理办公室(印章)
2014 年 1 月 10 日

5. 任免性通知

任免通知适用于任免干部、聘用工作人员。

【例文 2-4】

中华人民共和国主席令第 11 号——住房和城乡建设部部长职务任免

(中华人民共和国主席令第十一号)

根据中华人民共和国第十二届全国人民代表大会常务委员会第九次会议于 2014 年 6 月 27 日的决定：

免去姜××的住房和城乡建设部部长职务；

任命陈××为住房和城乡建设部部长。

中华人民共和国主席　　习近平

2014 年 6 月 27 日

(二)通知的结构和写法

通知主体部分一般由标题、主送机关、正文和落款等几部分组成。具体写法如下。

1. 标题

标题由发文机关和被印发、批转、转发的公文标题及文种组成；也可省去发文机关名称，由被印发、批转、转发的公文标题和文种组成。

2. 主送机关

通知的承办、执行或应当知晓的主要受文机关，一般为直属下级机关、单位，或需要了解通知内容的不相隶属的单位。

3. 正文

通知的正文，一般由发文缘由、通知事项与执行要求三部分组成。在部署工作类的通知中，正文的这种写法特征尤其明显。

发文缘由，就是发出该通知的原因和理由；通知事项，就是该通知所要告知有关单位的具体事项，一般分条分项写；执行要求，就是对于贯彻落实该通知的事项所提出的要求。

通知的正文结束之后，有时要加上结束语"特此通知"。其位置在正文之下，空两格。

4. 落款

写出发文机关名称和发文时间。如已在机关中注明机关名称，这里可省略不写。

(三)通知写作要求

(1)不能超越职权范围，给不相隶属的机关发通知。

(2)不能混淆公文与事务文书的界限。如不能把向公众告晓的"启事"等写成"通知"。

(3)不能不分上下左右随意发通知。"通知"属下行文，主送单位是下级机关，平行或不相隶属的机关需要了解的，可用"抄送"形式，对上级尤其不能下"通知"。

(4)语言要准确、简明、通俗易懂。

二、通报

物业管理通报是物业管理活动中进行教育宣传和交流信息的一种公文,适用于表彰先进,批评错误,传达重要精神或信息。

(一)通报的特点

通报具有告知性、教育性和真实性等特点。

1. 告知性

通报的内容,常常是将现实生活中一些正反面的典型或某些带倾向性的重要问题告诉人们,让人们知晓、了解。

2. 教育性

表彰先进的通报,对被表彰单位、个人是一种鼓舞,对别的单位和个人是一种鞭策;批评性通报的目的则是让人们认识错误,改正错误,引以为戒。通过了解正、反面典型,使人们真正从思想上确立正确的认识。

3. 真实性

通报的任何情况、事实都必须是真实的,不能有差错,更不能编造假情况。因此,要对所写事实进行认真核实,做到准确无误。

(二)通报的种类

从使用情况看,通报可分为表彰性通报、批评性通报和情况通报三种。

1. 表彰性通报

表彰性的通报主要用于表扬和宣传先进集体、先进个人的典型事迹,从中总结出成功经验,号召人们向先进学习。

2. 批评性通报

批评性通报主要用于批评有典型错误的个体或群体,陈述其错误事件,分析其错误思想,指明应吸取的教训。

3. 情况通报

情况通报主要用于上级单位向所属下级单位传达有关重要情况、发布重要信息,以便上情下达,统一认识,协调工作,推动工作。

(三)通报的结构、内容和写作方法

通报的基本结构由标题、主送单位、正文和落款组成。

1. 标题

标题主要由发文机关、事由、文种三个要素组成。也可以省略发文机关,但比较重要的通报一般不省略发文机关。

2. 主送单位

通报的主送单位是发文单位的所有下属单位,所以有的通报也可以不写发文单位。

3. 正文

通报的正文一般包括导语、主体和结尾三个部分。不同的类型的通报，正文写法也有所不同。

（1）表彰性通报和批评性通报。表彰性通报和批评性通报的写法大致相同。一般包括以下部分：

1）开头。点明通报的对象，概述通报的原因、基本内容和作出的决定，并习惯用"现通报如下""予以通报表彰"等用语过渡下文。语言要简洁、概括。内容简短的通报，开头就直接叙述典型材料和作出的决定。

2）主体。叙述典型事例，要具体介绍被通报的人和事，如时间、地点、原因、经过、结果等，要清楚明白，重点突出。在此基础上进行适当的分析、评价，指出其教育意义——表彰的要揭示其主要精神实质，批评的要分析其要害和产生的原因。然后，作出表扬或处理的决定——表彰的，给予什么物质或精神奖励；批评的，给予什么处分、处罚。一定要简明扼要。

3）结尾。发出号召，提出希望或要求。

（2）情况通报。情况通报的内容一般包括通报事项的情况或精神的主要内容、提出希望和要求两个部分。

（四）通报写作注意事项

（1）行文要及时。通报的时间性较强。发通报时要及时迅速，抓住时机，及时将先进典型和经验向社会宣传推广，对反面典型及时予以揭露，引起警戒，或对某些重大事项和重要情况，及时予以通报，以起到交流情况、信息，指导工作的作用。

（2）要有指导性。通报要有普遍的指导意义，就应选择典型。无论表彰还是批评，其事例应让人感到确实值得学习或引以为戒。不能因某人犯了一点小错误，就将其通报批评，否则会给人以小题大做的印象。典型的材料具有一定的代表性，只有选准、选好典型，通报才能起到激励教育、推动工作和批评警戒的作用。

（3）详略要得当。在写作时要注意详略得当，既不能过于简单，那样会使人们难以受到教育，产生不了爱憎之情；也不能太详细，将"通报"写成"报告文学"，使人难以把握要领。

（4）内容要真实。通报所涉及的应当是客观存在的真人真事，不能有半点虚假，因此，写通报前，一定要反复调查、核对事实，做到准确无误。同时，对事情的描述要准确，要实事求是。

（五）通报例文

（1）表彰性通报。

【例文 2-5】

住房和城乡建设部关于公布2010年度全国物业管理示范住宅小区(大厦、工业区)评验结果的通报

（建房〔2011〕21号）

各省、自治区住房和城乡建设厅，直辖市房地局（建委），新疆生产建设兵团建设局：

为规范物业服务行为,提高物业服务质量,改善人民群众的居住和工作环境,我部对申报2010年度"全国物业管理示范住宅小区(大厦、工业区)"的物业管理项目组织实施了考评验收工作。经按规定程序评验并公示,北京市万科西山庭院等136个项目达到"全国物业管理示范住宅小区(大厦、工业区)"标准,被评定为2010年度全国物业管理示范住宅小区(大厦、工业区)。

根据北京市住房和城乡建设委员会及江苏、黑龙江、辽宁、福建省住房和城乡建设厅的复验意见,决定取消北京市西城区中直德外新风南里小区等66个项目获得的"全国物业管理示范(优秀)住宅小区(大厦、工业区)"称号。

特此通报。

附件:1. 2010年度全国物业管理示范住宅小区(大厦、工业区)名单(略)
  2. 取消"全国物业管理示范(优秀)住宅小区(大厦、工业区)"称号的物业管理项目名单(略)

中华人民共和国住房和城乡建设部(印章)
2011年2月17日

(2)批评性通报。

【例文2-6】

关于××物业管理有限公司批评通报
(×房办〔2018〕×号)

各物业服务企业:

  2018年,我处成立了物业管理日巡查组,对全区物业服务项目进行日巡查、周通报、月考核,对日检查发现的问题及时在××物业管理信息网OA办公自动化上进行通报,绝大部分物业服务企业能够及时地进行整改,但也有个别企业存在拒不整改现象。2018年4月至7月期间,我处日巡查组多次对××物业管理有限公司××小区保安未穿着工作服、无出入登记、卫生清理不及时、小区内多处毁绿种菜、楼道内乱贴乱画等问题在××物业管理信息网OA办公自动化上进行通报,并于2018年7月9日对其下达了责令整改通知书(××开执法物管字2018第×号),责令5日内整改完毕。在整改期满后进行复查时发现以上问题仍未整改,根据《××省物业管理条例》等相关规定,经我处研究决定对××物业管理有限公司通报批评一次,取消本年度评选资格。望其他物业服务企业引以为戒,在我区创城期间加大工作力度,为全区创城工作做出新贡献。

××市物业管理处(印章)
2018年×月×日

(3)情况通报。

【例文 2-7】

2018年上半年××市物业管理专项检查情况通报
（×建局〔2018〕×号）

各物业服务企业：

为规范物业管理行为，提高物业管理服务水平，创建"常住常新""井然有序"的人居环境，打造"管理规范、服务完善、环境优美、人际关系和谐"的现代化宜居小区。根据×建局〔20××〕×号文件部署，结合我市正在开展的构筑社会消防安全"防火墙"工程活动，2018年5月25日—6月30日，我局组织人员开展了以提高物业服务企业消防安全"四个能力"建设为重点的专项检查。现将检查情况通报如下。

一、检查基本情况

本次专项检查行动主要对小区综合管理情况、住宅共用部位和共用设施设备的养护和维修、公共秩序维护、清洁卫生状况、小区绿化养护五大方面的41个小项进行了量化打分，共检查物业管理项目104个。根据要求，重点加大了针对物业服务企业消防安全"四个能力"建设的监督检查力度，即"检查和整改火灾隐患能力、扑救初期火灾能力、组织引导人员疏散逃生能力、消防知识宣传教育培训能力"。

二、存在问题

通过专项检查形式，规范了我市物业管理企业行为，增强了企业消防安全意识，进一步提高了物业管理总体水平，检查过程中也发现存在以下问题：

1. 部分企业政治责任感不强。如在防控登革热和迎接省文明示范城市复评等全市性的重大行动中，部分物业企业缺乏政治主动性，只看好自己物业管理范围内的"一亩三分田"，对全局性的工作往往应付了事，尤其是配合街道社区创建等工作上消极怠慢，协同性不足。

2. 档案管理混乱。许多物业服务企业没有建立完整的业主档案资料，有些公司项目管理处，以一个电话号码代替全部资料，基础工作没有做细做实；项目交接手续不完善，更多的是由于物业服务企业自身没有足够重视物业管理档案资料的移交接管工作，特别是一些沿街单栋的小项目，存在的问题更加严重一些。

3. 考勤和财务等内部管理制度流于形式。目前，除浙江新光物业服务有限公司采用指纹联网考勤外，绝大多数企业都使用表单式的签到法，因此很多企业也只有走过场，未将考勤结果落到实处；财务管理上更是缺乏必要的财务管理制度，存在一定的财务风险。

4. 部分物业管理项目存在监控、消控等设施设备损坏，消防安全制度、措施不健全问题。小区楼宇区、地下室消防设施损毁，灭火器丢失或过期，缺少应有的火灾应急预案和定期灭火演练。

三、工作要求

1. 进一步提高企业社会责任意识。物业管理作为社会管理的基础性、服务性工作，在做好本职工作的前提下，应当承担起应尽的社会义务。在日常服务中，尤其在创建工作中要讲政治、顾大局，将思想和行动统一到全局性的工作中。

2. 加强企业自我管理。建立现代企业组织架构体系，建立健全企业内部考勤、考核机制，推进企业转型升级，向集团化、规模化发展迈进；加强行业自律，共同培育健康、共赢的行业气氛，加强企业间的沟通交流，取长补短，建立定期高层论坛峰会，共同致力于将××的物业管理市场做强做大。

3. 强化档案管理。确保业主资料健全、完整，各项管理制度综合汇编，归档及时，妥善保管，分类科学，提高信息化管理水平，更好地为日常管理服务。

4. 主动组织开展形式多样的推介活动，如业主联谊会、联欢会等，拉近业主之间的距离，让业主认识物业，让物业走进业主心间，消除服务双方的隔阂。

针对当前消防安全的严峻形势，下一步将着力推进物业服务行业"四个能力"的提高，进一步增强企业做好消防安全工作的责任感和紧迫感，动员企业积极投身于"防火墙"工程建设。一是加强协调配合，明确物业各相关主体的消防安全管理责任；二是加强监督指导，推进物业消防安全管理长效机制的建设；三是加大宣传，提高物业服务企业、小区业主等主体的消防安全意识；四是加强调查研究，切实解决物业行业消防安全管理工作中存在的主要问题。

为进一步提高项目管理处主任业务水平，积极深化检查考核机制，今年下半年，我局将探索建立项目管理处主任负责制，通过组织针对性的培训，实行持证挂牌上岗，督促其切实履行职责，提高管理水平和服务质量，维护广大业主的合法权益。

××物业管理有限公司（印章）

2018 年 7 月 26 日

单元三　报告、函

一、报告

物业管理报告是物业管理企事业单位向上级机关汇报工作、反映情况、提出意见或建议，答复上级机关询问时所用的一种陈述性公文。

物业管理报告属于上行文，一般产生于事后和事情过程之中。

（一）报告的种类

可以按不同的标准对报告进行如下分类。

1. 按报告内容划分

按报告内容划分，可分为工作报告、情况报告、建议报告、答复报告和报送报告几类。

(1)工作报告。工作报告用于向上级汇报工作进程、经验、问题等。

(2)情况报告。情况报告是指向上级汇报工作中发生或发现的某些问题和新情况时使用的一种报告，往往针对某一特殊或突发情况(灾情、案情、敌情)、某一问题(工作存在的失误和重大问题)、某项工作(重要活动、重要决议、上级决定事项的督办情况及检查某项工作的发展情况)、某次会议(重要会议的情况，各级、各类代表大会选举中的某些事项)，有一定倾向性的异常事件或新动态、新风气、新生事物等。

(3)建议报告。建议报告用于向上级提出意见、建议。

(4)答复报告。答复报告用于答复上级机关查询。

(5)报送报告。报送报告用于向上级机关说明报送文件、材料或物品的情况。

2. 按写作意图划分

按写作意图可分为呈报性报告和呈转性报告。

(1)呈报性报告，呈报给上级机关而不要求上级批转的报告。

(2)呈转性报告，呈报给上级机关要求上级批准并转发给有关方面的报告。

3. 按写作范围划分

按写作范围可分为综合报告和专题报告。

(1)综合报告，用于汇报全面工作或几个方面工作情况的报告，内容上具有综合性、全面性的特征。

(2)专题报告，用于汇报某项工作或反映某一情况的报告。内容上具有单一性的特征。

4. 按写作时限划分

按写作时限可分为定期报告和不定期报告：

(1)定期报告，定期向上级所作的例行工作报告，如旬报、月报、季报。

(2)不定期报告，无严格的期限规定，根据工作需要而写的报告。

(二)报告的作用

在物业管理中，报告的作用主要体现在以下两个方面：

(1)提供决策依据。为避免决策的盲目性和被动性，好的报告能帮助上级及时了解下情，做到心中有数。

(2)督导工作。通过报告，下级机关能及时将自己的工作情况反映给上级机关，以便接受上级机关的监督和指导，使自己的工作少出差错。

(三)报告的结构和写法

报告一般由标题、主送机关、正文、落款等部分组成。

1. 标题

报告的标题有两种写法，一是发文机关、事由、文种三部分齐全；二是只有事由、文种。如报告的内容紧急，可在报告前加"紧急"二字。

2. 主送机关

报告的主送机关通常只有一个，即报告汇报事项的主要部门。

3. 正文

正文一般由导语(前言)、主体、结尾三部分组成。

(1)导语(前言)。简要说明写报告的目的或缘由、背景或总的基本情况。然后根据报告的不同种类,用不同的承启句过渡到下文,常见的有"兹报告如下""特作如下报告"。

(2)主体。即报告的具体内容。围绕主旨展开陈述,写明主要情况、措施和结果、成效和存在的问题等。报告的种类不同,报告的主体的写法也略有差异。

(3)结尾。反映情况、答复询问的报告,结语常用"特(专)此报告";汇报工作的报告,可以用"以上报告,请予审议/请指示"。当然,有的报告也可以不使用结语。

4. 落款

落款包括发文单位和成文时间两部分。如果标题已有发文单位名称,落款处一般不写。

(四)物业管理报告例文

(1)工作报告。

【例文 2-8】

<h3 style="text-align:center">××公寓第一届业主委员会工作报告</h3>

各位业主:

　　××公寓第一届业主委员会在××区房管局、××社区的指导、监督下于2014年7月成立。三年来,业主委员会的工作得到了广大业主的配合和大力支持,得到了××区房管局、××社区的热忱帮助,在全体会员的共同努力下,基本完成了本届业主委员会预定的工作目标。下面从七个方面向各位业主作工作报告。

一、小区公共物业的维修、养护

2015年9月至2017年9月共支出××万元,其中代缴税金××元,用于小区的公共物业维修养护费用共计××万元。主要用于河边空地的绿化××元、自来水管网改造××元、楼道对讲机更换××元、楼道墙面粉刷××元、屋面防水铺装××元、电梯维修××元、会馆屋顶修理××元、活动室租金及器材购置修理费××元、公共设施维修费××元,确保小区美丽整洁、井然有序。

二、三年来小区面目改善、焕然一新

1. 绿化的改善

通过三年来的努力,小区绿化得到明显改善,特别是沿河的绿化,以前河道改造留下高低不平的地面,如今已是繁花似锦、绿草成茵,成了业主休闲散步的好去处。业主委员会向河道整治领导小组争取到了××万余元人民币的围墙拆除补偿款项,维护了全体业主的合法权益,该款项完全用于小区绿化和公共物业维修。

2. 用水的改善

原××公寓的用水都是经过屋顶水箱,每天喝的都不是新鲜的自来水,且地下水管腐蚀、漏水严重,曾经每月水费流失达××余元。通过对水管的改造,不仅减少渗、漏水问题,同时改用直饮自来水,改善了小区饮水卫生。

3. 业余生活的改善

业主委员会专门租用了两间活动室,作为文体活动场所,丰富了广大业主的业余生活,改善了邻里的关系,为创建和谐社会奠定了基础。

4. 通过会馆出租，盘活小区资产

会馆的出租既为小区的公共设施维修费增加了收入，同时通过承租人在××频道电视节目中对××公寓进行宣传，提高了小区的品位和形象。

5. 督促物管公司设立小区便利店

为了小区业主的生活便利，业主委员会督促物管公司设立了小区便利店，获得了广大业主，特别是老年业主的好评。

三、对物管公司的监督和管理

本届业主委员会任职期间，前后聘用了××公司和××公司作为小区的"管家"，业主委员会对两家物管公司的监督和管理基本上是到位的，两家物管公司均按《物业服务合同》的规定，基本上完成了合同规定的各项管理指标和经济指标。现在留任的××公司两年间的服务总体水平令人满意，成绩是有目共睹的，这与业主委员会日常的严格要求、加强监督是分不开的。

四、开发商遗留的历史问题已有初步的解决方案

经过与开发商的艰苦交涉和政府有关部门的协调、沟通，开发商拖欠的物业维修基金，未交付的物管用房、经营用房及社区配套用房，拖欠供电局的工程款和小区排污等事宜已初步落实，业委会已以"喜报"的形式向各位业主公告。应该说这些问题的初步解决与各位业主委员会委员的努力是分不开的。但小区的诸多遗留问题需要与二期开发商和政府有关部门进一步协商和沟通，应该说维权之路任重而道远，希望各位业主选择出强而有力的第二届业主委员会，能顺利接过"接力棒"，带领大家继续维权。

五、财务收支情况

各位业主比较关心的"三费"（停车费、物业维修资金及会所的租费）以及零星收入已经××会计师事务所审计，现将各项收支公布如下（2015年9月至2017年9月）：

（略）。

六、工作中的不足

作为第一届业主委员会，由于工作经验的缺乏，工作中存在缺陷和不足是难免的，但我们一直在努力。对于小区中存在已久的问题，如个别业主拖欠或拒交物管费和停车费问题，由于碍于情面，没有拿出切实有效的督促和劝服措施，给小区的日常管理造成负面影响，也挫伤了部分及时交纳物管费的业主的积极性。还有，对于大家比较关心的小区游泳池的开放问题，由于涉及多家部门的审批，一直未予开放，在此也一并致以歉意。

回顾三年来的历程，我们可以自豪地说：工作的失误是有的，但我们坦坦荡荡，任劳任怨，不计报酬，无私奉献。在三年中，我们没有报销过一分钱，没有拿过一分补贴，我们用本应与家人享受天伦的时间为小区服务，甚至有时自己掏钱贴钱，但因为我们有"我为人人，人人为我"的服务理念，我们付出了，我们努力了，所以我们无怨无悔。

××公寓第一届业主委员会（印章）

2017年×月×日

(2)情况报告。

【例文2-9】

××市××物业公司
关于××大厦物业管理问题处理情况报告
(××建业〔2019〕×号)

市效能办：

贵办来函(××效函〔2019〕×号，投诉件号2019×)收悉，我局高度重视，再次派人调查处理，兹将调查处理情况汇报如下。

一、小区基本情况

××大厦位于××路，二○一六年十月交付使用，建设单位为××市××房地产开发有限公司，大厦业主总人数为153人，总建筑面积为27 551.77 m²。经查，该项目二○一五年十二月，在我局办理协议方式选聘前期物业管理企业备案，备案的前期物业服务企业为××中建物业管理有限公司。

从××酒店物业管理有限公司了解到：该公司受××房地产开发有限公司的委托，于二○一六年九月接管该小区，同年十月交付使用。由于该小区存在房屋质量问题，业主投诉不断，物业公司难以管理，二○一七年五月左右，该公司与开发建设单位解除了前期物业管理合同，撤出小区。

××酒店物业管理有限公司撤出后，开发商聘请原备案的前期物业服务企业"××中建物业管理有限公司"接管小区。××中建物业管理有限公司有工商营业执照和物业管理资质，但接管××大厦小区后，没有到工商局登记分支机构(××大厦物业管理处)，也没有将物业服务收费标准报物价部门备案。今年以来，该大厦发生两宗财物被盗案件，已报公安部门立案侦查，目前尚未破案，责任待破案后确认处理。

二、处理情况

我局已多次召集物业公司和业主代表召开协调会，明确以下几点：

(一)该小区符合协议选聘符合前期物业服务企业的条件，××中建物业接管小区，属受开发建设单位通过协议聘请进入，××酒店物业管理有限公司撤出后，在小区业主大会没有成立的实况下，由开发建设单位"××房地产开发有限公司"聘请"××中建物业管理有限公司"接管小区，符合有关规定。

(二)××中建物业管理有限公司应当认真履行物业服务合同，加强安全值班工作，提高服务质量。同时，按照工商、物价部门的要求，尽快到工商、物价部门补办相关手续。

(三)根据有关法规规定，业主认为物业公司未尽到管理职责，侵害了自己的合法权益，可以通过提意见、投诉、仲裁或司法程序解决。但重新选聘物业公司，须业主大会经专有部分占建筑物总面积过半数的业主且占总人数过半数的业主同意，并委托业主委员会办理。

特此报告。

附件(略)

　　　　　　　　　　　　　　　　　　　××市××物业公司(印章)
　　　　　　　　　　　　　　　　　　　　　　2019年11月16日

(3)建议报告。

【例文2-10】

××市××物业公司
关于旧住宅小区物业管理的问题与建议
(××建业〔2018〕×号)

　　物业管理是随着国家房地产业,尤其是住宅产业的发展而逐步发展起来的。当人们的生活水平逐步提高后,就会更关注生活的质量,关注居住环境的日常保养和维护,尽可能使住宅小区整洁,环境优雅,生活便利,安全不受侵害。根据政府关于物业管理的有关规定,新建小区必须实行物业管理制度,而旧小区却在推行物业管理的过程中,遇到了很多困难和问题。主要有以下几个方面。

　　一、居民观念需转变

　　多年来计划经济体制下形成的居民住房福利制度,使很多居民还存在无偿享受服务的传统观念,习惯了由单位的房产管理部门或房管所管房的模式,认为实行物业管理就是想多收钱,如果实施物业管理需要收费,也应该由单位交,住房消费意识淡薄。

　　二、产权形式多样

　　旧小区普遍存在住房产权形式多样的特点。住房产权形式有全产权商品房、房改售房、回迁房、农转居的承租房、居民承租房。住房的产权人多样,有居民个人、房管局、单位产权人(包括中央单位、市属单位、区属单位)、公共设施产权人(如各市政设施部门、邮局、银行、区属商业单位所有的房产)、托管房、二手房产权人等。

　　三、对旧小区基础设施进行改造的资金缺口较大

　　旧小区实施物业管理,改善居民的生活环境,必须对小区的基础设施进行不同程度的改造,如小区进行封闭、绿化美化、道路修整等。根据改造项目的多少和改造等级的不同,资金量少则几十万,多则上百万,甚至上千万。资金从哪里来,是困扰实施物业管理的一个重要问题。

　　四、物业管理收费困难

　　已经实施了物业管理的小区,甚至物业管理水平比较好的小区,也存在物业管理收费困难的问题。旧小区物业管理收费经物价部门核准,目前最低收费标准为每平方米0.15元,普通小区全年收费总额为120元。尽管是如此低廉的费用,很多物业管理公司也只能收到30%左右。

　　针对当前旧住宅小区物业管理工作中存在的主要问题,提出以下建议:

　　其一,加快、加强物业管理的立法工作。

当前物业管理中出现的纠纷,涉及物业管理的方方面面,而物业管理立法工作的滞后,使得很多纠纷无法解决,或造成一些潜在的矛盾和纠纷,建议有关方面应加快物业管理立法工作,通过立法进一步明确政府部门、物业管理公司和业主各方的责任、权利和义务,消除争议,特别是对房改房物业管理规范的立法工作要重点研究。

其二,政府部门应加强对旧小区实施物业管理工作的规划。

针对没有实施物业管理的旧小区,政府房地产管理部门应制订改造计划,扩大实施物业管理的范围。政府有关部门要研究旧小区推行物业管理的困难,针对每个小区存在的问题,逐步推进和实施物业管理,充分发挥政府行政管理部门的作用。

其三,建立房屋使用人与物业管理公司的物业管理契约关系。

商品房在买房之时,买房人和卖房人就签订了物业管理合同,但在签订房改售房合同或危改回迁房合同时,双方对物业管理事项没有任何约定,导致买房人或承租人对物业管理不承担任何义务和权利。建议在旧小区制订物业管理合同,通过使用人或产权人与物业管理公司签订物业管理合同,建立物业管理的委托关系,约束双方的利益关系,改变居民普遍存在的"你搞物业是你愿意,跟我没关系"的观念。

其四,加强实施物业管理的正面宣传。

一是要物业管理公司树立努力为业主服务的认识,这样才能从企业内部产生提高服务水平的内在动力;二是要引导物业管理公司提高服务水平,总结已有的成功经验,向其他物业企业宣传;三是要宣传业主对房屋产权享有的权利和义务,增加业主的自觉维权意识;四是要增加物业服务内容透明度的宣传,服务项目、服务内容、服务标准都要在小区内的布告栏内张贴或以其他方式让业主知道;五是加强物业收费的宣传工作,该交费的产权单位都要交纳物业管理费,包括小区内的学校、商业设施等居民住宅以外的其他产权单位。

为实现现代新区、文化大区、经济强区、全国名区的目标,在加快新城建设的同时,对新城区实施有计划、有步骤的改造,目前旧住宅小区整治出新及物业管理试点工作正全面展开,通过各方的共同努力,逐步建立符合社会主义市场经济体制要求的社会化、专业化、市场化的物业管理新体制,为广大居民提供安全、整洁、方便、美观的居住环境。

特此报告。

××市××物业公司(印章)
××××年×月×日

(4)综合报告。

【例文2-11】

××物业公司2019年上半年工作情况综合报告

市住建委:

现将本公司在2019年上半年的工作情况报告如下:

一、重新确定人员编制。公司按现阶段业内比较认可的人员配置比例确定人员编制,即每800~1 000 m² 配1人，共确定编制为××人。

二、建立健全规章制度。我们知道，物业管理属劳动密集型的第三产业，其经济效益靠为业主提供服务而收管理酬金的方式体现出来，也就是通过物业服务企业全体员工的劳动而获得相应报酬。物业服务企业要得到业主的信任，要为业主提供优质的服务，首先必须要练好内功，抓好内部管理，建立健全规范的内部管理制度。为此，我们进一步完善了以下规章制度：员工手册、培训制度、考核制度、财务制度、对外项目招标制度、采购制度、仓库管理制度等。

三、建立调动员工积极性的激励机制。我们认识到，物业管理是一项繁杂、琐碎的服务性工作，工作辛苦，工资待遇也不高，因而人员流动性大。为了在日益激烈的物业服务市场竞争中留住人才，站稳脚跟，并立于不败之地，为此，我们建立起以下一套调动员工工作积极性的激励机制：目标激励、精神激励、奖励激励、福利激励、荣誉激励、参与激励、考核激励。

四、有效地进行员工培训。公司要提高服务水平，最关键是要通过提高员工队伍素质来实现，有效地对员工进行培训是提高员工队伍素质、提高服务质量的最佳方法。为此，我们采取了灵活多变的培训形式对员工进行培训，既有脱产培训，又有业余培训；既有学历教育，又辅之以非学历、岗位知识培训；还举办有专题培训、短训班等。通过培训，所有员工在服务意识、管理知识、法律知识、治安消防知识、房地产知识等素质方面均有明显提高。

我们取得一定的成绩，但还需继续努力。在新的一年中，我们公司将加大管理力度，进一步强化内部管理，使我们公司在市场竞争中永远立于不败之地。

××物业公司（印章）

2019年×月×日

(5) 专题报告。

【例文2-12】

××市××物业公司
关于××小区20号楼刘××业主家渗水事件的专题报告
（×物〔2016〕×号）

××市房屋管理处：

2016年3月25日，××市××小区20号楼发生卫生间渗水事件，在各有关部门的帮助下，该事件已圆满解决，现将有关情况报告如下：

3月25日，我公司接到××小区20号楼4-2号业主邓先生的通知，称由于5-2号刘××家的厕所渗水，造成他家顶棚严重滴水。

物业公司工程部工程师王××立即赶往现场查看。经检查认为：渗水原因是刘××业

主在装修时擅自拆除坐便器改为蹲便器，破坏防水层所致。此后，××房产公司工程部杜×工程师也认真查看了现场，仍然认为是上述原因造成渗水。3月27日，物业公司通知刘××业主立即处理此事。但是刘××业主认为是由于房屋质量造成渗水，声称要另找工程师鉴定渗水原因。此后半月中，刘××业主无任何行动，严重影响了4-2号业主邓先生的日常生活。其间，为了不影响4-2号业主的正常生活，我公司曾提出"由刘××业主承担人工费，我公司承担防水材料费用"的解决方案，也被刘××业主拒绝。

在多次上门督促未果的情况下，4月12日，我公司向刘××业主下达了限期整改通知书，要求其在4月25日前处理好渗水问题，否则将按规定上报有关部门进行处理。在送达时，刘××业主的妻子夏××仔细阅读了通知书，但是拒收。同时，物业公司也将处理意见转达给4-2号业主，邓先生表示理解，并同意等候处理结果。

4月24日，刘××业主以不作为为由将我公司告到了市政府。4月25日，市建设局房管处物管科组织质监安全站、××房地产公司、××物业公司一起到现场进行了调查，凿开渗漏处进行检查，认定渗水原因主要是刘××业主擅自变更设计，破坏防水层，破坏结构所致。房管处物管科下达了处理意见：原施工单位负责人工处理，刘××业主承担部分材料费用，物业公司协调监督落实。

4月30日，我公司协助原施工单位对刘××业主家卫生间渗漏问题进行了处理，并按新商品房验收标准，灌水48小时未见渗漏。

特此报告。

附件（略）

××市××物业公司（印章）
2016年5月8日

二、函

函是指不相隶属单位之间相互商洽工作，询问和答复问题，请求批准和答复审批事项的公务文书，函没有固定的行文方向，多用于平行文，但有时也用于上行文或下行文。函兼有知照、指挥、联系的功能。

函一般较短小，内容单一，语言简洁明了，有公文"轻骑兵"的称誉。其适用范围广泛，使用灵活方便。使用函要符合公文的格式要求。没有版头、标题和发文字号的函，属于便函，不列为正式公文。

（一）函的种类和用途

1. 按性质和格式划分

函按性质和格式划分为公函和便函。

（1）公函是正式的公务文书。在格式上，从标题、发文字号到成文时间等都严格按公务文书的格式制发，多用于商洽、答复批准的较重要的事项。

（2）便函不是正式公务文书，是单位处理一般事务的简便函件。在格式上，与一般书信格式相同，不加标题，不编发文字号，用单位信笺书写，要加盖公章。

2. 按行文方向划分

按行文方向划分为去函和复函。

（1）去函也称来函、发函，是发文单位主动制发的函。

（2）复函也称回函，是发文单位被动制发的函。

3. 去函按内容、发文目的划分

去函按内容、发文目的划分为商洽函、询问函、告知函、请准函四种。

（1）商洽函。商洽函用于平行单位或不相隶属的单位之间商洽工作、联系事项等。陈述事项时，要明确、简洁。

（2）询问函。询问函用于上级或平级单位之间询问有关问题，征求意见。内容要集中，每函一事。

（3）告知函。告知函用于将有关事项或活动、安排告知对方，多为平行文，对方收文后一般也不必回复。

（4）请准函。请准函用于向不相隶属的主管部门请求批准事项。请求的理由要明确、具体、合理。

（二）函的结构和写法

函由标题、主送机关、正文、落款组成。

1. 标题

标题一般由发文单位、事由、文种构成。复函的标题中要写明"复函"。便函可以不写标题。

2. 主送机关

主送机关即收函机关名称。复函的主送机关就是去函的发文机关。

3. 正文

函的正文一般包括缘由、事项和结束语三个部分，但不同类型的函有不同的写法。常用的结束语有"请复函""请研究复函""盼复""此复"等。

4. 落款

落款为发文单位名称和成文日期并加盖公章。

（三）函写作注意事项

1. 一函一事

一份函只能写一件事，不能为了图省事而一份函写几件事。

2. 用语得体，平等待人

函的语言表达切忌用"必须""应该""注意"等指示性语言，必须礼貌、谦和、态度诚恳。要以礼待人，用商量口气，不盛气凌人。措辞要得体，尊重对方。

3. 开门见山，简短明了

函书写时要写得简短明了，切忌空话、套话或含糊其词。

(四)物业管理函实例

【例文 2-13】

××物业服务企业 A 公函

（调字第×号）

事由：为某同志联系工作调动事宜

××物业服务企业 B：

我公司职工×××，女，现年 42 岁，汉族，中共党员，现因其爱人长年患病卧床休息，无人照顾，其子 15 岁，家庭生活确有困难。该同志请求调往离家较近的贵公司工作，不知你们意见如何？请研究后函告我们。

此致

敬礼！

××物业服务企业(印章)

××××年×月×日

【例文 2-14】

关于签订物业管理委托合同的函

（×区〔2018〕×号）

××小区业主委员会：

2018 年 10 月，你委经民主选举成立。经过半年努力，你委各项工作走上正轨，为维护小区业主的合法权益做出了较大贡献。

你委成立至今已逾半年，但由于工作任务繁多，你委至今未选聘物管企业。自××小区建设以来，我公司一直从事××小区的物业管理工作。你委选举成立至今，小区的物业管理工作也由我公司承担。由于未签订物业管理委托合同，给我公司的管理带来很多困难，也不利于小区建设。

鉴于此，请你委尽快与我公司签订委托管理合同。

此函，盼复。

××物业服务企业(印章)

2019 年×月×日

【例文 2-15】

关于要求立即进行物业移交的函

××房地产开发有限公司：

××业主委员会依法成立于2013年4月27日。

按照国务院《物业管理条例》《××市城市住宅小区物业管理办法》《××市物业管理若干规定》《××市人民政府关于社区配套用房建设使用管理的意见》、市房管局《关于协调解决××物业管理纠纷问题的专题会议纪要》等法律法规条款内容及政府协调意见，贵公司应该于2013年主动向××业主委员会正式移交物业管理及法律法规规定的所有项目内容。我会虽多次督促，但时至今日，依然未见贵公司前来办理移交手续。

今再次去函催促，希望贵公司能以国家法律为尊，诚信为本，仁善为怀，速与××业主委员会办理移交手续。

专此布达。

××业主委员会（印章）
2015 年×月×日

单元四　请示、批复

一、请示

请示是向上级单位请求指示、批准的公务文书，请示属于呈请性的上行文。

在公务活动中，请示使用较为广泛，如对党和国家的有关方针政策不甚了解时，工作中发生了重大问题难以处理时，本单位意见分歧无法统一时，建立机构增加编制时，都需要用到请示。

（一）请示的种类

根据不同的目的，请示主要分为请求指示的请示、请求批准的请示和请求转批的请示三种。

1. 请求指示的请示

请求指示的请示是指下级单位对有关方针政策和规定中不理解的问题，针对工作中出现的无法解决的具体问题，向上级单位申明情况，请求答复并提出处理意见的请示。一般只提出问题，而不是提出具体建议，处理意见由受文的上级单位提出。写作重点是情况的陈述和问题症结。请求语经常使用"可否，请批示（批复）""以上请示当否，请批复（批示）"等。

2. 请求批准的请示

请求批准的请示用于请求上级对有关问题、事项进行审核、认可、批准，或请求上级给予人员、资金、物资等的支持。写作时，重点要放在意见办法及其理由上。请求语常用"以上请示，如无不妥，请予以批准""请审核批准"等。

3. 请求批转的请示

请求批转的请示是指请求上级单位对本部门就全局性或普遍性问题所提出的解决办法予以批转各单位执行。

(二)请示的结构和写法

请示主要由标题、主送单位、正文、落款四部分组成。

1. 标题

请示的标题有完全式和省略式两种。完全式标题由发文机关、事由、文种三要素组成；省略式标题由事由和文种组成。在实践中，请示的标题一般采用省略式，与其他公文略有区别。

2. 主送单位

按照"谁主管就向谁请示"的原则，请示只能有一个主送单位，不要多头请示。如需同时送其他单位，可以用抄送的形式。除领导个人交办的事项外，请示不得直接呈送领导者本人。若需多级请示，应按单位的隶属关系，逐级报送。一般情况下，不得越级请示，若因特殊情况必须越级请示，也要抄送被越过的上级单位。

3. 正文

正文通常由缘由、事项、结束语三部分组成。

(1)缘由。缘由是请示的理由或依据，正文的重要构成部分。缘由通常位于正文的开头。缘由部分要抓住实质、切中要害、实事求是、言之有据、说明充分，切不可泛泛而谈，主次不分，这是关系到请示事项能否得到上级部门的请求、批准的重要部分。

(2)事项。事项是请示的主体，主要说明请示上级单位批准或指示的具体事项。这部分说明的事项须明确，条理要清楚，结构上多用条款式。

(3)结束语。结束语是请求的结尾，具体明确地提出解决请求。

4. 落款

落款为发文单位的名称和成文日期，并加盖公章。

(三)请示写作注意事项

1. 单头请示

请示是上行文，一般只写一个主送单位，不能同时主送两个或两个以上单位。行文应当根据公文的内容及发文、受文单位的隶属关系及职权范围确定主送单位。如有需要，对有关的单位可用抄送的形式。

2. 一事一文

请示应当一事一文，不能一文数事，如确有多个问题或事项需要请示，需分别行文。

3. 不得越级请示

公文运转最忌横传和直送。请示与其他公文一样，一般不越级请示，如果有特殊情况必须越级请示时，要同时抄送越过的单位。请示一般不直接送领导个人，而是应统一送单位文书部门，按办文程序呈送。否则，容易误事，甚至会造成领导者之间的矛盾。

4. 不得抄送下级单位

请示是上行公文，不得同时抄送下级单位，更不能要求下级单位执行上级单位未批准的事项。

5. 内容具体、语言中肯

请示事项切忌模棱两可或不提具体要求，同时请示行文语言要注意祈请性、礼貌中肯，不能使用命令口吻或强制性语气，常用"恳请""请批准""特申请""特此……盼予"等敬辞。

（四）物业管理请示和物业管理报告的差异

物业管理请示和物业管理报告的差异见表2-1。

表2-1　物业管理请示和物业管理报告的差异

项目	差异
行文目的、作用不同	物业管理请示旨在请求上级批准、指示，文中必须提出请求事项，要求给予审批或答复，重在呈请；物业管理报告要向上级汇报工作、反映情况、提出意见或建议，答复上级询问，不需上级答复，重在呈报，报告中不得夹带请示事项
行文时间不同	物业管理请示需要事前行文；物业管理报告一般在事后或事中行文，也可在事前行文
写法不同	物业管理请示一文一事，内容比较简单，写法单一；物业管理报告内容广泛，写法较为复杂

（五）物业管理请示案例

【例文2-16】

关于创建××安全文明小区的请示

××市房产局物业管理处：

××小区位于××市××路××号，占地面积32 520 m²，建筑面积20 206 m²，绿化面积19 000 m²，于2017年1月1日投入使用，现居住750多户，2 800多人。小区由三幢30多层楼宇组成，1~4层是大型家具商场，5层以上为商住楼，地下1层为大型地下停车场，小区设备设施有高低压供配电柜、变压器、电梯、水泵、发电机、空调机组、网球场、游泳池等。

通过建章立制使小区建设走向规范化、制度化的管理。小区内先后制定了以下创建安全文明小区的工作制度：

1. 治安管理制度。
2. 车辆停放管理制度。

3. 出租屋、外来人员管理制度。

4. 消防管理制度、公共卫生管理制度。

5. 园林绿化管理制度。

小区内有一支由48人组成的治安队伍，对小区实行24小时全封闭式保安管理，小区进出口、各电梯间及各重要部位都安装有红外线探头，并且经常在小区开展各种形式的宣传活动，例如，派发致居民群众的一封信、居民防火、防盗知识等各种宣传资料，小区自入住以来未发生任何违法犯罪及消防事故。

我们管理处全体职工决心向兄弟单位学习，从管理上下功夫，在实践中不断总结经验改进工作。现申请将我小区创建成为安全文明小区，申请命名为乐怡居安全文明小区，把乐怡居管理工作不断推上新的台阶，为居民住户营造一个宁静、舒适的生活环境。

以上请示，请批复。

××物业管理处（印章）

2018年×月×日

【例文2-17】

关于增设地下消火栓需动用物业维修基金的请示

（××发〔2016〕×号）

××市建委：

××市××小区有一座3 000 m² 的地下车库。两年前，小区交付使用时仅有消火栓一处，业主停泊的家用汽车由两年前的300辆增至450辆，如一旦发生事故，后果不堪设想。虽然省、市防火部门多次检查，提出建设，但因资金问题一直没再增设消火栓。急需增设地下消火栓两处以确保车库安全，做到常备无患。现经业主委员会讨论通过，准备动用物业维修基金2.2万元。

以上请示，请批复。

××市物业管理公司（印章）

2016年×月×日

【例文2-18】

关于成立"××居委会"的请示

××人民政府：

根据《××区人民政府关于调整××街道与××镇之间部分区划界线的批复》（××字

〔2017〕×号）文件精神，调整后的××小区归我街道管理，目前该小区规模1 521户，已于2019年7月交付使用，现大部分居民已入住。居委会筹建工作从今年7月起着手进行。居民区党支部已于2019年11月14日成立。经街道与建设单位协调，已落实建筑面积128 m² 的居委会办公用房，地址为：××路×号×室，并于2019年11月交付使用。我街道办事处抽调8名有实际工作经验的社区工作者参与筹建工作，现已到岗工作，一旦条件成熟即进行居委会选举。同时街道目前正与××房产开发有限公司协商落实小区居民日常的活动场所。

以上请示，请批复。

××市××区人民政府××街道办事处（印章）

2019年×月×日

【例文 2-19】

××市××物业公司

关于要求转发《××市居住小区物业管理办法》的请示

××市政府：

为了加强和规范我市居住小区的物业管理，保障业主、使用人和物业管理企业的合法权益，创造安全、优美、舒适、文明的居住环境，根据国家、省有关物业管理的法规政策，结合我市实际，我局拟草了《××市居住小区物业管理办法》，请政府审定转发。

当否，请批复！

××市房地产管理局（印章）

2019年×月×日

二、批复

批复是根据下级请示而制发，答复请示事项时使用的文种。批复和请示构成一个问题的两个侧面，是统一的。

批复通过对下级单位请求事项的指示、批准，督促下级单位贯彻执行有关事项。

（一）批复的种类

根据批复的内容和性质不同，可分为审批事项批复、审批法规批复和阐述政策批复三种。另外，还有肯定性批复、否定性批复和解答性批复三种。

(二)批复的特点

1. 行文的被动性

批复是用来答复下级请求事项的,下级有请示,上级才会有批复。下级有多少份请示呈报上来,上级就有多少份批复回转下去。批复不是主动的行文,是公文中唯一的纯粹被动性文种。

2. 针对性

批复的针对性极强,下级单位请示什么事项或问题,上级单位的批复就指向这一事项或问题,决不能答非所问,也无须旁牵他涉。

3. 集中性和明确性

由于下级的请示是一事一报,请示内容十分集中,相应的批复也是一文一批,篇幅一般都不长,答复的内容也十分集中。

批复的态度和观点必须十分明确。对于请求指示的请示,批复要给以明确的指示;对于请求批准的请示,批复或同意、批准,或者不同意、不批准。

4. 政策性和依据性

对于撰写批复的上级单位而言,无论是发出指示还是批准事项,都必须有政策依据,不能随意为之。对于发出请示的下级机关而言,批复一旦到达,就是行动的依据,不得违背。在这些方面,批复和指示的特点是一致的。

(三)批复的结构和写法

批复一般由标题、主送单位、正文、落款四部分构成。

1. 标题

标题最常见的写法是完全式的标题,即由发文单位、事由和文种构成。在事由中一般将下级单位及请示的事由和问题写进去;也有的批复只写事和文种。

2. 主送单位

主送单位一般只有一个,是报送请示的下级单位,其位置同一般行政公文,写于标题之下,正文之前,左起顶格。批复不能越级行文,当所请示的单位不能答复下级单位的问题而需要向更上一级单位转报"请示"时,更上一级单位所作批复的主单位不应是原请示单位,而是"转报单位"。如果批复的内容同时涉及其他的单位,则要采用抄送的形式送达。

3. 正文

正文包括批复引语、批复意见和批复要求三部分。

(1)批复引语要点出批复对象,一般称收到某文,或某文收悉。要写明是对于何时、何号、关于何事的请示的答复,时间和文号可省略。

(2)批复意见是针对请示中提出的问题所作的答复和指示,意思要明确,语气要适当,对于什么同意,什么不同意,为什么某些条款不同意,注意事项等都要写清楚。

(3)批复要求,是从上级单位的角度提出的一些补充性意见,或是表明希望、提出号召。如果同意,可写要求;不同意,也可提供其他解决办法。

4. 落款

落款包括发文单位署名、成文时间、公文生效标识(即印章)。这部分写在批复正文右下方,成文日期使用汉字,标全年、月、日,"零"写为"○"。

(四)物业管理批复实例

【例文 2-20】

关于××小区前期物业服务收费标准的批复

××房地产开发有限公司：

你公司《关于××小区前期物业服务收费标准的请示》收悉。根据××〔2018〕×号文件精神，批复如下：

一、在业主、业主大会选聘物业服务管理企业之前，"××小区"普通住宅按照三级标准提供服务，前期物业服务费按×元/平方米·月的标准收取。

二、在业主大会成立并公开选聘物业管理企业之后，普通住宅物业服务费，按规定的服务等级标准，在规定的收费标准和浮动幅度内，由物业服务管理企业与业主在物业服务合同中约定，并报我局备案。

三、其他物业服务费实行市场调节价，与业主协商确定。

特此批复。

××市物价局（印章）
2018年6月21日

【例文 2-21】

关于同意成立××物业管理有限公司党支部的批复
（×物协党字〔2020〕×号）

××物业公司：

你单位《关于成立××市××物业公司党支部的请示》已收悉。经研究，同意成立中共××市物业管理协会××物业管理有限公司支部委员会，党支部委员请在物业协会党委指导下按《中国共产党基层组织选举工作条例》有关规定选举产生。

中共××市物业管理协会委员会（印章）
2020年×月×日

单元五 会议纪要

会议纪要是记载和传达会议情况及议定事项的公务文书，是会议文件的一种。会议纪要一般制成于会议后期或结束之后，除具有指导性外，还可以用文件形式发送给有关单位

（或部门），沟通情况，知照事项，或上呈有关领导部门，汇报会议精神。

它的行文方向比较灵活，可上行文、下行文和平行文，且具有多种功能。

一、会议纪要的种类

会议纪要可分为指示性会议纪要、通知性会议纪要和研讨性会议纪要三种。

1. 指示性会议纪要

指示性会议纪要是最常见的一种会议纪要。各级单位召开办公会议或工作会议，在一些重大的理论或实际工作问题上达成共识，在此基础上产生的会议纪要，既有提出方针政策的具体执行意见，也有对实际工作中各种认识的统一，对传达和部署工作都具有指示作用。

2. 通知性会议纪要

通知性会议纪要是指用来宣布会议议定事项的纪要。各级单位召开会议，议定出一些事项，用纪要的形式让下级单位和有关人员了解或执行。

3. 研讨性会议纪要

为研讨某个问题或交流某方面情况，召集有关人员参加，与会人员可以发表各自的看法。这类会议纪要不需要统一的意见，只要归纳出各方的主要观点、意见即可。

二、会议纪要的结构和写法

会议纪要主要由标题、主送单位、正文、署名和日期四部分组成。

1. 标题

会议纪要的标题有三种类型：一是由机关名称、会议名称和文种组成；二是由会议名称和文种组成，这是最常见的一种形式；三是正、副标题式，如《同舟共济渡难关，坚定结心保和谐——全省物业工作会议纪要》。

2. 主送单位

会议纪要不要写主送单位，而是以抄送的形式给参加会议的单位和需要知道会议情况的单位。

3. 正文

会议纪要的正文由引言、主体和结尾三部分组成。

（1）引言。引言是全文的开头部分，要概述会议的基本情况，包括会议的时间、地点、内容、目的、主持单位、参加人员、会议议题、会议成果及对会议的评价等。引言应简明扼要，使读者对会议有一个总体了解。这些内容的顺序一般是以时间开头，然后说明主办单位在什么地方召开什么会议，什么人出席了会议，会议由谁主持，接下来交代会议议题、内容、成果及对会议的评价等。

（2）主体。主体是会议纪要的主要部分，主要包括会议讨论情况和议定事项两部分。一些简单的、小型的会议，其会议纪要可以略去讨论情况，直接写出讨论结果；但大型的、重要的会议，其会议纪要不能省去讨论情况。

（3）结尾。结尾主要对与会者、下级单位提出希望和号召，激励大家为实现大会目标而努力奋斗；也可以对会议进行简要评价，指出其意义和作用。当然，并不是所有的会议纪要都有结尾，一般情况是主体结束，全文就自然结束，只有重要的会议，其纪要才有结尾。

4. 署名和日期

会议纪要一般不署名，不需要加盖公章。日期可以在标题之下，也可以在正文之后。

三、会议纪要的特点

会议纪要具有纪实性、纪要性、传达性、确定性等特点。

1. 纪实性

会议纪要真实地记载会议的情况、精神、决议等内容，并作客观的整理，不能离开会议的基本情况和主要精神来写其他未涉及的问题。对于有争议的问题，也应把几种意见写上。

2. 纪要性

会议纪要并不是原始记录的翻版，而是综合重要事实的要点写成的。它必须根据会议的目的和指导思想，把主要情况和重大问题反映出来，不能与会议记录无区别。

3. 传达性

会议纪要主要用于传达会议精神和议定事项，它不仅应让参加会议的人知道，而且还应让参加会议的单位和广大群众知道。会议纪要作为正式文件下达，发送有关单位传达贯彻。

4. 确定性

会议纪要作为处理公务活动的一种公务文书，并不是可普遍采用的，而只限于一些重要的、大型的会议。在用语上常用第三人称，段首用语常为"会议认为""会议指出""会议决定""会议要求""会议号召"等，表述出确定性的意见。

四、物业管理会议纪要实例

【例文 2-22】

××公寓业委会 7 月份工作例会会议纪要

××公寓业委会 2017 年 7 月工作例会于 7 月 14 日晚在××会馆 3 楼举行，会议集中讨论了关于物管费的调整、《社区养犬公约》修改、7 月 9 日在××东区由于停车引发的业主纠纷等问题，现将会议情况纪要如下：

一、关于物管费的调整问题。会议认为，根据《××市物业管理服务收费管理办法》的相关规定，××公寓的物管费应予以调整。按普通住宅小区甲级评分等级加上浮动幅度，多层公寓应下调至 $1.0\,元/m^2$，高层公寓应下调至 $1.2\,元/m^2$，会议建议于 2017 年 7 月 1 日开始实行。这一决定，拟在 2017 年 10 月召开的业主代表大会上确认。

会议建议，如果 2017 年 10 月召开的业主代表大会决定同意继续聘用××物管处进行物业管理，那么，新的委托管理合同要增加一项条款，将从浮动的费用中分出一部分作为奖励基金，单独列账。根据《××市物业管理服务收费等级评分表》，由业委会在年终以问卷形式对其工作完成的满意度做总体评价，满意度高的，此项基金作为年终对物管工作的

奖励；如果物管处的工作不能让绝大部分业主满意，这笔基金将转入下一年度的物管费中。此决定将从2018年起执行。

二、关于物业管理服务质量问题。会议认为，自2017年1月物管费上调后，业主对物业公司的服务要求也相应地提高。物业公司在工作中只是注重"开源节流"，不注重服务质量的提高。虽然为业主服务很热情，但不敢大胆管理，怕得罪业主。事实上，对个别业主不敢得罪，得罪的是广大业主。会议希望物管处能在今后的工作中多注重服务质量的提高。

三、《社区养犬公约》在社区网站上公布之后，网民们都能积极提供意见。会议建议将《社区养犬公约》张贴在公告栏中，让更多的人看到。会议认为，《社区养犬公约》在规范业主文明养犬，制止不文明养犬行为有一定的宣传教育作用，有助于树立文明社区的形象。目前仍放在社区网站上供广大的网民讨论，听取各方意见，待时机成熟后，作为正式的公约执行。

四、对于门口标志性建筑问题。根据××房产公司主要领导的思路，新的效果图已经出来，主体背景是一颗大槐树，与对面紫桂门前的绿化相对称。会议认为门口标志性建筑问题已拖延太久，在注重艺术效果或品牌形象的同时，也应注重时效性，会议希望能早日施工建筑。

五、会议对于7月9日发生在××东区业主因为停车问题而引发的纠纷表示遗憾，对于打人的行为表示强烈的谴责，对于受伤者表示同情和慰问，并积极配合有关方面调查事实真相，追究相关人员的法律责任。会议建议：社区居委会和小区业委会联合发函给受伤者，请他以书面形式说明当时情况，并表明自己现在的态度。会议支持广大业主在社区网站上开展道德评判。会议认为，故意伤害他人身体，已经触犯法律，不是"道德法庭"所能解决的。会议要求物管处对小区内车辆进行严格管理，当时值班的保安对乱停车不敢管理和对伤人事件劝阻不力的，应进行批评、教育、处罚。

六、会议通报了××市健康教育机构将我社区作为××区唯一的健康教育示范社区的相关文件。会议同意在××东区老年之家中成立"健康服务之家"，由市健教所和几家医院派医生坐堂，为业主提供医疗、健康教育服务。

××公寓业委会（印章）

2017年7月14日

【例文2-23】

关于解决××小区有关问题的会议纪要

2017年7月27日下午，在××售楼处，××置地有限公司、××物业管理有限公司与××业主联谊会就解决××小区现存有关问题进行了会谈。××置地有限公司总经理、副总经理，工程部、客服部、行政部经理，××物业管理有限公司总经理助理以及××业主联谊会部分成员、部分业主代表参加了会谈。

会议就当前××小区业主普遍关心的业主房地产权属证书能否按期办理，开发商违约后对当事业主怎样实施赔付，小区生活配套设施何时交付使用，A地块如何尽快整改完善，C地块是否按期交房等问题进行了充分讨论，各自发表了意见。对上述业主普遍关心和急需解决的问题，××置地有限公司叶总经理表示：公司高度重视，已经采取措施积极解决，一定让广大业主感受到公司的诚意，看到满意的结果。

本次会议议定如下事项：

一、"6.28"交房日的收房业主房地产权属证书已进入办理程序，其中6栋、8栋房地产权属证书办理资料将于下周向政府房管部门报送，"6.28"交房日收房业主房地产权属证书办理资料于8月28日前保证全部报送政府房管部门并受理（即符合要求），完全履行按照合同约定××置地有限公司应该承担的责任。"8.28"交房日和"10.28"交房日的收房业主房地产权属证书保证按照合同约定时间全部报送政府房管部门并受理，完全履行按照合同约定××置地有限公司应该承担的责任。

二、各业主分户的房地产权属证书，在上述总体房地产权属证书办理完毕后，由××置地公司积极协调并帮助业主办理。××置地有限公司提前告知、提醒业主应准备及提交的相关手续，如因业主自身原因造成延期办理分户房地产权属证书的，其责任自负。

对"6.28"交房日收房的业主，因未能按时办理业主房地产权属证书造成的违约，××置地有限公司将依照合同约定与当事业主逐户予以书面确认，按合同承担违约责任，具体时间安排另行通知。

三、对小区生活配套设施，规划不变、面积不减，以前的承诺不变，要加紧研究，放在首位。其中，农贸超市建设于2017年年底前完成，招商工作抓紧进行，争取尽快吸引有实力、有品牌的商家入驻。针对当前业主生活不便的现状，××置地有限公司立即着手在近期先行利用商铺适当地点引进便民店，解决业主就近购买粮、油、蔬菜等生活必需品、日用品的困难。

四、A地块整改完善问题，将于下周五前由××置地有限公司工程部经理牵头，与××物业管理有限公司及××业主联谊会代表一起，按照6月12日××业主联谊会《反馈意见》逐条落实整改方案，并出具书面意见。其中：

1. 下周：督促检查安全报警设施，该完善的应完善；提供手推车等便民设施；
2. 完善楼栋单元提示牌和其他警示牌，考虑增添小区内部健身设施；
3. 楼梯间安装玻璃一事，书面征求业主意见，如多数业主同意，按照规定办理手续，可以安装；
4. 加快维修水景设施，保证循环放水，游泳池和儿童戏水池完全开放。

五、对于C地块，按照验收、交房的时间和质量标准按期交房。如有部分楼栋因配套设施（如车库施工制约了进度）不完善而不能按期交房的，依照合同办理，××置地有限公司承担违约及赔偿责任。不允许因为赶进度而草率验收、草率交房。

对C地块的景观施工图，业主可以到工程部查看；对部分房屋飘窗设计缺陷问题，经查核实后能整改的整改，对该部分缺陷面积，查实是否计入房屋销售面积后回复业主。

六、要充分发挥××业主联谊会的作用，××置地有限公司和××物业管理有限公司要继续加强与联谊会、业主的沟通。由××置地有限公司客服部负责定期与联谊会、业主进行沟通；成立业主投诉处理小组，由杨副总牵头受理业主投诉问题。

本次会议未确定的问题：

一、××业主联谊会提出，因××置地有限公司对"6.28"交房日收房业主已经违约，依照合同，应当立即对当事业主实施赔偿，此项赔偿应于8月28日前兑付完毕。如本次承诺的8月28日前送交办理完毕房地产权属证书手续又有延误，即对当事业主再次违约。对此，按照合同条款中"如因买受人在期限内未向出卖人支付各种税费、提交资料等，买受人应每日向出卖人支付总房价款万分之五作为违约金；如因买受人原因造成延迟办理的，买受人应承担相应责任，并且买受人应承担房价款5%的违约金"规定，同理，由于出卖人的过错，按照对等原则，业主也有权要求出卖人按前述约定条件承担上述相应违约责任及实施赔偿，并与当事业主签订补充协定。此项支付应从第二次违约次日起计算。若对"6.28"以后交房日收房的业主再次违约也应照此精神办理。

对此，××置地有限公司叶总经理确认了以上"6.28"产权办理业主无过错，公司违约应当按照双方签订的合同进行赔付，××置地有限公司不会失信，不会再次违约。

二、××业主联谊会及与会业主代表提出物管费收费与现实物管水平、小区景观、配套设施、环境质量不相符，应当降低物管费收费标准；应当采取优惠及奖励措施鼓励正常交费业主的积极性。

对此，××置地有限公司的叶总经理认为，"采取优惠及奖励措施鼓励正常交费业主的积极性"的建议很好，要求本公司客服部和××物业管理有限公司专门就物管费的收取问题，就如何通过对小区整改完善，打造最佳人居环境、提高服务水平，使服务质量水平与收费相符等问题进行专门研究。

模块小结

本模块主要介绍了公务文书概述，通知、通报，报告、函，请示、批复，会议纪要五部分内容。

（一）公务文书概述

物业管理公务文书简称物业管理公文，是指物业管理行政机关、社会团体、企事业单位为处理公务而形成的文字材料。物业管理公文的种类简称文种。传统公文以纸质制作。由于科学技术的发展，电子公文以其快捷、成本低、传播面广的优势将逐步取代传统纸质公文。

（二）通知、通报

物业管理通知是物业管理企事业单位批转下级公文、转发上级和不相隶属单位的公文、发布规章、传达要求下级办理和有关单位需要周知或共同执行的事项、任免或聘用干部的一种公务文书。

物业管理通报是物业管理活动中进行教育宣传和交流信息的一种公文，适用于表彰先进批评错误、传达重要精神或信息，具有告知性、教育性和真实性的特点。

（三）报告、函

物业管理报告是物业管理企事业单位向上级机关汇报工作，反映情况提出意见或建议，答复上级机关询问时所用的一种陈述性公文。

函是指不相隶属单位之间相互商洽工作，询问和答复问题，请求批准和答复审批事项的公务文书，函一般较短小，内容单一，语言简洁明了，有公文"轻骑兵"的称誉。

(四)请示、批复

请示是向上级单位请求指示、批准的公务文书，根据不同目的，主要分为请求指示的请示、请求批准的请示和请求转批的请示三种请示。

批复是根据下级请示而制发，答复请示事项时使用的文种，批复和请示构成一个问题的两个侧面，是统一的。

(五)会议纪要

会议纪要是记载和传达会议情况及议定事项的公务文书，是会议文件的一种。它的行文方向较为灵活，可上行文、下行文和平行文，且具有多种功能。

复习思考题

1. 物业管理公务文书的概念和种类有哪些？
2. 物业管理公务文书有哪些特点？
3. 通知包括哪几大类？其内容和写作要求是怎样的？
4. 通报具有哪些特点？
5. 通报的结构和写作注意事项是怎样的？
6. 报告的作用体现在哪几个方面？
7. 什么是函？函的特点是怎样的？
8. 什么是请示？请示包括哪几类？
9. 请示写作时应注意哪些事项？
10. 批复有哪些特点？
11. 会议纪要的特点有哪些？
12. 以下这份物业管理公务文书拟写得是否妥当？为什么？

物业预算和第二次会议时间的通知

××物业管理有限责任公司：

根据贵司2017年4月27日提交的部分资料及28日第一次会议中双方讨论的结果，请在2017年5月11日前将详细的财务预算和其他资料提交给××业委会。

2017年5月15日将召开第二次会议，商讨物业费用及服务细则。

经过第一次会议，工作有了一定的进展，也体现了协商、合作的态度。××业委会希望双方继续本着透明、诚信和公平的原则，在规定的30日内完成小区物业服务合同的商讨。

业主委员会
2017年4月30日

模块三 物业管理事务文书

学习目标

通过本模块的学习，了解物业管理事务文书的种类、特点、作用；掌握物业管理事务文书的结构和写作要求，为提高物业管理事务文书写作的能力奠定坚实的基础。

能力目标

能根据需要写作相应的物业管理事务文书。

××区物业管理安全工作会议简报

| ××物业公司 | 三期 | 20××年×月×日 |

为认真贯彻落实市房产局、区政府对房产系统安全工作的要求，1月22日、1月23日，××区房产局组织辖区内六个街道物业科工作人员和各物业服务企业151位项目负责人召开全区物业管理安全工作会议，部署雨雪周扫雪防冻、防滑和节前安全工作。

会上对物业安全工作提出具体要求：一是加强管理，消除隐患。要求各物业服务企业近期开展一次物业管理区域安全工作大检查，排查可能存在的安全隐患，制订防范应急预案，同时向业主进行安全防范和遵守公共秩序的宣传教育。二是落实责任，做好服务。在雨雪周来临前要提前做好扫雪工具和防冻防滑用具的准备工作，在扫雪过程中，要加强与干道街巷的衔接，扫雪范围要延伸至小区门口的街道干巷。同时，要求物业项目负责人集中排查整治火灾隐患、加强房屋装饰装修管理、加强群租房管理、加强重点楼宇上屋顶人员的管控工作，做好烟花爆竹禁放管理及电动车消防安全管理等工作。

××区分管领导要求各物业服务企业切实加强安全生产工作的组织领导，落实物业企业全员安全生产责任制。近期，区、街两级物业科将对重点区域安全防范工作进行抽查。

20××年1月×日印制共印200份

以上是一份简报的书写格式。简报属于一种物业管理事务文书。物业管理事务文书是物业管理单位在管理和处理日常事务过程中形成和使用的应用文，它们是物业管理和处理日常事务过程中不可缺少的工具。

单元一　物业管理计划

一、物业管理计划的概念

物业管理计划是在物业管理领域内，人们根据一定时期的方针政策和承担的公务，结合物业管理客观实际情况，预先对某一时期的工作，用书面文字所做出的打算和安排。

二、物业管理计划的种类

物业管理计划是一个十分宽泛的文种概念，其种类较多，常见的有规划、设想、安排、打算、要点、方案等。

物业管理计划从不同的角度，可分为以下不同的种类：

(1)按内容分，物业管理计划有工作计划、生产计划、学习计划等。

(2)按范围分，物业管理计划有国家计划、地区计划、单位计划、个人计划等。

(3)按时间分，物业管理计划有长期计划(5年以上)、中期计划(2~4年)、短期计划(年度、季度、月份等)。

(4)按作用分，物业管理计划有指令性计划、指导性计划等。

(5)按结构分，物业管理计划有条文式、表格式、条文与表格兼用式。

(6)按性质分，物业管理计划有综合(全面)计划、单项(专题)计划。

物业管理公司
工作计划

三、物业管理计划的特点

物业管理计划具有目的性、预见性、可行性和约束性等特点。

1. 目的性

制订计划必须要有明确的目的性，也就是针对性。这是计划的灵魂。党和国家的方针、政策，上级的批示和要求，是制订各种计划的主要依据。在认真学习方针、政策的前提下，制订计划时要根据本部门、本单位的实际情况，针对形势发展和上级的要求，明确目的，使所制订计划切实可行，产生实效。

2. 预见性

计划是对工作的超前安排，制订计划总要先回顾过去工作完成情况，然后根据形势发展变化，对下一段工作所能达到的目标作出科学的分析和预见，从而明确未来努力的方向，激励人们为实现这一理想而勤奋工作。

3. 可行性

计划的内容必须具体明确，切实可行，符合实际，这是计划能够实施的保证，没有可行性，计划就如同一纸空文，没有落到实处，因此，再好的计划也要付诸实施。

4. 约束性

计划体现着决策单位的要求和意图，一经通过、下达，就要严格遵照执行。所以，计划的约束性是实现一定的决策目标的保证。

四、物业管理计划的基本要求

物业管理计划应遵循先进性、量力性、针对性、协调性、严密性及群众性的原则制订。

(1)先进性原则。计划要符合党和国家的方针政策。且所定计划指标应该比过去的水平要高一些，要经过努力才能达到。这是事业不断发展所必需的，也是有利于保持群众奋发向上精神的。

(2)量力性原则。计划指标的确定要从实际出发，留有一定的余地，是经过努力能够实现的。

(3)针对性原则。一切计划都应该有时间、空间的确定性，其内容必须写得具体、明确，有利于实施和检查，可有可无的空话、套话及模棱两可的语句应删除。

(4)协调性原则。制订物业管理计划要有全局观念，正确处理好国家、企业和个人三者的关系，以及整体和局部、长远和目前的关系；并且注意与上级组织和下级单位的衔接，与前期计划和下期计划的衔接，与上下工序、兄弟部门、协作单位的衔接。

(5)严密性原则。制订计划时，要对每个计划指标，每项措施步骤进行调查研究、严格计算，使之言之成理，持之有据，经得起实践的检验。文字要简洁、确切，数字要准确、可靠，语言逻辑要严密。

(6)群众性原则。制订计划时，要走群众路线，特别是单位计划，制定前要发动群众认真讨论，反复修改，在对草案进行修改、补充后再定稿，送交领导审定。这样的计划才有群众基础，有利于计划的实施。

五、物业管理计划的内容及结构安排

(一)计划的内容

从内容看，计划应包括制订计划的"任务、目标、措施、步骤"，也称为四要素。

1. 任务和目标

任务和目标是指计划中规定要达到的总体目标和分解出来的具体任务、要求。

2. 方法和措施

方法和措施是指为达到规定的目的、完成规定的任务而采取的各种措施和办法。即需要凭借什么条件，依靠哪些力量，采取什么措施，安排哪些部门或人员等。

3. 步骤和时间安排

步骤和时间安排是指组织实施计划所进行的阶段性、程序性安排。具体写明先做什么，后做什么，每个步骤什么时候完成，使工作的开展有条不紊。

（二）结构安排

物业管理计划的结构一般由标题、正文、落款三部分组成。

1. 标题

计划标题一般由四部分组成，即计划的制订单位名称、适用时间、内容性质及计划名称。视计划文本的成熟程度，有可能出现第五个部分，即在标题尾部加括号注明：草案、初稿、征求意见稿、送审稿等。如《××市20××年再就业工程实施方案（讨论稿）》。

2. 正文

物业管理计划的正文一般由引言、主体、结尾三部分组成。

（1）引言。引言即开头（序言、导语）。计划通常有一个"引言"段落，主要点明制订计划的指导思想和对基本情况的说明分析。引言文字力求简明，以讲清制订本计划的必要性、执行计划的可行性为要，应力求戒除套话、空话。

（2）主体。主体即计划事项，说明计划的基本内容，是计划的核心，它紧接计划的开头部分，回答"做什么、做到什么程度、怎么做、什么时候做"的问题，即具体的任务、目标、措施、步骤。一般可采用序号或小标题的方法展开内容。

目标与任务——首先要明确指出总目标和基本任务，随后应根据实际内容进一步详细、具体地写出任务的数量、质量指标。必要时再将各项指标定质、定量分解，以求让总目标、总任务具体化、明确化。

办法与措施——以什么方法、用什么措施确保完成任务实现目标，这是有关计划可操作性的关键一环。

时限与步骤——工作有先后、主次、缓急之分，进程又有一定的阶段性，为此在计划中针对具体情况应事先规划好操作的步骤、各项工作的完成时限及责任人。只有这样才能职责明确、操作有序、执行无误。

主体部分是计划的核心部分，要明确写明一定期限内，必须完成哪些任务，实现什么目标，做哪些事，数量和质量上有什么要求等，使计划执行者一看便知道准备做什么、做多少，什么时间完成，由什么部门负责执行等，使之心中有数。

总之，计划的正文要按照"做什么—怎样做—做到怎样"的顺序来安排结构内容，只有这样才能简明、全面、清楚地制订好计划。

（3）结尾。结尾可以总结全文，提出希望或写明执行计划时应注意的事项。

3. 落款

落款包括计划的署名和日期。如标题中已写明单位则不用再署名。日期指制定的年、月、日，可写在标题下，或正文的右下方。

六、物业管理计划写作实例

【例文 3-1】

××物业管理处工作计划

根据××市物业管理的现状，××物业管理有限公司正面临严峻的挑战，为赢得市场，提升品牌，树立××物业新形象，不断提高物业管理服务水平和服务质量，提升员工队伍综合素质修养和综合管理能力，加强与业主的沟通和合作，满足业主的需求，不断提高管理处的业主满意度，引进竞争上岗机制，以最小的成本为公司获取最大的社会效益、环境效益和经济效益，特此拟订管理处工作计划。

一、充分发挥团结协作精神，调动员工的主观能动性和增强主人翁意识

1. 每半月召开一次工作例会，在总结工作的同时，充分听取基层员工的呼声、意见及合理化建议或批评。

2. 不定期开展团队活动。组织员工进行爱卫生、爱护小区周边环境的宣传等活动，增强员工的凝聚力和向心力。

二、转变思想，端正态度，树立为业主(住户)服务的意识

转变凡事"等、要、靠"的思想，树立以业主为中心的全新的服务理念。

三、激活管理机制

1. 管理处实行内部分工逐级负责制，即各部门员工岗位分工明确，各司其职，各尽其能，直接向主管负责，主管直接向主任负责，必要时各主管与管理处负责人签订《管理目标责任书》。

2. 管理处实行定时值班制，改变工作作风，提高办事效率，向业主公布管理处常设(报修)电话，全方位聆听业主的声音。

3. 制定切实可行的管理措施，推行"首问责任制"。

4. 健全和完善管理处规章制度，如管理处员工守则、岗位责任制、绩效考核制度、内部员工奖惩制度等。

5. 月绩效考核工作尽量量化，建立激励机制和健全绩效考核机制，根据员工工作表现、工作成绩、岗位技能等做到奖勤罚懒，激励先进、鞭策后进。

6. 完善用人制度，采取竞争上岗、末位淘汰的措施，真正为勤奋工作、表现出色、能力出众的员工提供发展的空间与机会。

7. 加强内部员工队伍管理，建设高效团队。

四、严格管理，提高管理水平和服务质量

1. 小区业主向政府物业主管部门有效投诉为零；向物业公司主管部门有效投诉为2%，投诉处理回访率为100%。

2. 小区业主对服务工作的满意率达90%以上。

3. 急修及时，返工、返修率不高于2%。

4. 治安、车辆、消防管理无重大管理责任事故发生。

5. 房屋本体及设施、设备按计划保养，运行正常，无管理责任事故发生。

6. 管理处拟由业主委员会成立社区文化活动小组，负责开展丰富多彩的社区活动；充分利用宣传栏出一些涉及物业管理法规、典型个案、报刊摘要等内容的板报。

7. 本年度记录、资料保存完整，及时归档。

8. 物业管理服务费收缴率达98%以上；物业管理报告每年度向业主公布一次。

五、加大培训力度，注重培训效果

管理处挑选精兵强将，成立以主任为主的培训实施小组，对新入职及在职员工进行培训。

1. 新入职培训

为新招员工提供基本知识和基本操作技能的培训。培训的目的是使新员工了解公司的基本情况（如企业宗旨、企业精神、企业的历史、现状及发展趋势），熟悉公司的各项规章制度（如考勤制度、奖惩制度、考核制度等），掌握基本的服务知识（如职业道德、行为规范、语言规范、礼貌常识等），掌握岗位工作的具体要求（如岗位责任制、业务技能、工作流程与要求、操作要领等）。通过职前培训可以使新招员工熟悉和适应新的工作环境并掌握必要的工作技能。

岗前培训内容：公司规章制度、《员工手册》《员工礼仪规范》、公司的发展史、公司的规划、公司的经营理念、公司的组织机构、员工职业道德、消防安全知识、物业管理基础知识等。

2. 在职培训

培训内容：

（1）××物业公司的各项规章制度。

（2）××物业公司的《员工手册》。

（3）公司发展史、公司规划、公司理念、公司组织机构。

（4）各部门相关的专业知识。

六、提升服务品牌，树立优质服务新形象

1. 人力资源整合：根据管理处工作需要，适当将部分岗位职能合并，实现因才设岗、因才定岗的复合型人才管理机制。

2. 客户服务：继续贯彻执行《员工手册》，注重规范员工服务礼仪、工作效率和服务质量，为顾客提供温馨、礼貌、热情、舒适的优质服务。

3. 设备设施维护：按机电运行和维修分工的原则，对小区所有的机电设施设备进行层层落实，做到物有所管、管有成效、保质增质。确保小区的供配电、给水排水、水泵、消防等设备设施正常运行，做到周、月、季度保养有计划、有落实，杜绝发生重大安全责任事故。

4. 清洁绿化管理：清洁绿化部门要发扬主人翁精神，增强责任心和使命感，形成团队凝聚力，落实主管追究主问制。另外，要对清洁绿化加大监管力度，力争在此方面有较大的改观。

5. 资料管理：严格遵守档案管理规定。另外，对业主资料、业委会资料进行较彻底的分类整理，做到目录清晰，检索方便；对楼层各住户资料袋装化，实现规范化管理，同时制定完善资料的保密制度。

6. 车辆管理：对进入小区的车辆进行严格管理，逐步实现业主车辆按固定车位停放；临时车辆采用临时收费管理；对需要保管的车辆采取保管措施，签订车辆保管合同，车主支付保管费。

7. 安全、消防管理：加强对保安员礼仪、管理技能、沟通技巧、应急突发事件的处理等的培训，完善标识系统，加强对外来人员（装修人员）进出识别登记、出租屋的登记等管理工作，要求保安员对小区内的业主熟知度达 80% 左右。消防设施设备的检查由保安员进行，维修保养由维修工进行。

七、开展多种经营与措施

管理处将加大对欠款业主的催交力度，有选择地对顽固业户采取一定措施，每月统计，落实到人。另外，管理处将采取如下系列措施，开展多元化经济，努力创建"社区经济圈"，力争实现管理费收支平衡：

1. 根据小区实际情况，管理处成立房屋出租中介服务中心和便民服务点，制定相关制度和有效措施，定人定岗，将业主委托代为出租的房屋及便民服务统一搞活管好。

2. 利用广场地面资源，对在小区内合法经营、方便业主的摆点商家，适当收取一定费用。

3. 节约管理成本，减少不必要的开支。严格控制办公用品的采购与支出。

4. 修订管理处有偿服务标准，增加有偿服务项目。

八、其他工作

1. 关注、督促房地产公司对小区屋面防水、供暖工程遗留问题的解决。

2. 充分利用辖区派出所治安群防群治，建立和完善联防预警机制。

××物业管理有限公司（印章）

2020 年 × 月 × 日

单元二　物业管理总结

物业管理总结是物业管理单位或个人对过去一段时间的工作或一项活动进行全面、系统的回顾和分析评价，判明得失利弊，提高理性认识，从中找出经验教训，引出规律性的认识，用以指导今后工作的书面材料。

一、总结的种类

总结的种类较多，按内容分，有工作总结、生产总结、学习总结、思想总结等；按时间分，有年度总结、季度总结、月份总结、学期总结、阶段总结等；按对象分，有地区总结、单位总结、部门总结、个人总结等。无论从哪个角度进行分类，总结的表现形式均可归纳为综合性总结和专题性总结两大类。

（1）综合性总结即全面总结，是对一个部门、一个单位、一个地区在一定时期内的各项工作情况进行全面的总结。其特点是涉及面广、内容丰富、时间较长、影响较大。

（2）专题性总结是对一个单位、一个部门的某项工作或某个专门问题进行专门性总结。一般选取工作中的某些突出成绩、典型经验，或某些带有普遍意义的问题。通过总结，指导全面工作。这类总结内容集中，针对性强，使用更加广泛，在写作中要抓住中心，突出特色，切忌泛泛而谈。

二、总结的作用

在企业经营活动中，总结是经常使用的文种。其作用主要有以下几个方面：

（1）通过总结可以使企业的干部、职工在生产实践中减少盲目性，增强自觉性，充分发挥主观能动性。

物业管理工作总结

（2）通过总结可对完成生产计划的情况，企业管理中的问题，干部职工的情绪有较全面的了解及清醒的评价，对于要肯定的，继续发扬光大；对于该否定的，从中吸取教训，从而使经营决策者做到心中有数，明确下一个阶段生产、工作的主攻方向。

（3）通过总结有利于发现执行政策和完成计划任务中的问题与矛盾，并给予及时纠正和解决，从而有利于增长才干，提高领导水平。

（4）通过总结可使职工群众看到自己单位的工作全貌和自己工作的意义，从中得到鼓舞和提高参与意识。

三、总结的结构和写法

总结没有固定的格式，它必须根据不同的内容和目的，针对不同的对象，确定相应的格式和写作重点，采用灵活的写法。总结主要包括标题、正文和落款三部分。

1. 标题

总结的标题从形式上可分为单行标题和双行标题两大类。单行标题又有公文式标题和文章式标题两种。

（1）公文式标题。公文式标题是由单位名称、总结时限、总结内容、总结种类构成的，如《××项目管理处2019年维修工作总结》。

（2）文章式标题。文章式标题是指直接标明总结的基本观点和内容范围的标题，多用于专题总结，特别是经验总结，如《在调整中继续前进的一年》。

（3）双行标题。双行标题又称正副标题，是指同时使用上述两种形式的标题。多是正题采用文章式标题，点明总结的主要观点或基本经验（教训），让人易于把握；副题采用公文式标题，补充说明单位、时限、内容，如《增强"四个意识"，努力管好城市——××市2019

年城市管理工作总结》，这种标题严密周全，印象深刻。

2. 正文

正文是总结的核心内容，大致可分为前言、主要成绩、经验教训、今后努力方向四部分。

(1)前言。前言即引言，主要是概述基本情况和说明总结的主旨。不同的总结，前言的内容又各有所侧重。无论前言的内容如何侧重，都要求为下文深入总结做好铺垫。前言具体有叙述式、结论式和提问式三种写法。

①叙述式是概括叙述工作的基本情况、实践过程和结果。写作时要紧扣中心，突出重点，给读者一个总体印象。

②结论式是在开篇即提出结论，然后围绕结论展开叙述。这种写法观点鲜明，让人一目了然。

③提问式是用提问的方式摆出问题，点明总结的重点，引起读者的注意。

(2)主要成绩。主要成绩要写明工作的进程，采取哪些措施，实行了什么步骤，取得了哪些成绩，还存在什么问题。或综述或分述，都要写清楚。

这部分主要回答"做了什么"的问题，在综合性总结中一般单独列项，并且成绩要列于特别突出的位置，而在专题总结中，常与经验教训融为一体。

(3)经验教训。经验教训是总结的核心，着重回答"怎么做"的问题。它是根据工作情况总结出来的带有规律性的东西。

通常，"经验"部分要用翔实的材料，将成绩及取得成绩的做法写明，最好要有实例，有数字，还要有体会，要能够从中找出规律性的东西。"教训"部分要实事求是地把工作中的失误和问题写明，并深刻分析产生失误和问题的原因，指出应当吸取的教训。

主要成绩和经验教训两部分是总结中最重要的部分，是总结中必备的内容，必须做到观点与材料相统一、情况与分析相结合，而且材料要具体，情况要真实，观点要正确，分析要深入，只有这样，写出的总结才会具有较高的价值。

(4)今后努力方向。今后努力的方向是在总结经验教训的基础上，针对存在的问题提出的具体措施，是主体的结尾部分。这部分内容不宜过长，在写作时既要有针对性，提出的措施还必须切实可行。

四、总结的写作要求

1. 表达要叙述、议论相结合

叙述、议论是总结中常用的表达方法。对于总结中的典型人物、事例、经验等，要用叙述的方式表达，叙述是议论的依据；对于评价典型人物、事例、经验等，要用议论的方式表达，议论是对叙述的综合分析和提高。叙述和议论反映了观点和材料的关系，必须有机结合起来。一般要求于叙述中穿插议论，在议论中又有适当叙述，切忌将叙述或议论分别集中起来，从而影响总结的表达效果。

2. 要有实事求是的科学态度

实事求是是一切工作的出发点。总结中的观点必须是从客观实际的材料中提炼出来的，"求是"是"实事"的理性认识，材料虚假，就会导致观点的虚假。要用一分为二的观点来认识事物，在工作中既有成绩、经验，又有问题、教训，总结时都要兼顾到。尤其是综合性总结更应注意，对成绩不能夸大，对缺点不能缩小，应避免全盘肯定和全盘否定，把问题绝对化。

3. 突出个性

突出个性是保持总结活力的重要方法。总结一定要抓住最突出、最能反映客观事物的本质特点，加以概括和总结，突出总结的个性特征；又要注意抓住新经验、新方法、新思路，突出总结的自身特征。当然，也不能无中生有地标新立异，要注意新情况、新问题及经验教训的代表性和普遍意义。

4. 材料和观点相统一

在撰写总结时，观点要从材料中分析、综合、提炼；一旦确定观点，就要用观点去选择材料，力求做到观点统帅材料，材料说明观点，使观点与材料相统一。在总结中应当避免只叙述企业生产或工作的一般过程，罗列一堆"实"的材料而没有明确的观点；或者只是提出空洞抽象的道理，而没有具体的材料，使观点成了"空中楼阁"；又或者罗列的材料不能说明观点，缺乏内在联系；再或者虽围绕观点选择材料，安排材料，可面面俱到，中心不突出等现象的发生。

五、物业管理总结写作实例

【例文 3-2】

××物业管理处 2019 年度工作总结

2019 年是公司寻求发展的重要而关键的一年。年前，公司提出"紧抓目标、紧盯利润、想方设法经营创收，千方百计服务客户，适时参与市场竞争"的经营理念，使管理处认识到了在市场经济体制下竞争的残酷性。××是集团公司开发较早的一个楼盘，各类公共设备设施已处于老化阶段，有些老化的设施必须要更换。这既增加了各项日常维修费用的支出，也增加了管理难度。

为了使××管理处能紧跟公司步伐，并承受市场经济竞争机制的洗礼。2019 年年初，××管理处制订了"管理有序，服务规范，创建品牌，提高效益"的工作目标，管理处全体员工认真遵循这一原则，同心协力、开拓进取，积极寻找新的利润增长点，全方位展开各种有偿服务，各方面工作均取得了突破性和实质性进展，为管理处在 2020 年实现更大发展奠定了坚实的基础，创造了良好的条件。为了总结经验，寻找差距，规划前景，促进 2020 年工作再上一个新台阶，现将 2019 年工作总结如下。

一、积极开展各项经营活动，提高经济效益

××管理处在 2018 年工作中，在成本控制上下了很大的功夫，首次突破零利润，创造出一份来之不易的经济利润。2019 年工作全面展开之后，管理处为了寻求更大的利润增长点，召集全体员工在公司发展目标和经营思路的框架下进行分析，集思广益，根据城市家园小区的实际情况，制定出适合自身发展的经营项目，如家政清洁、小孩接送、房屋中介等各项有偿服务。

××管理处全体成员在上半年工作中积极开展了各项有偿经营服务活动，在保证小区

正常管理服务秩序的前提下，管理处全体员工不计得失，利用休息时间加班、加点开展各项有偿服务项目。做家政清洁，有时保洁员忙不过来，保安人员去协助。甚至上夜班的人员也要抽出半天时间主动协助。2019年1月份是家政清洁的高峰期，管理处为了充分利用这段宝贵的时间创造利润，在保证小区正常工作的前提下，一天接4家家政清洁服务，就这样管理处全体成员在分分秒秒创造着利润。截至10月月末，管理处仅有偿服务这一项已产生××元的利润，给公司创造出一定的经济价值。

二、以高效、优质的服务赢得新的利润增长点

××是集团公司开展较早的一个项目。通过几年与业主的磨合，已经形成较为成熟的管理运作模式。业主对物业公司也给予了认可，但由于小区面积不大，入住率虽高，住户资源不是很丰富，收费低下，物业管理经费不足，无法保证物业管理的正常运作。过去，××管理处一直以一种较为平稳的管理方式在运行。突出业主至上的服务模式，只要求品牌不看中利润，物业管理处于维持状态。2019年，公司整体思路做了调整，根据这一状况，管理处在2019年度工作中也相应调整了工作思路，即在保证小区各项工作稳定的状态下，管理处立足现有的管理服务模式进行创新，使业主感受到超值服务，以服务带动管理费用的上调，弥补由于管理面积小而产生的亏损。经过不懈的努力创新，服务水平显著提高。优质的服务赢得了业主对涨费的基本认可，管理处又进行了艰难的解释和沟通工作，终于在7月份将物业管理服务费涨到国家标准范围内的最高标准，在原来的基础上涨幅达到××元/m²，使管理处产生一项新的经济增长点。

三、开源节流，降低成本，提高效益

1. 加强各项费用的收缴工作

鉴于物业管理是一个高投资、高成本、低回报的服务行业，要确保管理处工作持续正常进行，必须做好物业管理各项费用控制，并保证按时足额收缴。截至11月月末管理处收费率达到××％以上。

2. 厉行节约、降低成本

今年，管理处全体员工继承发扬2018年的优良传统，时刻树立成本意识和节约意识。严格控制各项管理费用的支出，使各项费用的支出降低到最低限度。截至11月月末，费用支出比同期支出节约××元。

通过管理处全体员工的共同努力，××的工作扎实而富有成效。截至11月月末，收入目标完成率达到××％，已产生利润××元，客户的满意度也明显提升。我们相信××管理处在公司领导的正确带领下，将在2020年工作中谱写出新的篇章。

单元三　物业管理简报

物业管理简报是物业管理企事业单位编发的一种内部文件，是一种以反映情况、交流经验、传达信息为主要内容的简要报道。

简报虽不属于国家机关法定公文，但在物业管理活动中，却是各类信息交流的重要公务文书。

一、物业管理简报的作用

在物业管理中，简报具有广泛的作用。一般来说有以下三个方面：

（1）使上级领导及时了解发文单位学习、工作、生产情况和问题，以便取得上级机关的指导与帮助。

（2）与同级单位沟通情况，促进相互了解。

（3）向自己所属单位传达有关方面的指示精神、部署工作、介绍经验，因而，便于下属机关及时了解上级意图，依此及时调整步伐，推动各项工作。

二、物业管理简报的种类

物业管理简报按适用范围可分为以下4种类型：

（1）工作情况简报。工作情况简报主要用于反映工作中的动态和一般工作进展情况。

（2）经验交流简报。经验交流简报专门用于介绍工作经验。

（3）会议简报。会议简报是在某一会议召开期间或之后，为交流代表观点、反映会议动态而编写的简报。

（4）专题简报。专题简报是在一段时期内为配合某项重要工作而专门编发的简报。

三、物业管理简报的结构和写法

物业管理简报一般包括报头、标题、正文和报尾4个部分。有些简报还由编者配加按语。

1. 报头

物业管理简报的报头包括简报名称、期号、编发单位和发行日期。

（1）简报名称。简报名称印在简报第一页上方正中，为了醒目，字号略大，套红印刷。

（2）期号。期号的位置在简报名称正下方，一般按年度依次排列期号，有的还可标出累计的总期号。属于"增刊"的期号，要单独编排，不能与"正刊"期号混编。

（3）编发单位。编发单位应标明全称或规范化简称，位置在期号的左下方。

（4）发行日期。发行日期以领导签发日期为准，应标明具体的年、月、日，位置在期号的右下方。

报头部分与标题和正文之间，都用一条粗（红）线隔开。

根据需要可标明密级，如"内部参阅""秘密""机密""绝密"等，位置在简报名称的左上方。

2. 标题

物业管理简报的标题一般采用消息式一行标题，用一个简要的句子概括文章的主要内容。

3. 正文

物业管理简报的正文部分通常以新闻报道形式开头,然后将情况、事实、问题分段逐层叙述。若正文部分内容较多,也可列出小标题分别叙述。

4. 报尾

物业管理简报的报尾部分印在简报末页的下编,包括简报的报、送、发单位。报是指简报呈报的上级单位;送是指简报送往的同级单位或不相隶属的单位;发是指简报发放的下级单位。

如果简报的报、送、发单位是固定的,而又要临时增加发放单位,一般还应注明"本期增发×××(单位)"。为便于管理查对,报尾还应包括本期简报的印刷分数。

一般简报编排格式如下:

```
编号:
内部刊物
注意保存

                    ××简报
                      第×期
    ××××编印   年   月   日
─────────────────────────────────
                     标题
─────────────────────────────────
正文:……
报:
送:……

                                    共印×××份
```

四、物业管理简报的写作要求

物业管理简报编写要求"精、准、快、简",这是简报自身规律性的要求。

(1)"精"就是选材要精。要求编写简报的人员有较高的政策水平、敏锐的眼光,善于从庞大、芜杂的材料中去粗取精、去伪存真、由此及彼、由表及里地进行筛选,选择出那些典型的、有新意的,与党的方针、政策和当前的中心任务密切相关的情况与问题写入简报。只有这样才能发挥简报应有的作用。

(2)"准"就是材料要准确,内容真实。要求编写物业管理简报前,必须深入调查研究,保证材料真实可靠。写作时,必须忠实于事实,符合事物本来面貌。

(3)"快"就是要写得快、编得快、印得快、发得快。一般简报都是有时效性的,若编写过慢则会影响简报所起的作用。如会议简报,上午讨论的情况,下午就应有简报发出。这就要求写简报的人不但要文思敏捷、头脑清醒、精力集中,而且要有吃苦耐劳的精神。

(4)"简"就是简明扼要,一目了然。物业管理简报重在"简",文字要简明扼要,主题要集中。当然,"简"也应该服从内容的需要,不能由一个极端走向另一个极端。

五、物业管理简报实例

【例文3-3】

十一月份物业管理工作简报

××物业公司　　　　　　　　　一期　　　　　　　　　2018年11月30日

在公司领导的正确引导与支持下，××物业公司工作团队于十一月份正式组建。作为一支年轻的队伍，我们积极响应公司领导号召，开展各项前期准备工作，以便给业主提供高品质的服务，打造××品牌。现将十一月份主要工作汇报如下：

一、队伍组建：根据××小区目前所管辖面积，暂定人员编制为20人。

二、人员培训：为了提升我们工作人员的综合素质，给业主提供高品质、贴身管家式服务，打造××物业品牌形象，在新员工入职之初，便依据前期制订的培训计划对各岗位新员工进行系统培训。除此之外，我们特向当地知名物业公司聘请讲师为员工培训。

三、建立健全各项工作流程及表格记录：为规范我们的物业管理行为，建立健全了入伙、装修等工作流程，并编制了《前期物业管理服务协议》《临时管理规约》《房屋装饰装修服务协议》《物业服务公示栏》及一系列物业常用工作表格记录等。为业主入伙及日后物业工作开展做好了充分的前期准备。

四、保安、保洁工作管理：自十一月中旬开始，物业公司已正式接管小区安保工作。目前已针对小区现状制订了一系列的保安、保洁临时管理方案。

五、监控及道闸设备安装跟踪：小区已安装可用监视器三十余个，对小区主出入口及重点部位已实行全方位监控。目前正根据小区现状布设其他监视器。

小区主出入口的道闸系统安装调试，现已正式投入使用。

六、房屋验收：配合开发部对即将交付的房屋进行验收，接管部分房屋钥匙。

2018年11月30日印制　共印150份

单元四　物业管理调查报告

一、物业管理调查报告的概念

调查报告是以调查的成果和结论写成的一种书面报告。它以记叙、议论、说明为主要表达方式，其内容以挖掘新问题、总结经验、反映情况、揭露矛盾为主体，并鲜明地向人们揭示事物的本质，提出解决问题的办法，指明前进的方向，用以推动各项工作。

二、物业管理调查报告的种类

物业管理调查报告按性质可分为新生事物调查报告、典型经验调查报告、情况反映调查报告、揭露问题调查报告等。

1. 新生事物调查报告

新生事物调查报告是用于扶植和推广那些代表历史发展方向的新生事物，使其成长、发展和完善的一种书面报告。这类调查报告要求真实、准确、生动、完整地报道一个新生事物，并揭示其发生、发展过程及本质，找出规律性的东西。

2. 典型经验调查报告

典型经验调查报告所反映的是具有代表性的个别事物，具有普遍意义和典型意义。这类调查报告一般要写出典型在某一方面的成型经验，归纳出其规律性和指导意义，供有关方面学习借鉴。其常发挥以点带面、典型引路的作用。写作中应注意从理论和实践相结合上提出经验的可行性。

3. 情况反映调查报告

情况反映调查报告又称为基础调查报告、综合调查报告。这类调查报告的主要职能是为有关部门和人员提供决策、制订计划、处理和研究问题的可靠依据。它的显著特点和可贵价值在于"资料性"，在于对材料的选择，组织具有科学性、可靠性和实用性。这类调查报告一般要求写清楚调查的时间、地点、范围、对象，要求提供的情况尽可能全面、完整、真实、准确、典型。

4. 揭露问题调查报告

揭露问题调查报告用于揭露问题，暴露事实的真相，以引起人们的注意，达到弄清是非、教育群众、解决总结的目的。这类调查报告要求证据确凿，写得尖锐犀利、一针见血。它的特点在于用事实说话，只在关键地方发表适当的议论。其既适用于现实生活，也适用于历史事件。

三、物业管理调查报告的特点

物业管理调查报告具有针对性、求实性和典型性的特点。

(1)针对性。针对性是调查报告的灵魂。调查报告的起草人必须根据党的路线、方针、政策，从工作的实际需要出发，有针对性地进行调查、分析和研究，解决迫切需要解决的问题。针对性越强，调查报告的指导意义和作用就越大。

(2)求实性。"尊重客观实际，用事实说话"是调查报告的重要原则。人们往往是通过事实去认识事物的，无论是反映情况的调查报告，还是总结经验的调查报告，或是揭露问题的调查报告，都必须以充分确凿的事实为依据，以事实阐明道理、说明问题。只有这样的调查报告才能使人受到教育、得到启发。

(3)典型性。调查报告不仅要报告事物的具体情况，而且要同理论分析有机地结合起来，从对具有普遍意义的典型材料的反复研究分析中，揭露事物的本质，找出其规律。规律能反映事物的必然性，具有普遍的指导意义，是我们行动的向导。

四、物业管理调查报告的调查方法

物业管理调查报告写作时，须按以下步骤进行调查。首先，了解调查课题和调查对象的基本情况；其次，熟悉有关的方针、政策；再次，制订调查计划，即自身活动的安排，包括目的、时间、对象、方式、方法、力量组织等；最后，拟定调查纲目——向调查对象了解的具体问题。

调查报告的分类见表 3-1。

表 3-1　调查报告的分类

方法		内容
按调查的广度范围划分	普通调查	普遍调查又称为全面调查、统计调查，是对研究对象的全体做无一遗漏的逐一调查。这种方法覆盖面广，获得的材料全面，但耗费大，只能调查一些"刚性"的问题，无法了解深入生动的情况，仅用于非此不可的课题。如企业中一些"民意测验""班子考察"及对企业中某一改革举措的态度等
	典型调查	典型调查又称为个案调查，是在研究对象范围内选取个别有典型意义的对象进行调查。这种调查法较为深入细致，但它是从个别认识一般，而且这种"个别"是否典型，往往因人而异，资料的客观性受到限制。因此，进行典型调查时，一定要依靠广大职工和各级领导，选择有代表性的典型，切忌主观片面
	抽样调查	抽样调查，是从研究对象总体中抽取部分对象（样本）进行调查。如对施工企业建筑质量进行调查，就无需对每个建筑工地都进行调查分析，只需抽取其中几个工地调查即可
按调查形式划分	询问法	询问法，主要用语言进行调查，一般通过问卷、访问、调查会等方式进行
	观察法	观察法，主要用视、听进行调查。有参与观察和不参与观察之分。干部"蹲点"、带职下放是参与观察，参观、列席会议、阅读文献资料是不参与观察
	实验法	实验法，主要是用实践来证明设想的调查方法。如设想进行工程承包方案的改革，这就要在部分建筑中试验，以观效果，即"试点"。又如，为了直接迅速获得某些建材产品的市场反馈信息，工厂直接设经销门市部销售自己的产品，为调控产品的生产量做好调查

五、物业管理调查报告的结构和写法

物业管理调查报告一般包括标题、正文、署名和日期三部分内容。

1. 标题

标题以概括文章的中心内容为主，并且根据需要限制一定的范围。物业管理调查报告的标题分为单标题和双标题两种。

（1）单标题有公文式和文章式两种。

①公文式标题又称文件式标题，其主要特点是标明调查对象和文体名称，如《关于旧住宅小区物业管理现状的调查》。

②文章式标题，其主要特点是用标题揭示主题，如《一年登上一台阶，三年迈出三步》。

（2）双标题由正题和副题构成，一般正题提示报告的主旨，副题表明调查的对象、范围、内容和文种，如《车位、车库究竟归属谁——关于沈阳市车位、车库问题的调查》。调查报告的标题中有时也写有"调查""考察""调查记"等字样。

2. 正文

正文一般包括导语、主体和结尾三部分。

（1）导语。导语或称前言、引言，是调查报告的开头部分，要求文字简明扼要、高度概括。导语的写法多种多样，不同类型调查报告的引言又各有特点。

①情况调查的前言要交代调查对象的性质、范围、调查使用的方式方法等，以说明调查资料的可信性和典型性。

②经验调查的前言一般是调查对象有关情况的概述，有的总括取得的成绩，有的指出经验产生的基础和意义，有的则介绍调查的基本情况等。

③问题调查的导语为引起读者的注意一般都会提出问题，以引起回答，或提出问题的迫切性。

（2）主体。主体是调查报告的重点部分，是对调查情况、调查结果全面真实的反映，也是对被调查对象本身的发生、发展过程做具体叙述并进行分析评价的部分。

主体的写作方法包括多项综合的写法、分列小标题的写法、一事一议分析法和分块标题的写法等。

①多项综合的写法是把情况、问题、意见、建议等多方面的问题并列排放、分头阐述，一个问题就是一条经验。这种写法的目的在于突出基本经验。综合性的调查报告多采用这种写法。

②分列小标题的写法是只从一个角度安排结构，且用小标题标示，或介绍经验，或反映情况，以突出其主旨。

③一事一议分析法是针对一件事进行分析，从中得出结论。它要求有情况、有数据、有分析、有倾向的意见。语言力求精练、简洁。

④分块标题的写法是以内容为中心，分成若干部分，每部分前面只标以顺序号码的写法。

（3）结尾。结尾是调查报告分析问题得出结论、解决问题的必然结果。结尾有的总结全文，深化主题；有的展望未来，提出希望；有的归纳主题，强调意义；有的附带说明有关情况，如在调查过程中遇到的一些情况，主体中没有提及，需在末尾加以说明；有的附带材料加以说明，如一些典型材料、专题报告、统计图表等。也有自然收尾，不用结尾的。

3. 署名和日期

单位署名，可将单位名称放在标题之内。个人署名，可将名字署于文尾右下方，也可置于标题的右下方。如署年、月、日，一般在文章结束处的右下方。

六、物业管理调查报告的写作要求

物业管理调查报告是"调查"和"报告"的结合体，是一个多环节的联合，要写好调查报告，必须重视以下环节。

1. 调查要深入，观点要求新

深入周密的调查是搜集丰富材料的前提。有些事实对于写作者来说可能知之甚少或一无所知，只有经过深入细致的调查研究，详尽地占有材料，写作者才能对事物的本质有所了解、有所掌握，才能进行分析，才有写作的资本。

物业管理调查报告的主题贵在有新意。所谓新意是指要善于揭示社会现象的本质，要反映社会生活中的热点、难点，工作中的新情况、新经验、新探索、新动态等有启迪或有指导意义的东西。

2. 客观深入的分析

在调查获得大量材料之后，须对材料做进一步的加工整理，这实质上是一个"去伪存真、去粗取精"的过程，要对材料进行分类、比较、分析、综合，探求出本质、规律，最终找到解决问题的方案。

3. 布局要合理，表达要恰当

物业管理调查报告主要根据文章的具体内容和作者的写作目的来决定其写作格式。写作时，应紧紧围绕中心，合理地布局谋篇，注意选取典型事例说明问题。

物业管理调查报告一般采用第三人称，常用的表达方式以叙述为主，兼用说明、议论。叙述是铺叙情况、事实，说明则是在必要处对情况、问题的一种介绍和解释；在叙述中议论，也只是为了帮助读者进一步理解文章。

七、物业管理调查报告实例

【例文3-4】

佛山市物业服务消费者调查报告
佛山市消费者委员会

党的十九大报告指出中国特色社会主义进入新时代，我国社会主要矛盾已经转化为人民日益增长的美好生活需要和不平衡不充分的发展之间的矛盾。物业服务是人民日益增长的美好生活需要之一，构筑和谐的物业服务与消费关系是全社会共同努力的方向。

近一两年，佛山市关于住宅小区物业纠纷问题呈上升趋势，物业服务消费矛盾日益明显。佛山市12345热线数据显示，2017年前三季度，消费者关于物业问题的投诉比去年同期增长202%，增长速度极快。

自2016年9月开始，佛山市消费者委员会委托第三方机构——广东省现代社会评价科学研究院开展了"2017年佛山市物业服务消费者调查"，覆盖佛山市五个区，共调查了来自400个小区的2066名业主。并组织了由市人大、政协、住建局、发改局、民政局、法制局、房产协会、禅城区法制办、国土城建和水务局，以及街道办事处、社区居委会、律师、小区业主等代表参加的"佛山市物业服务消费者研讨会"。

调查发现，业主对物业企业和业委会工作均不满意，三成以上小区发生过业主与物业企业的冲突，七成以上业主认为有必要成立业委会。主要情况如下：

(1) 业主对物业管理企业满意率低，约为35.2%。

受访业主对物业管理的满意率为35.2%，其中非常满意占4.4%，比较满意占30.8%；此外，46.5%的受访业主表示一般，11.7%的受访业主比较不满意，6.6%非常不满意。

(2) 业主认为停车难、停车费高、物业费高是日常物业管理中的主要问题。

对物业管理存在哪些问题的调查显示，41.0%的业主认为停车难、40.5%认为停车费高、32.7%认为物业费标准高。这是被提及最多的三大问题。另外，还有物业公司服务差占16.6%，维修难15.9%，物业公司难以更换9.9%，物业公司侵占共有收益7.9%，随意收取公摊费用6.4%，物业服务合同期限长2.9%，社区与物业公司结成利益共同体2.6%，其他10.4%。

(3)三成以上小区发生过业主与物业企业的冲突。

调查显示，33.5%小区发生过业主与物业企业之间的冲突，其中10人以下冲突为21%，10~50人为6.1%，50~100人为3.1%，100人以上3.2%，66.5%小区没有发生过。

(4)约51%的小区已成立业委会，64.2%业主认为业委会能正常运作，33%业主对业委会工作满意。

调查显示，51%的小区已成立业委会，12%正在筹备成立，37%没有成立过。

有数据显示，深圳成立业委会的比例为35%；广州2013年为25%。表明佛山的业委会成立比例在全省领先。

对于已成立业委会的小区，64.2%的业主认为业委会运作正常，其中13.0%表示很好，51.2%表示比较好。35.8%的业主认为业委会运作状况不好，其中23.3%表示不太好，3.4%很不好，还有9.0%认为业委会名存实亡。但对业委会工作，仅33%的业主表示满意。其中，3.5%的业主表示非常满意，29.5%表示比较满意；53.5%表示一般。另外，还有8.3%的业主表示比较不满意，5.2%表示非常不满意。

(5)七成以上受访业主认为有必要成立业委会。

调查有无必要成立业委会时，七成以上(77.3%)的受访业主认为有必要，其中25.5%认为很有必要。51.8%认为有必要，另外，有13.1%的受访业主认为没必要，9.6%不知道业委会是什么。

11月中旬，就调查中发现的问题，市消委会召开了"佛山市物业服务消费者研讨会"，邀请人大代表、政协委员、职能部门、行业专家和业主代表专题研讨，集体会诊。认为产生问题的原因主要有：一是政府部门监管职责不清，现有法律法规在物业管理的诸多方面，对相关部门的职责规定不够清晰；二是业主委员会成立难和运行难，导致业主自治能力低；三是开发商兼任物业管理带来诸多弊端；四是物业企业侵犯业主对小区共有收益管理和使用的知情权与监督权；五是对物业企业的监管机制不完善；六是小区停车难问题矛盾突出；七是业主对政策法规不了解、权益维护意识淡薄等。

就此，市消委会建议：完善物业管理监管机制，强化业主自治能力，明确监管主体，充分发挥街道作用。形成政府统一领导，相关职能部门业务指导，街道具体负责的物业管理工作机制，强化街道办事处的监管主体责任。完善物业管理监管机制。

一是组建由街道办事处、业主、辖区公安派出所、居民委员会、建设单位或者物业服务企业派员组成的物业管理指导委员会。负责指导、协调共有物业的承接查验；监督检查共有物业收益归入与使用，以及前期物业服务企业开立的业主共有资金共管账户的资金使用；组织、筹备召开首次业主大会会议；在业主大会未能成立情况下，组织召开业主大会会议；指导、协调业主委员会换届改选工作；组织业主培训等。

二是将成立业委会纳入政府工作考核。建立与成立业委会相关的政府职能部门责任考评机制，将业委会成立比例纳入主管部门、街道办考核指标。

(1)推进成立业主委员会。

一是明确业委会的法律地位。应进一步细化相关制度，将业主大会及业主委员会定位为社团法人性质，由民政部门作为行政主管部门，根据《社会团体登记管理条例》，开展业主委员会法人登记工作。

二是明确业委会筹备经费来源。应明确召开首次业主大会会议的经费由物业所在地街道办事处承担，解决目前筹备经费来源混乱的问题。

三是简化业委会成立程序。将业委会成立程序中的筹备组成员名单公告、筹备工作、筹备工作公告整合简化为筹备工作公告。

四是建立业委会候补委员制度。规定业主大会成立时，同步选举一定数量的业委会候补委员，业主委员会委员职务终止时，从候补委员中按照得票顺序依次递补。

(2)进一步建立完善物业管理信息平台。

进一步推进主管部门建立完善物业管理信息平台，实现物业管理信息和不动产登记信息的实时共享。通过平台将业主大会、物业服务、信用档案、共有收益、物业专项维修资金、物业安全管理等物业管理信息依法予以及时公开，区主管部门、街道办事处保证信息的及时性、完整性和准确性。目前，市住建局已在部分小区试行网络投票选举并取得成效，建议有计划、有重点地推广到全市范围内。区主管部门、街道办事处负责辖区物业管理信息平台的推广普及。

(3)实行物业企业考核评价机制。

规定实行小区物业服务考核评价制度，以业主评价为核心，以物业管理指导委员会或街道办、社区评价为辅，考核结果通过物业管理网络信息平台公布，记入物业企业和项目负责人信用信息。成立业主委员会的由业主委员会组织实施，未成立业主委员会的由物业管理指导委员会、街道办组织实施。业主大会或物业管理指导委员会、街道办可根据考核结果，决定物业服务合同的续签、终止、修订。

(4)实行房地产开发与物业管理分离的政策，协议选聘物业企业，严格实行政府指导价。

建议实行房地产开发与物业管理分离的政策，明确建设单位不得自建自管，鼓励通过招标投标方式选聘相应资质的物业服务企业。

对于不能以招标投标方式选聘物业企业的小区，可以通过行政主管部门同意或审批，采取协议选聘的方式，协议选聘服务标准和收费标准，严格遵循政府指导价规定。

(5)加强物业共有部分使用及收益管理　加强政府对共有资金的监督管理。

一是要求单独设账，物业服务企业必须在银行单独开设"物业共有部分收益"专户，对共有部分收益专项存储，不得与企业的其他账户合用；二是加强信息公开，业主委员会或物业服务企业利用共有部位经营的，应当通过物业管理网络信息平台公告，并在小区公示栏内进行公示；三是财务透明，主管部门通过物业管理网络信息平台向业主实时公开合作银行的业主共有资金基本账户或者共管账户信息，公开经营活动的相关主体、收入、成本等信息，并要求经营主体通过公示栏定期公示，接受全体业主监督；四是明确物业企业挪用共有资金的法律责任。

(6)制定前期物业管理阶段共有收益管理规定。

制定前期物业管理阶段共有收益管理规定，明确业主大会成立前，由社区建立专项账户管理共有资金，明确社区管理共有资金的职责；推行酬金制，分类制定前期物业管理阶段物业企业利用共有部位进行经营的酬金比例标准；规定共有收益的支出范围，不得以共有资金抵扣部分业主拖欠的物业费，超出支出的结余部分可以定期向符合规定的全体业主分红等。

(7) 完善业主共有收益自管机制。

对于业主自行管理，应完善共有收益管理机制。一是明确业主大会法人地位，厘清业主大会在经营活动中的权责利；二是建立业主共有资金财务管理制度，明确业主大会在取得统一社会信用代码证后可到银行开设共有资金基本账户；三是鼓励实行业主委员会及委员任期和离任经济责任审计；四是加强卫生和安全管理，完善保险机制，防范业主大会经营活动中的风险。

(8) 细化小区停车管理规定。

一是明确建设单位不得"只售不租"。建设单位可以采用出售、出租方式处置规划车位、车库，但业主要求承租尚未处置且空置的规划车库、车位的，建设单位不得以只售不租为由拒绝出租。

二是车位处置方式提前公示。规定商品房预售时，建设单位应当将物业管理区域车位、车库配置比例在显著位置公示。同时，将规划车位、车库的处置方式向物业买受人明示，约定出售价格、出租方式、出租价格、出租期限等内容，并在商品房买卖合同中予以明确。

(9) 明确相关部门宣传教育培训职责。

明确政府部门的宣教培训职责。划分市主管部门、区主管部门、街道办事处、社区的培训职责；加强业主教育；加强职业教育，包括对业主委员会成员及候选人、监事会成员、业主大会聘用人员、物业管理项目负责人及其他与物业管理有关的人员，进行物业管理法律法规、业务活动、职业道德等岗前培训及定期培训。

相关说明：调查样本背景情况：

区域：禅城区 415 人、顺德区 668 人、南海区 553 人、三水区 267 人、高明区 163 人。

性别：男性 879 名，女性 1 187 名。

年龄：18～30 岁和 31～40 岁年龄段的受访者占比最高，分别为 35.9% 和 35.7%，其次是 41～50 岁，占比为 15.2%。51～60 岁、61 岁及 61 岁以上分别占 6.6% 和 4.9%，18 岁以下为 1.7%。

单元五　物业管理会议记录

一、物业管理会议记录的概念

物业管理会议记录是对会议组织情况及会议上讲话、发言、决定、决议等内容进行记载，以供整理会议文件，存查备考的会议原始记录。

二、物业管理会议记录种类

物业管理会议记录根据内容详略，可分为详细性会议记录和摘要性会议记录两种。

1. 详细性会议记录

有言必录，不仅要记下原意，还需要记下原话，只有在重要会议上才会采用。

2. 摘要性会议记录

在会议过程中只记录会议议题、要点、中心内容，以及结论、决定、决议和表决结果等，多用于一般性会议。

三、物业管理会议记录的格式和写法

物业管理会议记录主要由标题、会议组织情况、会议主要内容、结尾四部分组成。

1. 标题

物业管理会议记录的标题常由"会议名称＋文种"组成。

2. 会议组织情况

会议组织情况主要包括开会时间、地点、与会人员、缺席人员、主持人与记录人姓名等内容。这些内容应当尽量在会议正式开始之前写好。

3. 会议主要内容

会议主要内容包括会议议程与议题、会议发言情况、与会者的意见和建议、会议议定事项和会议重要文件或决策事项的表决结果等。

4. 结尾

标明"散会""休会"等字样，在会议记录右下角注明"主持人""记录人"字样，为示负责，分别由主持人和记录人签字。

四、物业管理会议记录写作技巧

物业管理会议记录的写作技巧一般有快、要、省、代四种。

（1）快，即书写记录要快。字要写得小一些、轻一点，多写连笔字。要顺着肘、手的自然去势，斜一点写。

（2）要，即择要而记。记录一次会议，要围绕会议议题、会议主持人和主要领导同志发言的中心思想，与会者的不同意见或有争议的问题、结论性意见、决定或决议等作记录。记录一个人的发言，要记其发言要点、主要论据和结论，论证过程可以不记。一篇好的记录应当独立成篇。

（3）省，即在记录中正确使用省略法。如使用简称、简化词语和统称。省略词语和句子中的附加成分，如"但是"只记"但"；省略较长的成语、俗语、熟悉的词组、名字的后半部分，画一曲线代替；省略引文，记下起止句或起止词即可，会后查补。

（4）代，即用较为简便的方法代替复杂的写法。一可用姓代替全名；二可用笔画少易写的同音字代替笔画多难写的字；三可用一些数字和国际上通用的符号代替文字；四可用汉语拼音代替生词难字；五可用外语符号代替某些词汇等。

五、物业管理会议记录的写作要求

(1)记录者可以适当使用一些自己熟悉的简称、代号、符号，待会议间隙或会后整理时再补上全称或原称。必要时，记录者可以学习速记法以提高记录速度。

(2)会议记录要忠实会议精神。详细记录一定要尽可能记录原话，以供备查；摘要记录不能偏离会议的主要精神和会议结果。

六、物业管理会议记录范例

【例文 3-5】

物业管理服务研讨会会议记录

时　　间：2020年×月×日×时

地　　点：×××

出席人：A、B、C、D……

出席人：……

主持人：×××

记录人：×××

主持人发言：各位领导、各位来宾，大家下午好，非常感谢各位能够在比较闷热的天气，来参加由××主办，××房地产开发有限公司组织的"学习条例，保障权益"的物业管理服务研讨会，下面我介绍一下今天到会的来宾(介绍略)。

讨论内容：

A：很高兴有这个机会参加这样的会议。这一条例是物业管理企业和我们广大的业主共同期望的一部大法，当然这个条例的内容还不能说全面、细致，还有很多问题，具体的问题，恐怕要经过一些地方人民政府的主管部门，在这个条例大框架的基础上进行细化。几年来物业管理一直是一个热点问题……

B：感谢主持人，感谢主办单位给我这么一个机会，应该说进行这样的讨论具有积极的社会意义，首先表态，刚才××讲的我很赞同……

主持人：好，感谢大家。刚才有些专家提出了一些不同的看法，但是我觉得我们要在现行的法律条件下，来运作我们的管理和服务。再一次对今天到会的领导和来宾表示感谢，谢谢大家，会议圆满结束，散会。

主持人：×××(签名)
记录人：×××(签名)

【例文3-6】

物业管理中心开学前相关工作安排的会议记录

会议时间：2020年×月×日

会议地点：物业管理中心办公室会议室

主持人：后勤总公司副总经理　×××

参会人员：物管中心领导　×××、中心主管以上管理人员共20人

记录人：×××

会议内容：

××副总经理总结了暑假期间的物业工作，并对开学前准备工作作了基本布置。×总指出，暑假期间大家牺牲休息时间，战洪水，斗酷暑，确保教科园区投入使用后学校行政机关和二级学院搬迁工作的顺利进行；保障了水电设施维修工作的正常进行；保障了物业服务的有效运行。为学校9月份本科教学评估提供了后勤支持。现对开学前相关工作布置如下。

1. 校园管理工作

下周全员开始正常作业，确保校园干净整洁；着力搞好抗旱工作，责任到位，把草坪灌木修理整齐；垃圾站垃圾要及时清理，回收的废品不能堆积，消杀冲洗工作要做好，专家组进场前要暂时封闭垃圾站。

××广场绿化工作要到位，工程公司派人力搞好，下周××广场要清洁干净，×××和×××负责完成。××楼内140多 m^3 土方在寒假完成。环卫设施要抓紧检修，排水沟在专家组抵校前要清掏一次，周一开始自查，保障花草长势旺盛，为迎新做好准备。

2. 物管部

搬家工作基本完成。开学前要做好教学场所的准备工作，今年教学楼整治，要做到最高水平：①地面清洗干净，无口香糖、痰迹等；②灯具要擦拭干净；③课桌要作为检查重点，随时清理；④对课桌椅排查检修；⑤墙面要清理干净，教学用品（粉笔、黑板擦等）准备到位，评估专家到场时，坏旧黑板刷要更新。

做好教学设施的维修工作，以便开学使用。

新教学楼的设备要落实到位，门牌号尽快规范安装到位。车库由物管部管理，在本周内清理好，另招聘车库保安2名。

教科园区未存活的植物要补栽，管理好××和第三教学楼，对××楼教室内外植物要管理好。物管部负责对××楼、新图书馆室内植物的浇水。校领导办公室和××楼公共场所的植物购置费用控制在一万元以内。

第三教学楼课桌椅的安装要抓紧进行，不得损坏地砖和其他设施，要派专人全程监控。

3. 动力部

开学前对照明设施、灯箱广告进行全面排查、清理和维修。搞好水电节能改造，施工作业不影响正常上班。

4. 工程公司

对广场地砖尽快维修到位，随坏随补。在专家组检查前，要补好校内损坏的地砖。抓紧时间将宾馆改造工程搞好，施工要尽快。开学前D区广场不能再堆垃圾。

5. 物管二部

接收了老图书馆及第一、第二办公楼的物业管理，工作量逐渐饱满。要主动摸清楚办公用房调整后的所驻单位，协助搞好门牌安装，搞好物业服务。小修小补的一般物业维修自己搞定。

6. 保安部（城管中队）

假期出的问题较多，受到总公司的批评。开学前要把乱张贴的广告清理干净，要改变乱张贴广告无人管理的现状。对门岗、巡逻岗进行彻底的整改。

7. 客服部

搞好员工培训工作，目前主要是将本科教学评估宣传资料下发到各班组，结合本职工作，学习培训，全力支持本科教学评估工作获得成功。

新学年即将开始，由客服部负责做好迎新欢迎牌。

物管中心主任××补充：根据×总以上讲话精神，各部门务必做好开学前准备工作。

散会。

主持人：×××（签字）

记录人：×××（签字）

2020年×月×日

单元六　物业管理经济活动分析报告

一、物业管理经济活动分析的概念

物业管理经济活动分析是指物业管理企业根据会计核算资料、统计资料、计划指标及调查研究所掌握的情况，对本部门或本企业的全部或部分经济活动情况进行的分析。反映经济活动分析的书面材料，称为经济活动分析报告，也可简称为经济活动分析。

二、物业管理经济活动分析的种类

1. 按时间划分

按时间上划分，可分为年度经济活动分析报告、季度经济活动分析报告和月度经济活动分析报告三种。

2. 按目的和内容划分

按目的和内容划分，可分为综合经济活动分析、专题经济活动分析、简要经济活动分析3类。

(1)综合经济活动分析。对某物业管理部门或单位在某一时期的各项经济指标进行全面而系统的分析，从中抓住关键性的问题，以考核其经济活动的结果。

(2)专题经济活动分析。对某物业管理部门或单位某项专门问题进行深入分析后所写的一种书面报告。这种专项性的分析内容集中，重点突出，分析问题透彻，针对性强，能迅速灵活地反映经济领域中的某一侧面，以供决策者参考。

(3)简要经济活动分析。一般是物业管理的基层单位在一定时间内，对工作所做的分析。此种经济活动分析通常采用表格形式，配以适当的文字予以阐释。

三、物业管理经济活动分析的作用与特点

(一)物业管理经济活动分析的作用

(1)通过数据和事例分析物业管理企业在管理中，特别是在物业管理计划的执行过程中，对党和国家的方针、政策、财经制度的执行情况，保证各项计划的完成。

(2)通过比指标、找差距、查原因，总结经验教训，进一步挖掘内部潜力，有效地使用人力、物力和财力，充分调动物业管理企业职工的积极性，不断提高物业管理企业的经济管理水平。

(3)通过分析可预测物业管理市场的变化，预见工作的发展趋势，促进物业管理企业更好按照客观规律办事，不断改进管理方法，增强竞争能力，取得更好的经济效益和社会效益。

(二)物业管理经济活动分析的特点

物业管理经济活动分析具有数字多、情况多、分析多的特点。

(1)数字多。企业综合经济活动分析报告要对产品产量、计划完成率、合同履行率、质量等级品率、资金利润率等指标进行分析，这就必须运用大量数字，作为分析的依据或分析结果的说明。

(2)情况多。一个企业的经济活动受诸多情况的影响，且各项经济活动又内容繁多。这些经济情况是写好经济活动分析报告的基础。

(3)分析多。经济活动分析报告，要落实到对种种经济活动的分析上，否则，写出的报告就起不到分析报告应起的作用。

(三)物业管理经济活动分析的结构和内容

物业管理经济活动的分析报告，由于文章的形式受其内容制约，经济活动分析内容种类较多，因此，其格式也不应拘于一格。通常，人们在使用这种文体时采用标题、正文、落款的写作格式。

1. 标题

物业管理经济活动分析报告的标题主要有完整标题和简要式标题两种。完整标题主要是由分析单位、分析时间、分析内容和文种等要素构成的；简要式标题省略了单位名称、分析时限和文种等内容，只概括分析报告的主要内容，有利于突出主题。

2. 正文

物业管理经济活动分析的正文一般可分为开头、主体、结尾三部分。

（1）开头。开头即导语。通常是针对所要分析的问题，简要地介绍基本情况，概括地引用一些数据，说明当时的经济形势和背景。同时，提出问题和说明进行经济活动分析的目的、意图。开头的语言精练、概括。

（2）主体。对主要指标或问题进行分析，这是经济活动分析的核心部分。若分析的问题不止一个，最好列小标题，使之眉目清楚。同时，要注意紧扣主题，抓住主要问题，做到有数据、有情况、有分析，要肯定成绩、揭露矛盾、追溯原因。

（3）结尾。结尾多数是指出意见或建议、措施。它是正文部分对有关情况分析的必然结果。因此，所提措施或建议要有针对性，符合实际，切实可行。

3. 落款

落款一般有两项内容，一是标明撰写经济活动分析报告的单位名称或人员姓名；二是标明写作日期。

四、物业管理经济活动分析的主要方法

物业管理经济活动分析是建立在数据指标体系基础上的，指标数据的分析要依据目的要求和资料数据掌握情况，采用一定的科学的技术方法。方法的选择是分析的重要步骤。常用的物业管理经济活动分析方法见表3-2。

表3-2 常用的物业管理经济活动分析方法

方法	说明
指标对比分析法	指标对比分析法又称比较分析法，是把同一基础上的两个或两个以上具有可比性的指标进行数量上的对比，以确定差异的一种分析方法。目的是发现差距，进而分析形成差异的原因。常用作对比的指标有：实际指标与计划指标对比，旨在考核计划的完成情况，为进一步分析指明方向；本期实际指标与基期指标对比，可以分析出企业经营中的变化趋势、潜力或措施效果；本期实际指标与国内外同类企业的先进指标进行对比。前两种是纵向比较，这是一种横向的比较，实际上是与先进的科技成就、先进的管理工作方法对比，有利于克服故步自封，进而发现差距，开阔视野，向先进看齐，为赶超先进而努力
因素分析法	因素分析法是把综合指标分解为若干因素进行分析的方法。通过分析，可以分清各因素影响程度的大小，判明主次，评价企业的管理工作。 指标对比分析法善于发现差异，提出问题；而因素分析法则重在剖析差异的原因，揭示问题的实质。在实际的经济活动分析工作中，指标对比分析法与因素分析法常常结合运用，收效显著

五、物业管理经济活动分析的写作要求

（1）注重分析。经济活动分析报告不能只罗列现象、堆砌数字，而要透过现象抓本质，

分析原因，揭示经济活动的客观规律。

（2）资料可靠。经济活动分析要充分利用计划、报表、凭证、账册等有效数据进行分析。

（3）措施实在。经济活动分析报告的写作目的不仅是了解已发生的情况，而且还在于明确今后的行动。因此，措施要切实可行，具体实在。

（4）完成及时。经济活动分析报告的时效性是很强的，经济活动分析报告如果不能及时完成，就会失去实际作用。

六、物业管理经济活动分析写作实例

【例文3-7】

××物业公司关于F大厦物业管理目标完成情况分析

我公司于××××年×月通过投标方式取得××开发公司开发的F大厦的管理权，同时，按照合同负责大厦的出租经营。该大厦为纯写字楼，位于我市中心繁华地带，××商城北侧，地上26层，地下1层，建筑总面积为20 820 m^2，建筑总高度为75.30 m。

我公司非常重视物业管理的各项工作，建立健全了各项规章制度，明确了各项工作流程，重视员工素质，不仅从公司总部抽调了一批有经验的业务骨干，而且通过公开招聘的方式从社会上选聘了一批年轻且素质好的新员工。通过上岗培训、在职培训等多种方式，保证了员工的业务素质。我公司也提出了具体的管理目标以实现开发商提出的树立楼盘品牌和企业信誉、创造良好经济效益的目标。

为了更好地加强内部管理，促进工作的正常进行，现就我公司2018年4～12月各项管理目标的完成情况进行分析（表3-3）。

表3-3 ××物业管理公司2018年度关于F大厦物业管理目标完成分析表

项目指标	房屋完好率	道路完好率	路灯完好率	管道完好率	消防装置安全使用率	投诉率	费用收缴率	维修合格率	小修、零修及时率	出租率
计划指标/%	≥95	≥98	≥98	≥98	≥100	≤2	≥98	≥100	≥99	≥90
实际完成/%	100	100	100	100	100	2.5	95	100	100	75

一、取得的成绩

通过表3-3可以看出，2018年我公司较好地实现了管理目标，多项指标都超过了计划指标，达到100%。一方面由于F大厦是新投入使用的大厦，物业及设施设备本身状态良好，为各项管理目标的实现奠定了良好的物质基础；同时，我公司管理规范，对员工严格要求，始终遵循"全心全意为业主、用户服务"的宗旨，这也是较好完成工作的保证。

二、存在的不足

我们也应看到有几项指标没有完成。

（一）投诉率偏高

实际投诉率高出目标0.5%。经过调查分析，主要原因有以下两个：

1. 在入住装修阶段，住户对我公司按照有关法律法规制定的装修管理办法有意见，认为限制了他们的装修自由而引发投诉。

2. 为了保证用户的财产安全,我公司制定了《大件物品出门登记制度》,要求用户有大件物品运出大厦时,需要在门卫处登记,有少数用户不理解,认为麻烦而引发投诉。

(二)费用收缴率偏低

实际费用收缴率低于目标3‰。经过调查分析,主要原因是少数用户刚开始经营,效益不理想,因而拖欠了物业管理费。还有个别用户抱有"搭便车消费"的侥幸心理,故意不交物业管理费。

(三)出租率偏低

虽然第一年的出租率达到75%已经是不错的业绩,但低于计划15%。经过调查分析,主要原因是市场推广力度不够,应让更多的企事业单位了解F大厦,进而入驻F大厦。

三、措施

(一)加强公司的内部管理,继续提高服务质量,对业主的投诉,应耐心解释和疏导,消除误会。

(二)加强对业主及用户物业管理知识的宣传,特别是法律知识的宣传及我公司各项管理规章的解释,使用户理解,从而加强自律,主动配合我公司搞好物业管理。

(三)进一步加强市场宣传,尤其是根据市场部反馈的信息,本市甲、乙、丙等几家企业需要新的办公场所,我公司应重点向这几家企业加大宣传力度,通过我们良好的管理和服务,赢得这些企业的信赖,提高F大厦的出租率。

总之,我们通过近一年的工作已基本取得业主和用户的信任。我们需要继续发扬优势,克服工作中出现的困难,努力工作,保证今年能够圆满完成各项管理任务。

××物业管理公司(印章)

2018年×月×日

单元七　物业管理述职报告

一、物业管理述职报告的概念

物业管理述职报告是指各级各类单位工作人员,主要是领导干部向上级、主管部门和下属群众陈述任职情况,包括履行岗位职责、完成工作任务的成绩、缺点、问题、设想,进行自我回顾、评估、鉴定的书面报告。

二、物业管理述职报告的分类

物业管理述职报告,可以从几个不同的角度进行划分,因而存在着交叉现象。

1. 从内容上划分

(1)综合性述职报告:是指报告内容是一个时期所做工作全面、综合的反映。

(2)专题性述职报告：是指报告内容是对某一方面工作的专题反映。

(3)单项工作述职报告：是指报告内容是对某项具体工作的汇报。这往往是临时性的工作，又是专项性的工作。

2. 从时间上划分

(1)任期述职报告：是指对任现职以来的总体工作进行报告。一般来说，时间较长、涉及面较广，要写出一届任期的情况。

(2)年度述职报告：是一年一度的述职报告，写本年度的履职情况。

(3)临时性述职报告：是指担任某一项临时性的职务，写出其任职情况。例如，负责了一期的招生工作，或主持一项科学试验，或组织了一项体育竞赛，写出其履职情况。

3. 从表达形式上划分

(1)口头述职报告：是指需要向选区选民述职或向本单位职工群众述职的，用口语化的语言写成的述职报告。

(2)书面述职报告：是指向上级领导机关或人事部门报告的书面述职报告。

要注意将工作总结同述职报告区别开来。工作总结可以是单位的、集体的也可以是个人的，其写作角度是全方位的，即凡属重大的工作业绩、出现的问题、经验教训、今后工作设想等都可以写，而述职报告却不同，它要求侧重写个人执行职守方面的有关情况，往往不与本部门、本单位的总体业绩、问题相掺杂。

三、物业管理述职报告的特点

述职报告，最初曾以"总结"或"汇报"的形式出现，经过一段时间的使用，逐步形成了独具特色的体式。其主要特点是自述性、自评性、报告性。

(1)自述性，就是要求报告人自己述说自己在一定时期内履行职责的情况。因此，必须使用第一人称，采用自述的方式，向有关方面报告自己的工作实绩。这里的所谓实绩，是指报告人在一定时期内，按照岗位规范的要求，为国家做了什么事情，完成了什么指标，取得了什么效益，有些什么成就和贡献，工作责任心如何，工作效率怎样等实实在在地反映出来的成绩。但是，需要特别强调：所写的内容必须真实，是实实在在已经进行了的工作和活动，事实确凿无误，切忌弄虚作假。

(2)自评性，就是要求报告人依据岗位规范和职责目标，对自己任期内的德、能、勤、绩等方面的情况，作自我评估、自我鉴定、自我定性。述职人必须持严肃、认真、慎重的态度，既要对自己负责，也要对组织和群众负责。对工作的走向，前因后果，要叙述清楚，评得恰当；所叙述的事情，要概述，让人一目了然，并从中引出自评。但要强调切忌浮泛的空谈，切勿引经据典的论证定性分析，必须在定量证明的基础上进行。

(3)报告性，就是要求报告人明白自己的"身份"，放下官架子，以被考核、要接受评议、监督的人民公仆的身份，履行职责做报告。要认识到自己是在向上级汇报工作，是严肃的、庄重的、正式的汇报，是让组织了解自己，评审自己工作的过程。因此，语言必须得体，应有礼貌、谦逊、诚恳、朴实、掌握分寸，切不可傲慢、盛气凌人、浮华夸饰。报告内容必须实在、准确，而且要用叙述的方式，将来龙去脉交代清楚。

四、物业管理述职报告的结构和写法

一般述职报告没有固定的写作模式，根据不同类型和主旨，可灵活安排结构。其通常由标题、称谓、正文、落款四部分组成。

1. 标题

述职报告标题的常见写法有以下三种：

（1）文种式标题，只写《述职报告》。

（2）公文式标题，姓名＋时限＋事由＋文种名称，如《20××至20××试聘期述职报告》《20××年至20××年任商业局长职务的述职报告》。

（3）文章式标题，用正题或正副题配合，如《思想政治工作要结合经济工作一起抓——××造纸厂厂长王××的述职报告》。

2. 称谓

（1）书面报告的抬头，写主送单位名称"如××党委""××组织部"或"××人事处"等。

（2）口述报告的抬头，写对听者的称谓如"各位代表""各位委员""各位同志"或"各位领导，同志们"。

3. 正文

述职报告的正文由开头、主体、结尾三部分组成。

（1）开头。开头又叫作引语，一般交代任职的自然情况，包括何时任何职、变动情况及背景；岗位职责和考核期内的目标任务情况及个人认识；对自己工作尽职的整体估价，确定述职范围和基调。这部分要写得简明扼要，给听者一个大体印象。

（2）主体。主体是述职报告的中心内容，主要写实绩、做法、经验、体会或教训、问题，要重点写好以下几个方面：对党和国家的路线、方针、政策、法纪和指示的贯彻执行情况；对上级交办事项的完成情况；对分管工作任务完成的情况；在工作中出了哪些主意，采取了哪些措施，作出哪些决策，解决了哪些实际问题，纠正了哪些偏差，做了哪些实际工作，取得了哪些业绩；个人的思想作风、职业道德、廉洁从政和关心群众等情况；写出存在的主要问题，并分析问题产生的原因，提出今后改进的意见和措施。

这部分要写得具体、充实、有理有据、条理清楚。由于这部分内容涉及面广且内容多，所以，宜分条列项写出。对"条""项"的内容要注意安排好内在逻辑关系。

（3）结尾。结尾一般写结束语。用"以上报告，请审阅""以上报告，请审查""特此报告，请审查""以上报告，请领导、同志们批评指正"等作结尾。

4. 落款

述职报告的落款，写述职人姓名和述职日期或成文日期。署名可以放在标题之下，也可以放在文尾。

五、物业管理述职报告的写作要求

（一）要充分反映出自己在任期内的工作实绩和问题

述职是民主考评干部的重要一环，也是干部自觉接受组织和群众监督的一种有效形式。

干部作述职报告,是为了让组织和群众了解与掌握干部德才状况和履行职责的情况。因此,述职报告应该充分反映出自己任期内的工作实绩和问题,也即写出自身在岗位上为国家和人民办了什么实事,结果怎么样,有哪些贡献,还有哪些不足,包括工作效率、完成任务的指标、取得的效益等。工作实绩是检验干部称职与否的主要标志,述职人要充分认识这一点,实事求是地把自己的工作实绩和问题反映出来。

(二)要实事求是地评价自己

对自己的评价要实事求是,不夸大、不缩小,要准确恰当,有分寸,要想做到这点应注意处理以下几个关系:

(1)处理好成绩和问题的关系,即理直气壮摆成绩,诚恳大胆讲失误。

(2)处理好集体与个人的关系,即不能把集体之功归于个人,也不要抹杀了个人的作用,必须分清个人实绩和集体实绩。

(3)在表述上处理好叙和议的关系,即以叙述为主,把自己做过的工作实绩写出来,不要大发议论、旁征博引,即使议论也只是对照岗位规范,根据叙述的事实引出评价,不能夸大。

(三)要抓住重点,突出个性

述职报告,如果用口头报告表述。一般宜占用 30 分钟;如果用书面报告表述,一般以 3 000 字以内为宜。因此,表述的内容应抓住重点,将最能显示工作实绩的大事件或关键事件写入述职报告。凡重点工作、经验、体会或问题等,一定要有理有据、充实具体,而对一般性、事务性工作,宜概括说明,不必面面俱到。抓住重点、突出中心的同时,还应突出自己独有的气质、风格、贡献,让人能分辨出自己在具体工作中所起的作用。

六、物业管理述职报告写作实例

【例文 3-8】

述职报告

××××年×月,组织调任我为××社区副主任。在××物业公司担任经理的 4 年以来,所取得的成绩离不开公司党委和公司各科室的大力支持。在这 4 年中,我时刻不忘作为一名党员干部的神圣职责,虽然班子成员几经变动,但我始终与班子成员团结协作,带领公司全体干部职工以"创一流物业管理公司"为目标,艰苦创业,努力工作,不断强化管理,规范运作,拓宽市场,提高服务质量,较好地完成了公司的各项工作任务。现述职如下。

一、加强学习,努力提高自身素质

这些年来,我坚持学习十八大精神和"科学发展观"的重要思想,并同落实上级要求和创造性地开展工作结合起来,以增强干好工作的责任感和使命感,并紧紧围绕"观念怎样转变,思路怎么创新,物业如何发展"这些深层次的问题去实践。自××物业公司成立之日起，我便以一个物业新兵的姿态去努力学习物业管理知识，去研究物业企业的发展方向和物业市场的发展趋势，我始终认为物业公司要生存，就必须走规模化道路。对此，我在思想上始终与社区保持一致，超前工作，做到了"认识到位、思想到位、工作到位"，在较短的时间内使公司的各项工作实现了有序运转。在工作中，我同班子成员一起研究确定了公司的管理运作模式、工作目标和"规范化管理、标准化服务、规模化经营、品牌化建设"的总体工作思路，并围绕这一思路开展了一系列扎实有效的工作，使公司的整体管理水平得到了进一步提高。我深知，作为一名管理者，要想带领大家创市场、求生存就必须不断地学习。为了提高自身领导能力和管理水平，我几年如一日地坚持经常性学习，学习物业管理相关知识及市场经济理论，以不断充实、提高自己，适应改革发展的需要。

二、履行职责，努力做好本职工作

作为公司经理，把精力用在管理上，用在抓服务上，用在抓队伍和品牌建设上，这是本职要求。4年来，我坚持按照"精、细、美"的工作标准和"严、恒、细、实"的工作要求去安排、布置、检查各项工作，制定并完善了公司各项工作制度、工作标准和考核办法，按照精干、高效的原则，组建了符合公司特点的运行机构，并对基层工作运行情况进行不间断的检查。我坚持定期到各队站听取意见，指导工作，帮助解决困难，在基层干部中树立起了"不干则罢，干就干好"的争一流精神。在抓好管理和服务的同时，我与班子成员一起积极协调各方关系，努力开拓外部市场，增加公司收入，并积极筹措资金，改善基层的办公条件。为了强化素质教育，在抓好员工岗位培训的同时还积极创造条件组织管理人员外出学习，开阔视野，增长知识，以提高基层干部的工作能力。在工作中，我注重发挥班子成员的作用，坚持"重大问题集体决策，具体工作分工负责"的原则，与他们及时进行沟通交流，尽心尽力形成合力做好各项工作，培养出一个团结稳健、充满活力的班子。

三、严格自律，树立良好形象

在日常工作生活中，我严格要求自己，以身作则，注意听取班子成员的意见，尊重、团结每个班子成员，不搞一言堂，不搞特权，不谋私利，自觉遵守廉洁自律的各项规定。对涉及采购、录用、合同签订等敏感问题，我始终坚持"工作人员具体运作，分管领导严格把关，主要领导最后负总责"的工作原则，能够做到不插手、不介绍，严格要求自己"堂堂正正做人，踏踏实实做事"，要在职工中树立一个良好的干部形象。

四、4年来的工作目标完成情况

4年来，在公司全体干部职工的共同努力下，各项工作目标均圆满完成。

一是完成了小区创建目标。××××年×小区创建为局级优秀住宅小区，××创建为省级优秀住宅小区，××××年××创建为国家示范住宅小区，××××年××、××两个小区顺利通过了省级物业管理优秀住宅小区的验收。

二是基层建设目标全部实现。截至××××年×月，共创建了一个"十佳示范队"、一个"名牌基层队"和两个"行业一强"，另有3个基层单位被评为"社区优秀基层队"。

三是实现了历年成本指标不超的目标。××××年公司成本控制在了652.26万元以内，并且水费实现了大幅节余；其他几年公司成本均控制在计划指标内，并有一定节余。

四是外拓市场有了进一步发展。××××年，公司筹集50万元成立了以家政服务中心为依托的"××综合服务公司",××××年公司实现外拓物业管理收入近百万元。

五是居民综合满意率历年来均保持98%以上。

六是日常物业管理工作在社区考核与评比中实现了获得第一的目标。

七是在探索物业管理"社会化、专业化、市场化"方面迈出了新的步伐。

五、存在不足及改进方向

一是成本控制力度还略显不够,虽然没超出成本控制指标,但成本控制的机制还没有完善起来。

二是在摸准下情上做得不够,听取职工对公司发展的建设性意见较少。

三是对公司某些方面、某些环节按照"精、细、美"的工作标准去衡量还有一定差距,还没有把"精、细、美"的工作标准贯穿到各项工作的全过程,需要在精细管理上下功夫。

岗位的改变并没有改变我工作的热情,在今后的工作中,我将继续发扬成绩,克服不足,带领广大干部职工奋勇争先,努力做好上级安排的各项工作。

述职人:×××
××××年×月×日

【例文3-9】

物业管理半年述职报告

××××年在紧张忙碌中过去,回顾过去,虽然没有轰轰烈烈的成绩,但也算经历了一段不平凡的考验。现将一年的工作情况总结如下:

一、组织招聘,加强入职培训。在担任培训专员职务期间,我主要负责招聘和培训工作。由于物业公司工资待遇较低,工作环境相对较差,因此,安全员和基层员工流动率比较大,为了保证管理处的正常运作,满足人力资源需求,人事行政部开拓了多种招聘渠道,包括参加招聘会、网络招聘等。在任培训专员一职,我每天上午参加"才智中南"招聘会,下午网络搜索简历,并组织面试,为改善公司人力资源不足的状况做出了贡献。

4～5月份,集中组织新入职安全员培训,通过对新入职安全员的培训,使员工对公司企业文化有了了解,并且感受到公司科学的用人机制,确保了人员的稳定和安心工作。

在7、8月份,我为来到我司实习的大学生组织系统培训。针对实习大学生从社会心态、工作实操经验、职业操守等方面进行培训。不仅使他们了解到××物业专业化的培训体系,同时让他们感受到公司领导对他们的关心和爱护,使他们能够安心地留在××工作并为公司的发展贡献力量。

二、印章管理、日常报文、安排外联。由于公司人事行政部行政秘书辞职,在公司领导各方面权衡之下,我被调任到此职务。相对之前培训专员的工作,行政秘书则要求更加细心、耐心和专心。首先,负责每月员工工资和社保的统计,上报财务部进行核算工资;其次,每天要把各管理处的公文上报物业公司总经理。报文工作看似简单,但其中也非常烦琐。既要将下面的意见传达到各管理处,又要将下面的意见反馈给公司领导,起到上传下达的作用,稍有疏忽,就会造成丢文和漏文的现象。公司印章的管理也是一件比较复杂的事情，本人严格按照公司印章管理规定进行操作，保证公司印章不丢失。

××××入伙之前相关证照办理齐全，物业公司资质年审等虽然只是常规工作，但由于公司之前相关资料准备不齐全，所以在此期间，我也付出很多努力，并圆满完成任务。

三、完善公司制度，推行质量目标管理。由于公司新到任物业公司执行副总，为协助他开展工作，我再次被调到总经办任职。在此期间，我主要负责汇编行政手册，同时完善公司其他制度。为了更好地了解员工心理动向，以及为公司制度建设搜集实际基层资料，特组织"××××年员工满意度调查"，并形成《调查结果分析报告》上报公司领导审阅。使公司领导能够清晰地了解目前公司员工对公司各方面工作的满意度，以及员工对公司的意见和建议，此次调查为公司下一步推行质量目标管理打下了基础。

综上所述，××××年是公司管理的提升年，我之所以可以顺利、圆满地完成一年的工作任务，首先要感谢公司领导对我的支持、关心和信任。在新的一年里，我一定会秉承公司优良传统，发扬"办事高效，保质保量"的精神，严格要求自己的工作，为公司的发展贡献自己的力量。

述职人：×××
××××年×月×日

单元八　物业管理公约

一、物业管理公约的概念

物业管理公约是物业管理组织、团体或业主为了共同的目的，在自愿基础上，经过充分协商和讨论而订立的共同遵守的道德规范与行为准则。

物业管理公约具有一般公约的特定本质，即公约性。其是一种公共契约，具有协议合约性质。

二、物业管理公约的特点

1. 公众约定性

约定性是物业管理公约的突出特点之一。公约虽有约束性，但它不是有关管理部门制定的强制性法规，而是订约单位或订约人自愿协商缔结公共约法。它一般不产生于行政管理部门，而是产生于社会团体或民众之间，有一定的民间特色。它不是正式的法律和法规，对参与者只有道德约束力，没有法律效应。

2. 长期适用性

公约所涉及的内容一般都具有长期的稳定性，因而，公约也具有长期适用性，不会在短时间之内就因为时过境迁而成为废文。制定公约时应该充分考虑到这一点，要选择所有共同关心的、有长期意义的原则性事项写入公约。如果发现原有的公约已经过时，则要讨论制定新的公约来取代它。

3. 集体监督性

公约一经共同认定，就是订约人的行为和道德规范，每个人都有履行公约的义务，不得违反。同时，它也是人们互相监督的依据，每个人也都有以公约为准则监督别人的义务。一旦发现有违背公约的行为，所有人都有权进行批评和谴责。

4. 基本原则性

公约的内容在多数情况下都是一些基本道德准则和精神文明建设的原则要求，一般不涉及具体的行动方法和实施措施，不像细则那样详尽具体，因而公约大多短小精悍。

5. 一致认同性

公约是在一个公共协商的基础上拟定的，应得到每个缔约者的认同。就一般情况而言，有弃权票不影响公约的通过，但有否决票则公约不能被通过，即每个制定者拥有"一票否决权"。在特殊情况下，在有否决票的情况下可以强制通过，但投否决票者可以选择不加入该公约，如《联合国海洋法公约》，美国就没有加入该公约，因此，美国科考船进入中国南海时就不受该公约的约束。

三、物业管理公约的结构和写法

物业管理公约由标题、正文、署名和日期三部分组成。

1. 标题

标题常由制定者、事由和文种三部分组成，如《花园小区业主公约》，也可省略制定者，由事由与文种两部分组成，如《业主公约》。

2. 正文

物业管理公约的正文由前言、主体和结尾组成。

（1）前言。用以概括说明签订公约的目的。如适应范围较小，目的非常明确的公约，也可不写此内容。

（2）主体。条文式写法，将具体内容一一列出。这部分内容最为重要，一定要做到系统完整、层次清楚、言简意明、朴实通畅。

（3）结尾。用来写执行要求、生效日期等。如无必要，可免除这一部分。

3. 署名和日期

对于有些公约而言，署名是很重要的一项，因为署名就意味着承诺，表明遵守公约的意向，表明愿意为违背公约承担责任。特别是在行业公约中，这一点显得更为突出。

四、物业管理公约的写作要求

1. 公众参与

物业管理公约是公众的约定，没有公众的参与就不称其为公约。在写作时一定要让受公约约束的公众参加，畅所欲言，发表意见和看法。把公众的意见归纳起来写成草稿后，要让公众逐条讨论，反复推敲，使公约能真正反映出公众的要求和愿望，维护公共秩序和公众利益。

2. 切实可行

物业管理公约是对公众精神风貌的一种新的要求。写作时一定要做到实事求是、切实可行。经过公众努力确实能做到的，可写进公约。提高公众素质的工作需要一步一步来，公众行为的自觉性和道德水准，并不是一份公约就能提高的。

3. 便于记忆

物业管理公约要公众遵守落实，要见之于行动，必先记忆于脑中。脑中茫茫然，就无法在行动中落实。公约的文字要简练，条文不宜太多，规定要明确具体以便于公众记忆。

五、物业管理公约写作实例

【例文 3-10】

业主公约（示范文本）

为加强本物业公司的管理，维护全体业主的合法权益，维护物业区域内公共环境和秩序，根据国务院《物业管理条例》及有关法规、规章、规范性文件制定本公约。本公约对物业区域内全体业主均具有约束力。

第一章　总则

一、物业基本情况

物业名称：

坐落位置：

总建筑面积：

国有土地使用证明文件政府批文号：

土地用途：

二、遵守物业管理有关法规、政策和本公约规定，执行业主大会和业主大会授权业主委员会作出的决议、决定。配合物业管理企业的各项管理工作，遵守物业管理企业按有关规定和本公约及受业主大会、业主委员会委托制定的管理细则及各项管理规章制度。同时，业主应保证其共居人、使用人及相关人员遵守本公约和相关规定，合理使用物业。

第二章　物业使用和维修

三、按规划设计用途使用物业，合理使用共用部位共用设施设备，自觉维护物业整洁、美观，遵守政府对市容环境要求的相关规定。不擅自变更房屋结构、外貌和用途；占用共用部位和共用设施设备；利用共用部位搭建建筑物、构筑物等。例如，空调外挂设备应按指定位置安装，阳台外和窗外不吊挂和晾晒物品，不擅自张贴或安装可通过外观看到的任何标识牌、广告牌或标语等。

四、爱护公共环境，不侵占公共绿地和损坏物业区域内绿地、园林、小品和其他共用设施设备；不随意堆放、倾倒或抛弃垃圾、杂物；不在共用部位乱涂乱画和随便张贴；垃垃圾应按指定时间和地点堆放，避免遗撒。

五、自觉维护物业区域内的公共生活秩序，不在共用部位或违反规定在房屋内堆放易燃、易爆、剧毒、放射性物品和其他有毒有害物质；不得发出影响其他业主正常生活的噪声；不得利用物业从事危害公共利益的活动，以及进行法律法规与政府规定禁止的其他行为。

六、业主饲养宠物，应遵守《北京市养犬管理规定》及有关法律法规的规定，即时清理宠物粪便；乘坐电梯的，应当避开乘梯的高峰时间：＿＿＿＿＿＿＿。

七、机动车在住宅区内行驶时速度应低于 5 km/h；车辆出入应按要求出示证件：＿＿＿＿＿＿＿。

机动车应在专门的车位停放，禁止在消防通道、消防井盖、人行便道和绿地等场所停放；车位只可用作停放车辆用途，不得在自行在车位上安装任何设置；停放期间，防盗报警器应使用静音，发生噪声应迅速解除：＿＿＿＿＿＿＿。

本物业区域的共用车位使用分配方式为：＿＿＿＿＿＿＿。

例如：留出适当数量的访客车位后，按顺序登记分配/轮换分配/以抽签的方式分配：＿＿＿＿＿＿＿。

八、业主应及时对屋内影响相邻业主权益的损坏部位和设施进行维修；业主发现房屋内属公共维修责任的共用部位和设施损坏时，应及时通知物业管理企业，并采取合理措施防止损失扩大。

九、对异产毗连的物业维修，各相邻业主应积极支持、配合，不得人为阻挠维修。因阻挠维修造成物业及他人人身伤害和财产损失的，阻挠人应承担赔偿责任。

业主应配合物业管理企业和相邻业主必要时进行入户维修，如因该维修而损坏业主利益，应予以修复或适当赔偿损失。

十、如因人为原因造成共用部位共用设施、设备损坏，造成损坏的责任人应负责修复或赔偿损失。

十一、业主需要进行室内装饰装修的，应与物业管理企业签订装饰装修管理服务协议，并遵守有关规定和制度。

装饰装修房屋，应在规定时间施工，不得擅自拆改承重墙、各种管线和破坏防水层等，不得影响共用部位、共用设备设施的正常使用和维修养护及相邻产权人的合法权益，因装饰装修导致共用部位、共用设备设施及其他业主利益受损的，应当承担修复及赔偿责任。

十二、其他条款＿＿＿＿＿＿＿。

第三章　物业服务费用的交纳

十三、按照前期物业服务合同的约定向物业管理企业交纳物业服务费，业主因故不能按期交纳物业服务费用的，应委托他人按期代交或及时补交。对欠缴物业服务费用的业主，业主委员会应进行催缴或委托物业管理企业催缴，采取电话催缴、书面催缴和当面催缴等催缴方式；并可采取相应催缴措施。

例如：1.欠费六个月以上或拒缴物业服务费用的，业主委员会或业主委员会授权物业管理企业在物业区域内显著位置公布欠缴情况；

2. _____。

同时，业主应按时交纳水、电、燃气等能源费用和供暖等费用。

十四、业主如委托物业管理企业对其自用部位和自用设备进行维修、养护和进行其他特约性服务，应支付相关费用。

十五、房屋共用部位共用设施设备专项维修资金

业主应按有关规定交纳和使用专项维修资金，维修资金不敷使用时，应按有关规定续筹。

十六、其他条款

_____。

第四章 其他相关事项

十七、业主在转让或出租其拥有的物业时，应当要求新业主和承租人承诺遵守公约，并于买卖合同或租赁合同签署之日起一个月内，将房屋转让或出租情况告知物业管理企业。

业主转让物业，应与物业管理企业结清物业服务费用；出租物业，约定由承租人交纳物业服务费用的，从其约定，业主负连带交纳责任。

十八、其他条款

例如：不遵守公约和欠费六个月以上的业主不能被选举为业主委员会委员；

_____。

第五章 违约责任和违约纠纷的解决

十九、业主应自觉遵守本公约的各项规定，违反本公约造成其他业主、使用人人身伤害或财产损失的应负赔偿责任。

对业主的违约行为，业主大会、业主委员会、其他业主可督促其改正，也可委托物业管理企业督促其改正。

二十、业主对物业管理服务工作的意见和建议，可直接向物业管理企业提出，也可向业主委员会提出，遇有涉及公共利益的争议应通过业主委员会协调解决，或提交业主大会表决。

二十一、其他条款

_____。

第六章 附则

二十二、本公约如有与法律、法规、规章和规范性文件相抵触的条款，该条款无效，但不影响其他条款的有效性。

二十三、本业主公约经业主大会审议通过，自 年 月 日起生效。

模块小结

本模块主要介绍了物业管理计划、物业管理总结、物业管理简报、物业管理调查报告、

物业管理会议记录、物业管理经济活动分析报告、物业管理述职报告和物业管理公约八部分内容。

(一)物业管理计划

物业管理计划是在物业管理领域内,人们根据一定时期的方针、政策和承担的任务,结合物业管理客观实际情况预先对某一时期的工作,用书面文字所做出的打算和安排。

(二)物业管理总结

物业管理总结是物业管理单位或个人对过去一段时间的工作或一项活动进行全面、系统的回顾和分析评价,判断得失利弊,提高理性认识,从中找出经验教训,引出规律性的认识,用以指导今后工作的书面材料。总结的种类较多,主要有综合性总结和专题总结。

(三)物业管理简报

物业管理简报是物业管理企事业单位编发的一种内部文件,是一种以反映情况、交流经验、传达信息为主要内容的简要报道。

(四)物业管理调查报告

物业管理调查报告是以调查的成果和结论写成的一种书面报告,它以记叙、议论、说明为主要表达方式,内容以挖掘新问题、总结经验、反映情况、揭露矛盾为主体,并鲜明地向人们揭示事物的本质,提出解决问题的办法,指明前进的方向,用以推动各项工作。

(五)物业管理会议记录

会议记录是对会议组织情况及会议上讲话、发言、决定、决议等内容进行记载,以供整理会议文件,存查备考的会议原始记录。

物业管理会议记录根据内容详略,可分为详细性会议记录和摘要性会议记录两种。

(六)物业管理经济活动分析报告

物业管理经济活动分析是物业管理企业根据会计核算资料、统计资料、计划指标及调查研究所掌握的情况,对本部门或本企业的全部或部分经济活动情况进行分析,反映经济活动分析的书面材料,称为经济活动分析报告。

(七)物业管理述职报告

物业管理述职报告是指各级各类机关工作人员,主要是领导干部向上级、主管部门和下属群众陈述任职情况,包括履行岗位职责、完成工作任务的成绩、缺点、问题、设想,进行自我回顾、评估、鉴定的书面报告。

(八)物业管理公约

物业管理公约是物业管理组织、团体或业主为了共同的目的,在自愿基础上,经过充分协商和讨论而订立的共同遵守的道德规范和行为准则。

复习思考题

1. 物业管理计划从不同角度可划分为哪几类?
2. 制订物业管理计划的基本要求有哪些?

3. 总结的作用主要体现在哪些方面？
4. 物业管理简报的写作要求有哪些？
5. 物业管理调查报告按性质可分为哪几类？
6. 物业管理调查报告的写作要求有哪些？
7. 物业管理会议记录根据内容详略可分为哪几类？
8. 物业管理经济活动分析的作用是什么？
9. 物业管理述职报告的特点是什么？
10. 物业管理公约的写作要求是什么？
11. 请搜集相关资料，以××社区党总支的名义拟写一份创建文明社区的工作计划。
12. 以物业管理公司的名义，拟写一份本月物业管理工作简报。

模块四 物业管理招标投标书

学习目标

通过本模块的学习，了解物业管理招标投标与物业管理合同的概念、种类和特点，掌握招标投标书与物业管理合同写作的格式与内容，能够撰写格式规范、内容符合要求的招标投标书。

能力目标

能根据需要写作相应的物业管理招标投标书。

引入案例

××家园物业管理招标书

××家园是××房地产有限责任公司开发建设的小高层、高层住宅小区，2018年竣工，交付使用，地址××路××号。为加强该小区的物业管理，将我市物业管理机制引向深入，决定采用向社会邀请招标的方式聘请物业管理公司进行管理。

一、××家园规划建设基本情况

1. 占地总面积：30 121.72 m²。
2. 总建筑面积：104 325.78 m²。
3. 小高层住宅楼共9栋，中高层住宅楼5栋，高层住宅楼2栋，（其中，二房二厅的住房为295户、三房二厅为320户、大三房二厅为89户、大户型为34户，共738户）。
4. 商铺两层，面积6 308.80 m²。
5. 公用设施及公共场所(地)情况：
(1)绿化面积：待定；
(2)化粪池：待定；

(3)路灯：待定；

(4)垃圾箱：待定；

(5)停车场：2个，地面159个、地下停车场267个；

(6)社区办公：167 m^2；

(7)物业用房：167 m^2；

(8)公厕1座：50 m^2；

(9)垃圾站1座：50 m^2；

(10)托儿所1座：500 m^2。

二、物业管理内容

1. 房屋的使用、维修、养护；

2. 区内公用设施、设备及场所(地)的使用、维修、养护和管理；

3. 环境卫生；

4. 公共生活秩序；

5. 区内车辆行驶及停泊；

6. 社区文化活动；

7. 住宅区档案资料管理；

8. 法律规定及合同规定的其他事项。

三、有关说明

1. 中标单位应根据《××市物业管理条例》及其实施细则和与我公司签订的住宅小区物业委托管理合同对本工程实行统一管理，综合服务，自主经营，自负盈亏。

2. ××家园委托管理的期限为3年。

3. 住宅区物业管理服务费收取标准执行市物价局批准和标准。

4. ××年×月×日为进驻时间。

5. 中标单位应交纳风险抵押金30万元，如不能完成投标指标和市级优秀管理小区物业管理指标，抵押金不予退还，押金期限为3年。

四、物业管理标准及奖罚

1. 物业管理标准执行《全国城市物业管理优秀小区标准及评分细则》及标书、委托管理合同的有关规定。

2. ××房地产公司每年对小区进行考评，如达不到上述规定要求，则可终止委托管理合同，并进行财务审计，由中标单位承担违约和赔偿责任，如达到规定要求，按合同给予奖励。

五、投标、开标时间

1. 各竞投单位应于2018年×月×日前做好标书，密封后送至招标领导小组办公室，逾期按弃权处理。

2. 开标时间另行通知。

六、其他事项

1. 违反招标文件规定及在招标过程中违法、违纪或以任何方式采取不正当竞争手段的，一经查实，由招标小组按规定给予处罚，取消其投标资格。

2. 欢迎社会各界对此招标进行监督和投诉，投诉电话：×××××。

标书的项目和要求：

一、竞投单位拟采用的管理方式、内部管理架构、工作流程等。

二、管理人员配备：管理正、副经理简历、人员数量、各岗位配置等。

三、管理工作必需的物质装备情况。

四、经费收支预算。

五、各项管理规章制度。

六、住宅小区档案建立与管理。

七、各项管理指标的承诺。

1. 房屋完好率；
2. 房屋另修、急修及时率；
3. 房屋另修工程合格率；
4. 消防设施、设备完好率；
5. 路灯完好率；
6. 道路完好率；
7. 排水管和明、暗沟完好率；
8. 消防报警系统完好率；
9. 消防连动系统完好率；
10. 绿化完好率；
11. 用户投诉、回访率；
12. 管理费收缴率。

八、各部门考核细则。

九、社区文化活动。

十、收费标准(可参照市场价格)。

上述项目应逐一列举，要体现出合理、先进、完备、可行，招标领导小组将以此作为评标依据。

招标小组联系人：×××

联系电话：××××××

××房地产开发有限责任公司(印章)

2018年×月×日

物业管理招标投标书包括招标书、投标书、合同等，为使各部门、各单位、各环节招投标活动协调一致，就必须借助于招标投标书来展开工作。招标投标书是管理招标投标活动的有效手段，它对于企业和个人的经济利益保障、企业和个人合法利益维护起着非常重要的作用。

单元一　物业管理招标书

一、物业管理招标书的概念

物业管理招标书是在招标过程中，物业管理招标人为公布招标信息或发出招标邀请，进行资格预审,规范投标工作,向投标人提供的各类规范文体的总称。招标书的编制,直接关系到招标人和投标人双方的利益,因此,招标书的内容要做到详尽齐全,合理合法,以体现招标公开、公平、公正和诚实信用的原则。

二、物业管理招标书的种类和特点

(一)物业管理招标书的种类

按时间可分为长期招标书和短期招标书;按内容及性质可分为企业承包招标书、工程招标书、大宗商品交易招标书;按招标的范围可分为国际招标书和国内招标书。

(二)物业管理招标书的特点

物业管理招标书具有规范性、具体性和竞争性的特点。

1. 规范性

物业管理招标书中的内容必须符合《中华人民共和国招标投标法》(以下简称《招标投标法》),如超越或违反《招标投标法》的规定,将导致招标书无效。

2. 具体性

物业管理招标书是针对某一项目招标的告示性文书,对征招项目、要求和技术质量指示等提供全面情况,因而其内容要求具体,不能模棱两可。

3. 竞争性

物业管理招标书是吸引竞争者加入的一种文书,利用投标者之间的竞争达到优选投标者的做法。这种特性决定了招标书具有竞争性。这种做法有助于投标单位在竞争中改善经营,增加竞争力。

三、物业管理招标书的结构和写法

物业管理招标书一般由标题、正文、结尾三部分组成。

1. 标题

标题写在第一行的中间。常见写法有四种:一是由招标单位名称、招标性质及内容、招标形式、文种四元素构成;二是由招标性质及内容、招标形式、文种三元素组成;三是只写文种名称"招标书";四是广告性标题。

2. 正文

正文由引言、主体部分组成。引言部分要求写清楚招标依据、原因。主体部分要翔实交代招标方式(公开招标、内部招标、邀请招标)、招标范围、招标程序、招标内容的具体要求、双方签订合同的原则、招标过程中的权利和义务、组织领导、其他注意事项等内容。

3. 结尾

招标书的结尾应签具招标单位的名称、地址、电话、电报挂号等,以便投票者参与。

四、物业管理招标书写作注意事项

物业管理招标书写作是一种严肃的工作,要求注意以下几点:

(1)周密严谨。招标书是一种具有法律效应的文件。其内容和措辞要求周密、严谨。

(2)简洁清晰。招标书没有必要长篇大论,只需将要讲的内容简要介绍,突出重点即可,切忌胡乱罗列、堆砌。

(3)注意礼貌。招标书涉及的是交易贸易活动,要遵守平等、诚恳的原则,切忌盛气凌人,也不要低声下气。

五、物业管理招标书写作实例

【例文 4-1】

××房地产开发有限公司前期物业管理招标书

《××国际大厦》物业项目由××房地产开发有限公司开发建设。为推进物业管理服务的市场化运作,现决定按照原建设部《前期物业管理招标投标管理暂行办法》和本市房地产资源局《关于前期物业管理招投标的若干规定》的规定,采用邀请招标的方式选聘本项目的物业管理企业。

一、《××国际大厦》住宅物业基本情况概述

本项目建造的物业类型:写字楼、商场。

地块四至范围:东至××路,西至××路,南至××路,北至××修理厂。

本项目总用地面积为 3 361 m^2。

本项目总建筑面积为 18 568 m^2。其中,地下总建筑面积为 4 273 m^2;地上总建筑面积为 14 295 m^2。

本项目共计建筑物 1 幢;建筑结构为框剪。

本项目的建筑密度为 43.3%;综合容积率为 3.89;绿化率为 30%;绿化面积为 1 007 m^2;集中绿化率为 10%;集中绿化面积为 367 m^2。

本项目规划建设机动停车位 57 个,其中地上停车位 7 个,地下停车位 50 个;按照规划设计建造了非机动车停车位。

本项目已于 2018 年 9 月开工建设,共分一期开发建设。第一期工程计划于 2020 年 6 月竣工并交付使用;整个建设项目计划于 2020 年 6 月全部建成并交付使用。

二、主要设施设备的配置及说明(略)

三、公建配套设施及说明(略)

四、物业管理用房的配置情况

1. 物业管理企业办公用房。

建筑面积为 100 m^2。

坐落位置:

2. 业主委员会活动用房。

建筑面积为 30 m^2。

坐落位置：

五、物业管理的内容与要求

(一)物业管理的内容

1. 物业管理区域内物业共用部位、共用设施设备及场所的使用管理及维修养护；

2. 物业管理区域内物业共用部位、共用设施设备和相关场地的保洁服务；

3. 物业管理区域内公共秩序和环境卫生的维护；

4. 物业管理区域内的绿化养护和管理；

5. 物业管理区域内车辆(机动车和非机动车)行驶、停放及经营管理；

6. 供水、供电、供气、电信等专业单位在物业管理区域内对相关管线、设施维修养护时，进行必要的协调和管理；

7. 物业管理区域的日常安全巡查服务；

8. 物业管理区域内的巡视、检查，物业维修、更新费用的账务管理，物业档案资料的保管；

9. 物业管理区域内业主、使用人装饰、装修物业的行为管理。

(二)物业管理的要求

1. 按专业化的要求配置管理服务人员；

2. 物业管理服务与收费质价相符。

六、投标人的条件

1. 依法注册登记、具有独立法人资格，并有物业管理资质的物业管理企业；

2. 具有经营管理相似物业 5 万 m^2 以上的管理经验。

七、投标文件的编制要求

1. 项目管理机构运作方法及管理制度。

编制项目管理机构、工作职能组织运行图，阐述项目经理(小区经理)的管理职责、内部管理的职责分工、日常管理制度和考核办法目录。

2. 物业维修和管理的应急措施。

(1)业主、使用人自用部位突然断水、断电、无煤气的应急措施；

(2)小区物业管理范围突然断水、断电、无煤气的应急措施；

(3)业主与使用人自用部位排水设施阻塞的应急措施；

(4)雨、污水管及排水管网阻塞的应急措施；

(5)电梯突然停运或机电故障的应急措施；

(6)发生火警时的应急措施。

3. 丰富社区文化，加强业主相互沟通的具体措施。

4. 智能化设施的管理与维修方案。

5. 提供《业主临时公约》的建议稿。

八、投标报价要求

1. 根据本招标文件的要求表明对本项目的物业管理总收费报价金额、分项收费报价金额及测算依据。

报价计算单位为建筑面积____元/（平方米·月）。

2. 说明物业服务费的结算形式：包干制。

九、投标书送达的要求

1. 投标单位应于2020年7月25日17时30分前至招标工作小组领取。

2. 招标人定于2020年7月28日9时30分约请投标人在施工现场集中后，共同踏勘招标物业现场并答疑或电话答疑。

3. 投标单位应根据本招标文件的要求，编制投标书共1套，并加盖投标企业法定代表人印章，密封后于2020年8月15日17时30分截标前，送达招标人指定的投标箱内，招标人将出具收件证明。逾期送达的，视为放弃投标。

投标人在截标前可书面通知招标人补充修改或撤回已提交的投标文件。经补充修改的内容为投标文件的组成部分。投标人在截标后送达经补充修改的投标文件，招标人有权拒收。

4. 投标文件有下列情形之一的，投标文件无效：

（1）未密封的；

（2）未加盖投标单位法定代表人与投标单位印章的；

（3）未能按照招标文件要求编制的；

（4）逾期送达的。

十、开标的时间、地点、方法和程序

1. 开标的时间地址；

2. 开标的方法与程序。

十一、议标标准和议标办法

1. 根据有关规定，本项目的评标委员会成员由建设单位和邀请的有关专家共5人组成。

2. 招标人开标、评标会议定于2020年8月15日9时30分，在××路××号××室召开，根据上述要求，按质按价择优评议。

十二、中标人的确定及物业服务合同的签订

1. 招标人在投标文件截止之日起的20日内（最长不超过30日）确定中标人，并向中标人发出中标通知书。

招标人在向中标人发出中标通知书的同时，将中标结果通知所有未中标的投标人，并返还其投标书。

2. 招标人和中标人在向中标人发出中标通知书发出之日起的30日内，按照招标文件和中标人的投标文件以书面形式签订物业管理服务合同。

十三、其他事项的说明

1. 本招标项目物业管理服务费收费标准，按照中标价格确定。

2. 根据《关于前期物业管理招投标的若干规定》，在投标过程中投标人如有违法、违纪、违规行为的，一经查实取消本次投标资格，已经中标的取消中标资格。

3. 由于中标人悔标而未能在规定时间内与招标人签订管理服务合同的，本次招标投标的全部费用由中标人承担。

4. 投标人应表明对招标人在招标邀请书、招标文件中所提出的规定和要求表示理解；应表明投标书连同招标者的中标通知均具有法律约束力。

5. 投标人应提供公司营业执照、法定代表人证明、物业管理资质等级证书、法人代表的授权委托书等证明文件，并概要介绍本公司的资质等级、以往管理业绩等情况。

十四、招标人及联系方式

招标人：××房地产开发有限公司

单元二　物业管理投标书

一、物业管理投标书的概念

物业管理投标书是对招标书的回答。它是指投标人按招标书的要求，提出应标能力和条件，投送给招标单位的文字材料，随着物业管理市场的发展，通过招标投标方式，决定物业管理权已成为一种趋势。因此，物业管理公司做好投标文件就显得十分重要。

二、物业管理投标书的种类和特点

(一)物业管理投标书的种类

物业管理投标书按内容可分为工程建设项目投标书、大宗商品交易投标书、物业管理投标书、企业租赁投标书、劳务投标书等。

物业管理投标书按投标成员组成可分为个人投标书、合伙投标书、集体投标书、企业投标书等。

(二)物业管理投标书的特点

物业管理投标书具有针对性、真实性和合约性的特点。

(1)针对性。投标与招标的相对性决定了投标书的内容应按照招标书提出的项目、条件和要求而写，因而其针对性强。

(2)真实性。投标书的内容应符合招标书的条款和规定，且无重大偏离与保留，并保证所提供的全部资料的真实性，以使其投标文件对应招标文件的要求。否则，其投标将被拒绝。

(3)合约性。投标书以达成合作、签署合同为目的。

三、物业管理投标书的内容、结构和写法

（一）物业管理投标书的主要内容

1. 物业管理公司简介

物业管理公司不仅要介绍本公司的概况，还要介绍本公司以前管理过或正在管理的物业的名称、地址、类型、数量，特别要指出类似此次招标物业的管理经验和成果，并介绍主要负责人的专业、物业管理经历和经验。

2. 物业管理总体构想

物业管理总体构想主要写明投标物业的特点和日后管理的特点，可列举说明。另外，还要分析住户、租用户对此类物业及管理上的期望、要求等。

3. 介绍服务的内容

（1）开发设计、建设期间的服务内容。简要介绍物业管理公司前期介入所应考虑的问题及其意义，并就各问题进行详细叙述，同时，也可对本投标物业的特别管理提出建议。

（2）物业竣工验收前的服务内容。详细说明员工培训计划、租约条款、管理制度和租用户手册的制定，以及财务预算方案。详细介绍保安服务、清洁服务、维修保养服务、租赁管理服务、其他管理服务的内容。

（3）用户入住及装修期间的服务内容。说明住户入住移交手续的办理、装修工程及物料运送的管理、迁入与安全管理服务。

（4）管理运作服务内容。说明物业管理人力安排，以及保安服务、清洁服务、维修保养服务、财务管理服务、绿化园艺管理服务、租赁管理服务等具体内容。

（5）说明将提供的服务形式、费用和期限。

（二）物业管理投标书的结构和写法

物业管理投标书一般由标题、称谓、正文和落款四部分组成。

1. 标题

标题居中书写，一般由投标单位名称、投标项目名称和文种构成，如《××公司关于××地铁建筑工程投标书》。有的标题由投标单位名称和文种构成，如《××物业公司投标书》。也可直接写为《投标书》。

2. 称谓

称谓也称为抬头，应顶格写。投标书的致送单位应是招标单位或招标办公室。

3. 正文

正文一般包括前言、主体两部分。

（1）前言。说明投标的依据、指导思想和投标意愿。

（2）主体。物业管理投标书的主体写法比较灵活。一般根据招标书提出的目标、要求来介绍投标方的经营思想、经营目标、经营措施、外部条件等情况，说明具备投标的条件、提出投标价、完成招标项目的时间、明确质量承诺和应标经营措施。另外，根据招标人提

模块四　物业管理招标投标书

出的有关要求填写标单等。主体部分力求论证严密、层次清晰、文字简练。

4. 落款

落款要注明投标单位的名称、地址、授权人代表、电话号码、投标日期等。

四、物业管理投标书的写作要求

物业管理企业为了使自己投标书能竞标成功，应特别注意标书的质量，在编写的过程中应做到以下几点。

1. 紧扣标书的要求

在编写投标书、确定方案时，一定要紧扣标书的要求。

首先，要到目标物业进行实地调查，了解物业情况、熟悉周边环境，调查住户（开发商）对物业管理的要求与希望，以及政府对该目标物业管理的有关要求、批文等。然后，根据调查情况，认真客观地进行分析，并结合本企业的实际找出目标物业开展物业管理的优势和劣势。最后，结合本企业物业管理经验，认真拟制管理方案。

这样编写的标书有的放矢、说服力强，能够增加评标专家对该企业物业管理水平的认可。

2. 填写规范、准确

在填写时应确保准确、无遗漏，如重要数据未填写，可能被作为废标处理。不得任意修改填写内容，若填写中有错误而不得不修改，则应由投标方负责人在修改处签字；填写时最好采用打字方式，或用墨水笔工整填写。

3. 体现企业优势

管理企业所做的标书既是对目标物业管理设想的专业方案文件，同时，又是展现本企业的管理优势及特点，向业主委员会（开发商）组建的评标专家推销自己的良机，有助于得到大家的认可与好评。因此，在标书里编写围绕招标文件所提出的各项管理要求的这部分内容时，一定要结合自己的优势展开。

4. 顺应业主委员会的意愿投标

编写投标书时，一定要按照业主委员会（开发商）成立的招标小组所提出的要求组织方案设计，只有这样才能使所做的标书得到评委的认可。

五、物业管理投标书写作实例

【例文 4-2】

××物业投标书

一、投标综合说明书

业主：×××

1. 根据已收到的××市城乡接合部物业招标文件，经考察现场和研究上述招标文件、招标文件补充通知、招标答疑纪要的所有内容后，我方愿以我方所要递交的标书摘要表中的总投标价承担上述物业的全部管理工作。

2. 一旦我方中标，我方保证按招标文件规定履行合同责任和义务。

3. 如我方虚构或伪造有关资质文件参加投标，或在收到中标通知后，未能按中标通知书规定的时间和地点与贵公司签订合同，我公司同意贵公司没收已经交纳的投标保证金。

4. 本投标书相关承诺自开标日起有效期为60个工作日。

5. 除非另外达成协议并生效，招标文件、招标文件补充通知、招标答疑纪要、中标通知书和本投标文件将构成约束我方的合同。

××物业管理有限公司（盖章）

法定代表人：×××

××××年×月×日

二、企业法人地位及法定代表人证明

1. 法定代表证明。

法定代表人资格证明书

单位名称：××物业管理公司

地址：××省××市××街××号

姓名：×××　性别：男　年龄：××岁　民族：汉族

职务：××　技术职称：××　身份证号码：××××

××系××物业管理公司的法定代表人，负责为××物业提供物业管理服务，签署上述物业的投标文件，进行合同谈判，签署合同和处理与之有关的一切事务。

特此证明。

××物业管理有限公司（盖章）

上级主管部门：（盖章）

××××年×月×日

2. 营业执照（略）。

3. 资质证书（略）。

4. 法人代码证书（略）。

三、××物业管理公司简介

××物业管理公司是××××年×月经××市建委核准成立的物业管理一级企业。公司自成立之始就以"严谨、务实"的工作态度，服务于广大业主。公司聘请了××物业管理公司主管为外方顾问，借鉴国外先进物业管理经验，不断健全管理制度，提高人员素质和服务水平，为所接管物业的广大业主提供真诚、周到的专业服务。

公司管理的小区先后荣获"全国城市优秀示范居住小区""全国优秀物业管理居住区"等称号，并且公司顺利通过了英国BSI认证机构的认证，率先成为荣获ISO 9002质量认证证书的物业公司。

四、物业管理前期筹备工作

1. 签订合同后，管理人员、水电工、保安人员等相关人员应提早介入，了解图纸，熟悉房屋结构、性能、水电管道布局，为今后的物业管理与服务打下基础。

2. 整理、建立楼宇的详细资料，如设备档案、资料档案及业主资料等，做到档案齐全。

3. 依据相关文件制定《楼宇管理公约》《业主手册》及员工的规章制度。

4. 协助建设单位提出楼宇公共设施、设备的整改要求。

5. 制订详细的设备设施维修、房屋保养计划和检查制度。

6. 规范各部门的日常管理工作，做好人员调配岗位培训。

7. 入驻时应帮助业主检查房屋质量，协助建设单位做好验收交接，签好入驻房屋验收单。

五、接管后的日常管理服务工作

1. 设接待处，白天有专职管理员接待住户，处理服务范围内的公共性事务，受理住户的咨询和投诉。

2. 安防工作。

(1) 保安人员着装统一、整齐，待人文明礼貌、热情，实行三班制，24小时值班和巡视。

(2) 小区实施24小时电视监控，门卫进出管理严格，来访客人要登记，搬迁货物需由业主开具证明。

(3) 建立消防安全制度，开展消防知识宣传教育活动，配有消防系统设施设备。定期检查消防器械，保证其能随时启动。

(4) 小区出入口设有明显标志，各栋及单元、户有明显标志，制订突发火灾应急方案，设立消防疏散示意图，安装照明设施引路标志，保持紧急疏散通道畅通。

3. 环卫绿化工作。

(1) 针对楼宇内公共楼道、公共部位及商场门前卫生区，管理处派专职卫生员做到垃圾日产日清，楼道每日清扫1次，半月拖洗1次；楼梯扶手每周擦洗2次；路灯、楼道灯每季度清洁1次。

(2) 生活区按幢设立垃圾箱，垃圾实行袋装、定点堆放、定期清运。

(3) 商业网点管理有序，符合卫生标准，无乱设摊点、广告牌现象。

(4) 聘请专职园艺工人对小区内的绿化进行细心保养和修整，为小区提供一个优雅的环境。

4. 房屋及设备、设施管理。

(1) 房屋及设备、设施维修在保修期内应及时反馈给建设单位，协助建设单位与业主进行沟通，以便做好保修工作。

(2) 与业主协商做好房屋公共部位与设备设施的定期保养、保修，以使其得到保值、增值。

(3) 建立设备台账，并设置标志，以示区别。

(4) 对于公共照明及线路、水电维修、安防监控网络，每天完成两次巡查养护，所有设备均按《维保计划》进行维保。

(5)公司每天应派人到楼宇现场检查一次,对于存在的问题,及时提出整改。

六、管理模式

略。

七、人员的选拔和培训管理

1. 人员选拔。

根据本小区的特点及所需的服务要求,适应今后的管理及服务水平,所聘用的各基层管理员将依据其资历及实质管理经验调配合适的工作岗位。

主任:要求大专以上学历,物业管理专业,从业两年以上,具有大型物业管理企业同职位两年以上的工作经验,富有团队协作精神。

管理员:要求大专以上学历,一年以上工作经验,同职位工作一年以上,具有丰富的实践工作经验。

保安员:要求高中以上学历,退伍军人或持保安证,具有在物业管理行业一年以上工作经验。

其他工作人员:要求持相关上岗证件,具备相关工作经验。

2. 培训目标及内容。

略。

3. 培训考核。

略。

八、物业收费价格及收支测算

略。

九、维修基金的管理与使用

略。

十、物业管理服务承诺

我公司秉持"以人为本,科学管理,依法办事,真诚服务"的宗旨,将在小区管理中引进系统工程的方法技术,提高一体化管理水平,始终把服务业主作为管理的重心,不断完善服务体系,提高服务水平,改进服务质量。

十一、接管时的准备工作

略。

十二、便民活动

为了提高业主的工作与生活质量,我公司将提供丰富的便民服务项目,切实提高物业管理综合服务质量。

(1)日常生活家政服务:提供家庭劳务服务、钟点家庭服务、电话留言服务、代办电话开户、代办煤气开户、代办有线电视开通、代订牛奶。

(2)装修:设计咨询、采购咨询、施工咨询、材料咨询。

(3)维修:清洗和安装排风扇、洗衣机、油烟机、空调过滤器、玻璃、灯具、热水器、防盗门。

(4)医疗服务:建立住户健康档案卡,在住户生病时代为联系医院。

(5)商务:传真、复印、打字、代订车票、船票、机票。

从上述文件中深信贵业主已深刻了解到本公司对参加本方案的兴趣与诚意,衷心希望能与贵业主合作此项极富挑战性的综合物业管理规划方案,同时我们也坚信,通过我们的

努力一定会给各位业主创造一个高品位、方便、舒适的生活环境。

投标单位法人代表：×××
签字代表签字：×××
投标单位名称：××物业管理有限公司（盖章）
投标日期：××××年×月×日

单元三　物业管理合同

一、物业管理合同的概念

物业管理合同是指在物业管理活动中，合同当事人，即委托方（甲方）和受托方（乙方），根据有关法律、法规，在自愿、平等、协商一致的基础上制订的共同遵守的协议书。

二、物业管理合同的种类

物业管理合同按不同的分类标准可分为不同的种类。

(1)按时间分类，合同可分为长期合同、中期合同、短期合同。

(2)按内容分类，合同可分为买卖合同，供用电、水、气、热力合同，赠予合同，借款合同，租赁合同，融资租赁合同，承揽合同，建设工程合同，运输合同，技术合同，保管合同，仓储合同，委托合同，行纪合同，居间合同。

(3)按写法分类，合同可分为条款式合同和表格式合同。

(4)按性质分类，合同可分为居住性物业合同和经营性物业服务合同。

(5)按服务所在阶段分类，合同可分为前期物业服务合同和物业服务合同。

三、物业管理合同的特征

(1)物业管理合同是有偿的。物业服务企业处理委托事务，如房屋维修、设备设施养护、治安保卫、消防安全、清洁卫生、园林绿化等所支出的必要费用，应当由业主或受益人承担。

(2)物业管理合同的订立是以当事人相互信任为前提的。任何一方不得通过利诱、欺诈、蒙骗等手段签订合同，一经查实，可以依法起诉，直至解除合同关系。

(3)物业管理合同的内容必须是合法的。应当体现当事人双方的权利与义务的相互平等，并不得与现行的物业管理法律、法规和政策规定相抵触。否则，合同将不受法律保护。

(4)物业管理合同当事人的权利与义务是对等的。物业管理合同的当事人都既享有权利，也有相应的义务，不能只享受权利而不履行自己的义务。

(5)物业管理合同既是诺成性合同又是双务合同。物业管理合同自双方达成协议时成立，故称为诺成性合同；委托人和受托人双方都负有义务，故称为双务合同。

四、物业管理合同的结构和写法

物业管理合同一般包括标题、立合同方、正文和结尾四部分。

1. 标题

标题通常有两种：一种是直接写明物业服务合同的种类，如《前期物业管理合同》；另一种是物业项目名称加上物业服务合同种类，如《××家园小区物业服务合同》。

物业管理分包合同还要加上具体委托业务名称，如《××小区环境绿化承包合同》。

2. 立合同方

立合同方，即签订合同的双方的名称或姓名。自然人应当写全名，单位应按照营业执照上核准的全称来写，不应写简称，位于标题左下方。通常，在后面用括号注明甲方、乙方或供方、需方。如有第三方，可将其称为丙方，以便于文中称呼。

3. 正文

正文是合同的主要部分，主要包括以下内容：

(1)业主委员会和物业管理企业和名称、住所。

(2)物业管理区域的范围和管理项目。

(3)物业管理服务的事项。

(4)物业管理服务的要求和标准。

(5)物业管理服务的费用。

(6)物业管理服务的期限。

(7)违约责任。

(8)合同终止和解除的约定。

(9)当事人双方约定的其他事项。

4. 结尾

结尾部分主要包括落款和附页。

(1)落款。落款包括署名和签订日期。在合同的有效期限和保管条款下方依次写明签订合同当事人的名称、法定通信地址、法人代表、银行账号、签约日期及地点等。法人代表应签字、盖章。

(2)附页。有附件的合同，应注明附件的页数，并将其附在合同的后面。有的合同专列为"附则"一项。

五、物业管理合同写作要求

1. 条款要完备具体

条款应合乎合同的一般写作格式，必备的主要条款都要写入合同。涉及质量标准、数量等可能发生争议的内容要在合同中规定得一清二楚。

2. 语言要准确周密

不少合同纠纷都是因语言的疏漏所致。要注意一些术语的区别,为避免产生漏洞,每一条款的内容也要尽量周密严谨,如标的物不仅要写明数量和质量,而且要写明计量单位、质量的技术要求和标准等。

3. 行文规范清晰

行文格式要合乎合同的规范。另外,还应保持版面的整洁清晰,不能擅自涂改。

六、物业管理合同写作实例

【例文4-3】

××市物业管理合同范本

甲方(委托方):_____业主管理委员会

乙方(受委托方):_____物业管理公司

为加强_____小区(大厦)的物业管理,保障房屋和公用设施的正常使用,为业主创造优美、整洁、安全、方便、舒适、文明的居住环境,根据_____市物业管理方面的法规和政策,经双方友好协商,达成如下协议,以便共同遵守。

第一条 物业管理内容

1. 甲方将位于_____区_____路的_____范围内的物业委托给乙方实行统一管理,综合服务。

2. 管理事项包括:

(1)房屋的使用、维修、养护;

(2)物业范围的公用设施、设备及场所(地)[消防、电梯、机电设备、路灯、走廊、自行车房(棚)、园林绿化地、沟、渠、池、井、道路、停车场等]的使用、维修、养护和管理;

(3)清洁卫生(不含垃圾运到中转站后的工作);

(4)公共生活秩序;

(5)文娱活动场所;

(6)便民服务网点及物业范围内所有营业场所;

(7)车辆行驶及停泊;

(8)物业档案管理;

(9)授权由物业管理公司管理的其他事项。

第二条 委托物业管理形式

承包经营、自负盈亏。

第三条 物业管理期限

委托管理期限为_____年,自____年____月____日起到____年____月____日止。

第四条 双方权利、义务

1. 甲方权利、义务:

(1)根据本合同规定甲方将住宅区委托乙方实行物业管理。

(2)监督乙方对公用设施专用基金的合理使用，并按公用设施专用基金管理办法拨付给乙方。

(3)按市政府规定的比例提供商业用房(总建设面积的____％)____m² 给乙方，按月租金____元租用，并负责办理使用手续。

(4)给乙方提供管理用房____m²(其中办公用房____m²，员工宿舍____m²)，按月租金____元租用。

(5)负责向乙方提供本住宅区工程建设竣工资料一套并在乙方管理期满时予以收回。

(6)不得干涉乙方依法或依本合同规定内容所进行的管理和经营活动。

(7)对乙方的管理实施监督检查，每半年一次考核评定，如因乙方完不成第五条规定的目标和指标或管理不善造成重大经济损失，甲方有权终止合同。

(8)负责确定本住宅区管理服务费收费标准。

(9)委托乙方对违反物业管理法规和规章制度及业主公约的行为进行处理，包括予以罚款、责令停工、责令赔偿经济损失，以停水、停电等措施对无故不缴有关费用或拒不改正违章行为责任人进行催交、催改。

(10)协助乙方做好宣传教育、文化活动，协调乙方与行政管理部门、业主间的关系。

(11)政策规定由甲方承担的其他责任。

2. 乙方责任、权利、义务：

(1)根据有关法律、法规，结合实际情况，制定本住宅区物业管理的各项规章制度。

(2)遵守各项管理法规和合同规定的责任要求，根据甲方授权，对本住宅区物业实施综合管理，确保实现管理目标、经济指标，并承担相应责任，自觉接受甲方检查监督。

(3)根据住宅区内大修、中修的需要制订维修方案，报甲方审议通过后，从公用设施专用基金中领取所需的维修经费。

(4)接受甲方对经营管理过程中财务账目的监督并报告工作，每月向甲方和住宅区管理部门报送一次财务报表，每三个月向全体业主张榜公布一次管理费收支账目。

(5)对住宅区的公用设施不得擅自占用和改变其使用功能，乙方如在住宅区内更改扩建完善配套项目，须报甲方和有关部门批准后方可实施。

(6)乙方须本着高效、精干的原则在本住宅区设置管理机构和人员。

(7)建立本住宅区物业管理档案并负责及时记载有关变更情况。

(8)乙方负责测算住宅区管理服务费收费标准并向甲方提供测算标准与依据，严格按照甲方审议通过的收费标准收取，不得擅自加价。

(9)乙方有权依照甲方委托和业主公约的规定对业主违反公约与物业管理规章制度的行为进行处理。

(10)乙方在管理期满时向甲方移交全部专用房屋及有关财产、全部物业管理档案及有关资料。

(11)开展卓有成效的社区文化活动和便民服务工作。

(12)乙方有权选聘专营公司承担住宅区物业管理的专项业务并支付费用，但不得将住

模块四　物业管理招标投标书

宅区物业管理的整体责任及利益转让给其他人或单位。

第五条　物业管理目标和经济指标

1. 各项管理指标执行物业行政主管部门规定的各项标准，要求住宅区在乙方接管后____年内达到____标准。

2. 确保年完成各项收费指标____万元，合理支出____万元，乙方可提成所收取管理费的____％作为经营收入。

第六条　风险抵押

1. 乙方在合同签订之日起3日内向甲方一次性支付人民币____元，作为风险抵押金。

2. 乙方完成合同规定的管理目标和经济指标，甲方在合同期满后3日内退还全部抵押金及银行活期存款利息。

3. 如由于甲方过错致使本合同不能履行，由甲方双倍返还抵押金并赔偿乙方经济损失。

4. 如由于乙方过错致使本合同不能履行，乙方无权要求返还抵押金，并应赔偿甲方经济损失。

第七条　奖罚措施

1. 在各项管理目标、经济指标全面完成的前提下，管理费如有节余，甲方按节余额____％奖励乙方。

2. 如该住宅区被评为全国、省、市文明住宅小区，甲方分别奖励乙方人民币____元（全国）、____元（省）、____元（市）；获得上级部门单项奖或有关荣誉的奖金另计；如在乙方管理期间，由乙方获得的文明小区称号被上级部门取消，则乙方应全部返还上述奖金及银行活期存款利息。

3. 如果甲方没有完成应负的合同责任，由此而影响乙方的承包管理目标和经济指标，或给乙方造成直接经济损失，甲方应当给予补偿或承担相应责任。

4. 如果乙方没有完成合同责任或管理目标和经济指标，甲方应当责成乙方限期改正，情节严重的处以人民币____至____元的罚款，直至终止合同，经济损失由乙方承担。

5. 由于乙方管理不善或重大失误造成住户经济损失或生活严重不便的，应当由乙方赔偿甲方或业主及使用人的经济损失。

第八条　合同更改、补充与终止

1. 经双方协商一致，可对本合同条款进行修订、更改或补充，以书面合同为准。

2. 合同规定的管理期满，本合同自然终止，各方如欲续订合同，须于期满前3个月向对方提出书面意见。

3. 合同终止后，乙方可参加甲方的管理招标并在同等条件下优先承包管理。

第九条　其他事项

1. 本合同执行期间，如遇不可抗拒的自然灾害（如台风、洪水、地震等），造成经济损失的，双方应相互体谅，共同协商，合理分摊。

2. 本合同自签订之日起生效；附件1、2、3、4、____、____为合同的有效组成部分。

3. 本合同一式三份，由甲、乙双方和物业管理部门各执一份，具有同等法律约束力。

4. 双方如对合同发生争议，协商不成的，可提请物业管理部门调解，或诉至人民法院。

5. _____。

6. _____。

甲方(盖章)：_____ 乙方(盖章)：_____

代表(签名)：_____ 代表(签名)：_____

时间：____年____月__日

【例文 4-4】

前期物业管理服务合同

本合同当事人

甲方：_____

乙方：_____

甲方是指：房地产开发单位或其委托的物业管理企业；公房出售单位或其委托的物业管理企业。

乙方是指：购房人(业主)。

前期物业管理是指：自房屋出售之日起至业主委员会与物业管理企业签订的《物业管理合同》生效时止的物业管理。

本物业名称：_____

乙方所购房屋销售(预售)合同编号：_____

乙方所购房屋基本情况：

类　型_____

坐落位置_____

建筑面积_____ m²

根据有关法律、法规，在自愿、平等、协商一致的基础上，在乙方签订《房屋买卖(预售)合同》时，甲、乙双方就前期物业管理服务达成如下协议。

第一条　双方的权利和义务

一、甲方的权利和义务

1. 对房屋共用部位、共用设施设备、绿化、环境卫生、保安、交通等项目进行维护、修缮、服务与管理；

2. 根据有关法规和政策，结合实际情况，制定本物业的物业管理制度和《物业使用守则》并书面告知乙方；

3. 建立健全本物业的物业管理档案资料；

4. 制止违反本物业的物业管理制度和《物业使用守则》的行为；

5. 物业管理企业可委托专业公司承担本物业的专项管理与服务业务，但不得将本物业的整体管理责任转让给第三方；

6. 依据本协议向乙方收取物业管理费用；

7. 编制物业管理服务及财务年度计划；

8. 每____个月向乙方公布物业管理费用收支账目；

9. 提前将装饰装修房屋的注意事项和限制条件书面告知乙方，并与乙方订立《房屋装饰装修管理协议》；

10. 不得占用本物业的共用部位、共用设施设备或改变其使用功能；

11. 向乙方提供房屋自用部位、自用设施设备维修、养护等有偿服务；

12. 自本协议终止时起 5 日内，与业主委员会选聘的物业管理企业办理本物业的物业管理移交手续，物业管理移交手续须经业主委员会确认；

13. _____。

二、乙方的权利和义务

1. 参加业主大会或业主代表大会，享有选举权、被选举权和监督权。

2. 监督甲方的物业管理服务行为，就物业管理的有关问题向甲方提出意见和建议。

3. 遵守本物业的物业管理制度和《物业使用守则》。

4. 依据本协议向甲方交纳物业管理费用。

5. 装饰装修房屋时，遵守《房屋装饰装修管理协议》。

6. 不得占用、损坏本物业的共用部位、共用设施设备或改变其使用功能。因搬迁、装饰装修等原因确需合理使用共用部位、共用设施设备的，应事先通知甲方，并在约定的期限内恢复原状，造成损失的，给予赔偿。

7. 转让房屋时，事先通知甲方，告知受让方和甲方签订本协议。

8. 对承租人、使用人及访客等违反本物业的物业管理制度和《物业使用守则》等造成的损失、损害承担民事责任。

9. 按照安全、公平、合理的原则正确处理物业的给水排水、通风、采光、维修、通行、卫生、环保等方面的相邻关系，不得侵害他人的合法权益。

10. _____。

第二条　物业管理服务内容

一、房屋共用部位的维护和管理

共用部位是指房屋主体承重结构部位（包括基础、内外承重墙体、柱、梁、楼板、屋顶等）、户外墙面、门厅、楼梯间、走廊通道、_____等。

二、房屋共用设施设备及其运行的维护和管理

共用设施设备是指共用的上下水管道、落水管、水箱、加压水泵、电梯、天线、供电线路、通信线路、照明、锅炉、供热线路、供气、线路、消防设施、绿地、道路、路灯、沟渠、池、井、非经营性车场（车库）、公益性文体设施和共用设施设备使用的房屋、_____等。

三、环境卫生

1. _____
2. _____
3. _____

四、保安

1. 内容

(1) _____

(2) _____

(3) _____

2. 责任

(1) _____

(2) _____

(3) _____

五、交通秩序与车辆停放

1. 内容

(1) _____

(2) _____

(3) _____

2. 责任

(1) _____

(2) _____

(3) _____

六、房屋装饰装修管理

见附件：《房屋装饰装修管理协议》

第三条 物业管理服务质量

一、房屋外观

1. _____

2. _____

二、设备运行

1. _____

2. _____

三、共用部位、共用设施设备的维护和管理

1. _____

2. _____

四、环境卫生

1. _____

2. _____

五、绿化

1. _____

2. _____

六、交通秩序与车辆停放

1. _____
2. _____

七、保安

1. _____
2. _____

八、消防

1. _____
2. _____

九、房屋共用部位、共用设施设备的小修和急修

小修

1. _____
2. _____

急修

1. _____
2. _____

第四条 物业管理服务费用（不包括房屋共用部位、共用设施设备大中修、更新、改造的费用）

一、乙方交纳费用时间：_____；

二、住宅按建筑面积每月每平方米_____元；

三、非住宅按建筑面积每月每平方米_____元；

四、因乙方原因空置房屋按建筑面积每月每平方米_____元；

五、乙方出租物业时，物业管理服务费用由乙方交纳；

六、乙方转让物业时，须交清转让之前的物业管理服务费用；

七、物业管理服务费用标准按_____调整；

八、每次交纳费用时间：_____。

第五条 其他有偿服务费用

一、车位及其使用管理服务费用

机动车：

1. _____
2. _____

非机动车

1. _____
2. _____

二、有线电视

1. _____
2. _____

三、_____
四、_____

第六条 代收代缴收费服务

受有关部门或单位的委托，甲方可提供水费、电费、燃（煤）气费、热费、房租等代收代缴服务（代收代缴费用不属于物业管理服务费用），收费标准执行政府规定。

第七条 维修基金的管理与使用

一、根据_____规定，本物业建立共用部位、共用设施设备保修期满后大中修、更新、改造的维修基金。乙方在购房时已向_____交纳维修基金_____元。

二、维修基金的使用由甲方提出年度使用计划，经当地物业管理行政主管部门审核后划拨。

三、维修基金不敷使用时，经当地物业管理行政主管部门审核批准，按乙方占有的房屋建筑面积比例续筹。

四、乙方转让房屋所有权时，结余维修基金不予退还，随房屋所有权同时过户。

五、_____。

第八条 保险

一、房屋共用部位、共用设施设备的保险由甲方代为办理，保险费用由全体业主按各自所占有的房屋建筑面积比例分摊；

二、乙方的家庭财产与人身安全的保险由乙方自行办理；

三、_____

第九条 广告牌设置及权益

一、_____
二、_____
三、_____

第十条 其他约定事项

一、_____
二、_____
三、_____

第十一条 违约责任

一、甲方违反协议，未达到管理服务质量约定目标的，乙方有权要求甲方限期改正，逾期未改正给乙方造成损失的，由甲方承担相应的法律责任。

二、乙方违反协议，使甲方未达到管理服务质量约定目标的，甲方有权要求乙方限期改正，逾期未改正给甲方造成损失的，由乙方承担相应的法律责任。

三、甲方违反协议，擅自提高收费标准或乱收费的，乙方有权要求甲方清退所收费用，退还利息并支付违约金。

四、乙方违反协议，不按本协议约定的收费标准和时间交纳有关费用的，甲方有权要求乙方补交并从逾期之日起按每天_____交纳违约金，或_____。

五、_____。

第十二条　为维护公众、业主、使用人的切身利益，在不可预见情况下，如发生煤气泄露、漏电、火灾、水管破裂、救助人命、协助公安机关执行任务等突发事件，甲方因采取紧急措施造成乙方必要的财产损失的，双方按有关法律规定处理。

第十三条　在本协议执行期间，如遇不可抗力致使协议无法履行，双方按有关法律规定处理。

第十四条　本协议内空格部分填写的文字与印刷文字具有同等效力。本协议中未规定的事宜，均遵照国家有关法律、法规和规章执行。

第十五条　本协议在履行中如发生争议，由双方协商解决或向物业管理行政主管部门申请调解；协商或调解无效的，可向_____仲裁委员会申请仲裁，或向人民法院起诉。

第十六条　本协议正本连同附件共_____页，一式两份，由甲、乙双方各执一份，具有同等法律效力。

第十七条　在签订本协议前，甲方已将协议样本送_____（物业管理行政主管部门）备案。

第十八条　本协议自签字之日起生效。

甲方签章：_____　　乙方签章：_____
代 表 人：_____　　代 表 人：_____

模块小结

本模块主要介绍了物业管理招标书、物业管理投标书、物业管理合同三部分内容。

（一）物业管理招标书

物业管理招标书是在招标过程中，物业管理招标人为公布招标信息或发出招标邀请，进行资格预审，规范投标工作，向投标人提供的各类规范文体的总称。招标文书的编制直接关系到招标人和投标人双方面的利益，因此，招标文书的内容要做到详尽齐全、合理合法，以体现招标公开、公平、公正和诚实信用的原则。

（二）物业管理投标书

物业管理投标书是对招标书的回复，它是指投标人按招标书的要求提出应标能力和条件，投送给招标单位的文字材料，随着物业管理市场的发展，通过招标投标方式决定物业管理权已成为一种趋势，因此，物业管理公司做好投标文件就显得十分重要。

（三）物业管理合同

物业管理合同是指在物业管理活动中，合同当事人，即委托方（甲方）和受托方（乙方），根据有关法律、法规，在自愿、平等、协商一致的基础上制订的共同遵守的协议书。

复习思考题

1. 什么是物业管理招标书？
2. 物业管理招标书的种类和特点是什么？

3. 物业管理招标书写作时应注意哪些事项？
4. 什么是物业管理投标书？
5. 物业管理投标书具有哪些特点？
6. 物业管理投标书主要包括哪些内容？
7. 物业管理合同按不同分类标准可划分为哪几类？
8. 物业管理合同写作有哪些要求？
9. 下面是一份房屋租赁合同。该合同有哪些不妥之处？

<h3 style="text-align:center">房屋租赁合同</h3>

出租方（简称甲方）：×××

承租方（简称乙方）：×××

根据有关法规，经甲、乙双方协商一致同意订立租赁合同，条款如下。

一、房屋条件和租赁期限

第一条　甲方将拥有产权的××市××区×××的房屋（建筑面积120平方米），出租给乙方作居住使用。

第二条　租期共8个月，从2018年1月5日起至2018年9月5日止。

二、房屋租赁租金

第三条　该房屋每月租金为人民币柒仟元整，乙方于每月28日前向甲方交付租金，甲方须开具收据或发票给乙方。

三、双方违约责任

第四条　乙方必须依约交付租金，如有拖欠租金，甲方每天按月租金的5％加收滞纳金，拖欠租金达30天以上，甲方有权收回房屋，并有权拒绝退还履约保证金。

第五条　甲方应承担房屋工程质量及维修的责任，乙方不得擅自改变房屋结构和用途。乙方因故意或过失造成租用房屋及其配套设施、室内财物毁坏，应恢复房屋原状或赔偿经济损失。

第六条　租赁期间，若甲方要收回房屋，必须提前一个月书面通知乙方，同时退还两倍的履约保证金；若乙方需要退租，也必须提前一个月书面通知甲方，同时不得要求退还履约保证金。

第七条　租赁期间，乙方未经甲方同意，不得将房屋转租给第三方。租赁期满或解除合同时，乙方需结清费用后退还房屋给甲方；如需续租须提前一个月与甲方协商，若逾期不退还房屋又未续租，甲方有权收回房屋。

四、其他约定

第八条　本合同经签字或盖章后即时生效，一式三份，甲、乙双方各执一份，经纪方一份。

出租人（或委托代理人）：　　　　　　承租人（或委托代理人）：

签名（盖章）：　　　　　　　　　　　签名（盖章）：

××××年×月×日　　　　　　　　　××××年×月×日

模块五 物业管理专项业务文书

学习目标

通过本模块的学习，了解物业管理专项业务文书的种类和各文种的使用条件，掌握物业管理专项文书写作格式和内容，并撰写格式规范、内容符合要求的物业管理专项业务文书。

能力目标

能根据需要写作相应的物业管理专项业务文书。

引入案例

元旦放假的温馨提示

尊敬的各位业主/住户：

您好！

新年将至，我公司恭祝大家新年快乐，万事如意！为了大家能过一个安全、温馨和舒适的节日，我公司在加强各小区出入口控制和日常巡逻的同时，提醒各位业主与住户：

1. 如您外出，注意关好门窗及水、电、气的开关，同时请保管好自己的贵重物品，不要将大额现金留存家中，以免发生火灾和失窃。

2. 请您将车辆停放在指定位置，并检查确认车门、车窗是否完全锁住，以免造成经济损失；如您长时间外出，而车辆停放在小区内，请及时告知管理处。

3. 请不要随意给陌生人开门，以防不测。

4. 在使用家用电器及天然气时，请注意用电用火安全，切勿违规操作。

5. 请将自家阳台上摆放的物品移至安全地方，以避免高空坠物；同时，也请楼上住户

模块五　物业管理专项业务文书

不要将物品向楼下丢弃，以免伤及楼下行人及车辆和影响小区的卫生状况。

6．根据派出所要求，商铺的商家在节日期间如要歇业，店内请留人值守（特别在夜间），营业结束后不要将贵重物品（如计算机等）放置在店面上，以防失窃。

7．请照看好自己的小孩，不要在水池边玩耍及在小区内燃放烟花爆竹，预防溺水及火灾事件的发生。

××物业管理有限公司（印章）

××××年×月×日

物业管理专项业务文书是专属于物业管理工作中的特定文书，如各种入住手续文书、装修管理文书、物业管理告知类文书等。

单元一　入住手续文书

入住手续文书是指业主在办理入住手续时所要知晓、参照、鉴定的有关文书。其主要包括入住通知书、入住手续书、收楼须知、缴款通知书等。这些文书都由物业管理企业负责拟定，并以开发商和物业管理企业的名义，在业主办理入住手续之前寄发给业主。在办理入住前，物业管理服务企业还应准备入住所需的各类表格，如业主（租户）收楼登记表、业主（租户）入住验户表、钥匙发放登记表、房屋保修登记表等，供办理入住手续时使用。

一、入住通知书

入住通知书就是通知业主在规定时间办理入住手续的文书。物业管理企业在制作入住通知书时应注意以下问题：

（1）一般情况下，一个管理项目内入住的业主是几百家甚至上千家，为避免集中在同一时间内办理，使手续办理产生诸多困难，应在通知书上注明各幢、各层分期分批办理的时间，以方便业主按照规定时间前来办理。

（2）如业主因故不能按时前来办理，应在通知书上注明补办的办法。

【例文 5-1】

入住通知书

尊敬的先生/女士：

您好！恭喜您成为××园的业主，您所认购的××园××楼××号房屋现已经市建委验收合格，达到入住条件。

现正式确定您的入住时间为××××年×月×日上午。

1．请您接到本通知后按确定的时间前来办理入住手续。房地产公司、物业管理公司将在现场集中办理各类手续,并一次办完,为您提供一站式服务。办理入住手续所需资料和文件见《办理入住手续所需个人资料、交纳相关费用一览表》。

入住手续办理地点:(略)。

入住手续办理时间:(略)。

2. 如您无法亲自前来,也可委托他人代办。代办需带齐您的委托书、您的身份证以及所有资料原件。

3. 本次办理入住手续不收支票,请您持带有"银联"标志的银行卡进行现场交费。产权代办费、物业管理相关费用须用现金交纳。

咨询电话:

特此通知。

××地产有限公司(印章)
××物业管理公司(印章)
××××年×月×日

二、入住手续书

入住手续书是物业管理企业为方便业主,让其了解办理入住手续的具体程序而制定的文书。一般在入住手续书上都留有有关部门的确认证明。业主每办完一项手续时,均由有关部门在上面盖章证明。

【例文 5-2】

入住手续书

女士/先生:

您所认购的_____花园_____区_____栋_____单元_____室楼宇,现已交付使用具备入住条件,请阅读收楼须知,按下列顺序办理入住手续。

(一)在房地产公司财务部办理手续

1. 付清购楼余款。

2. 携带已缴款的各期收据交财务部验证、收回并开具总发票。

3. 在入住手续(1)上盖章。

(二)在房地产公司地产部办理手续

1. 验清业主身份。业主如有时间应亲临我公司接收楼宇,并请携带:入住手续书;业主身份证、港澳台同胞购房证明、护照或居住证;购房合同。

2. 若业主不能亲临收楼,可委托代理人代收,代理人除携带入住手续书、购房合同外,还应出具:业主的授权书(由律师鉴证);业主身份证或护照的影印本;代理人的身份证或护照。

3. 在入住手续(2)上盖章。

(三)在物业服务企业财务部办理手续

1. 缴付各项管理费用。预收不超过 3 个月的管理费;收取装修保证金,住房装修完毕,验收不损坏主要房屋结构的,装修保证金如数退还;收取建筑垃圾清运费,业主装修完毕,自己清运完建筑垃圾即如数退还。

2. 缴付其他费用。如安装防盗门、安装防盗窗花等。

3. 在入住手续(3)上盖章。

(四)在物业服务企业管理处办理手续

1. 签署《临时管理规约》。

2. 介绍入住的有关事项。

3. 签署楼宇交接书,向业主移交楼宇钥匙。

4. 业主本人在入住手续(4)上盖章或签字,交物业服务企业保存。

(1)××房地产公司财务部。　　(2)××房地产公司地产部。

```
┌─────────────┐      ┌─────────────┐
│  已付清楼款   │      │  入住资格审查  │
│   特此证明   │      │   特此证明   │
│    盖章     │      │    盖章     │
└─────────────┘      └─────────────┘
```

(3)物业服务企业财务部。　　(4)物业服务企业管理处。

```
┌─────────────┐      ┌─────────────┐
│ 已付清各项入住费用 │      │  入住手续完毕  │
│   特此证明   │      │   特此证明   │
│    盖章     │      │    盖章     │
└─────────────┘      └─────────────┘
```

××房地产开发公司(印章)

××物业服务公司(印章)

2020年×月×日

三、收楼须知

收楼须知是告知业主在办理入住手续时应携带的各种证件、合同、费用及应注意事项的文件。

【例文 5-3】

收楼须知

女士/先生:

　　欢迎阁下成为_____楼宇的新业主!

　　我公司为提供良好的管理服务,兹先介绍有关收楼事项和收楼程序,避免您在接收新楼时产生遗漏而带来不便。望您能认真阅读，务勿遗忘。

一、在房地产公司财务部办理手续

1. 付清购房余款。

2. 携带已缴款的各期收据交财务部验证、收回并开具总发票。

3. 在入住手续(1)上盖章。

二、在房地产公司地产部办理手续

1. 验清业主身份。业主如有时间请亲临我公司接收物业，敬请携带：入住手续书；业主身份证、港澳台同胞购房证明、护照或居住证；购房合同。

2. 若业主不能亲临收楼，可委托代理人。代理人除携带入住手续书、购房合同外，还应出具：业主的授权书（由律师鉴证）；业主身份证或护照的复印件；代理人的身份证或护照。

3. 在入住手续(2)上盖章。

三、在物业管理公司财务部办理手续

1. 缴付各项管理费用。预收不超过3个月的管理费；收取建筑垃圾清运费，业主装修完毕，自己清运完建筑垃圾即如数退还。

2. 缴付其他费用。如安装防盗门、安装防盗窗花等。

3. 在入住手续(3)上盖章。

四、在物业管理公司管理处办理手续

1. 介绍入住的有关事项。

2. 验收房屋。

3. 签署《业主公约》，领取住户手册。

4. 向业主移交钥匙。

5. 业主本人或委托人在入住手续书(4)上盖章或签字，交物业管理公司保存。

五、您在收楼时，请认真检查室内设备、土建、装修是否有缺少、损坏等质量问题。如有投诉，请在收楼时书面告知，物业管理公司将代表业主利益向开发商协商解决。

六、根据园区承建合同，楼宇保修期为两年。两年内如有工程质量所导致的问题，承建单位将负责为业主修缮。但因使用不当所导致的问题，则由业主自行支付修缮费用。

七、您可以对所购房屋进行室内装修，请认真阅读《房屋使用说明书》，保证绝对不影响楼宇建筑结构和公共设施。装修前，须向物业管理公司提出书面申请，获准后方可进行。

××房地产开发公司(印章)

××物业管理公司(印章)

2020年×月×日

四、缴款通知书

缴款通知书是物业管理公司通知业主办理入住手续时，应该交纳的款项及具体金额的文书。

【例文 5-4】

缴款通知书

公司/女士/先生：

您好！您所购买的_____大厦_____层_____室房屋已经竣工。按购房合同规定，您来办理入住手续时，请同时交纳以下款项：

1. 购房余款，计人民币_____元。
2. 预收_____个月管理费，计人民币_____元。
3. 水电管理备用金，用于供水、供电、机电、电梯、消防等重要设备的更新及突发事故抢修时的储备资金，计人民币_____元。
4. 装修管理费，装修完毕按规定退还，计人民币_____元。
5. 建筑垃圾清运费，用于清理业主入住装修时产生的建筑垃圾所预收的管理费，装修完毕后按规定清退。计人民币_____元。
6. 其他费用(具体列出项目及金额供业主选择)。

_____房地产开发公司(印章)

_____物业管理公司(印章)

2020 年×月×日

五、楼宇验收书

楼宇验收书是物业管理企业为方便业主对房屋验收而制定的文件，目的是对验收中发现的问题进行系统记录，督促建设单位及时整改。

【例文 5-5】

楼宇验收书

××园____区____栋____单元____室业主××于×年×月×日在物业服务公司管理处××的陪同下入楼验收，检查了所购房屋的建筑质量和初装情况，认为：

(1)对房屋质量无任何异议。

(2)发现有以下质量问题：

① _____
② _____
③ _____

请开发商予以解决。

业主签字：　　　　　　　　　　　　　物业服务公司(代表)签字：

　　年　　月　　日　　　　　　　　　　　　年　　月　　日

六、楼宇交接书

楼宇交接书是业主在验收并确认可以接受所购房屋后，与开发商签订的书面文件。

【例文 5-6】

楼宇交接书

甲方：××房地产开发公司

乙方：××(业主)

甲方所开发的××小区已经竣工，并经××市有关部门鉴定合格。业主购买的××园_____区____栋____单元_____室已经具备入住条件，可以入住。开发商和业主双方均同意签署本楼宇交接书，以便开发商将业主所购买的该单元房屋通过本楼宇交接书正式移交给业主。

现业主已经检查了该单元的建筑质量和初装情况。双方一致认为，该单元可以交付给业主，业主可以接受该单元。因此，双方签订本交接书，并确认以下条款。

（1）双方确认，自×年×月×日起，该单元由开发商交付给业主。

（2）业主在此确认，确已收到该单元的钥匙。

（3）开发商确认，尽管该单元已交付给业主，但其仍负有《商品房买卖合同(预售)》《商品房买卖合同》补充协议中规定的保修义务。

（4）业主同时确认，该单元的建筑质量和装修质量符合双方所签订的《商品房买卖合同(预售)》《商品房买卖合同》补充协议的规定，业主并无异议。

（5）双方一致同意，有关业主购买的该单元产权登记事宜，均委托××律师事务所办理，开发商予以协助。有关税费按国家规定分别由双方各自承担。

（6）本交接书自双方签字之日起生效。

（7）本交接书一式两份，双方各执一份。

开发商(代表)签字：　　　　　　　　　　　业主签字：

　　年　　月　　日　　　　　　　　　　　　年　　月　　日

单元二　装修管理文书

装修管理文书是指业主在从申请装修到装修运作直至装修验收整个装修过程中所要知晓、参照、办理的有关文书和表格。装修管理文书主要包括装修指南、室内装修施工许可证、违章通知书、装修施工责任承诺书等。除此之外，物业管理企业还会准备装修管理所需各类表格供装修管理使用。

一、装修指南

装修指南是指根据国家与所在地行业主管部门房屋装饰装修有关规定，以及所管辖房屋建筑结构、装饰装修要求等具体情况而编制的，告知业主或使用人装修审批应准备的资料、申请程序、装修过程应遵守的具体要求等内容的文书。

【例文 5-7】

××大厦装修指南

一、总则

为指引业主/用户的装修工作，规范装修行为，保证大厦在装修期间能正常运作，特制定本指南。

××大厦的物业管理包括装修管理，由××物业管理公司承担。

二、装修申请

业主/用户的室内装修，须于装修入场前15天向大厦物业管理公司业务部门书面申请，并提交装修方案。

装修方案包括以下资料：

(1)装修平面图。

(2)装修用料，如隔墙、顶棚、地面等的用料。

(3)照明系统和电源布线图。

(4)给水排水系统要求。

(5)需要新做或更改的中央设备系统。

(6)维修检查出口的位置。

(7)顶棚平面设计图。

(8)各立面图。

(9)橱窗及招牌的设计。

三、审批装修方案

物业管理公司在收到业主/用户的装修方案后7天内予以答复。对不符合规范或资料不全的，业主/用户按要求进行修改，重新提交审批。

四、装修保证金

为确保装修期间的废物清理，不损坏大厦共用设备设施、不违反装修管理规定，业主/用户的装修须交一定数额的保证金，保证金标准根据装修工程量大小而定，但每个房间最少不低于2 000元。装修工程完工后，经物业管理公司确认无任何扣罚后，保证金悉数退还。如装修工程有扣罚赔偿行为，在扣除应罚应赔款后将余额退还业主/用户；如果保证金不足以支付所有费用，物业管理公司有权追收不足金额。

五、装修监管费及水电费

业主/用户进行装修工程须向物业管理公司支付装修监管费，用于消防安全、场地及设备的保护、电梯的使用、公共安全、场地清洁、施工监管等方面的支出。装修监管费的标准相当于最终方案总工程价款的5%，最少不低于建筑面积10元/m^2。装修期间所发生的水电费用由业主/用户支付。

六、保险

为防止装修期间的施工可能出现的事故而招致损失，物业管理公司视装修工程情况可要求业主/用户购买装修工程的保险。

七、防火负责人

业主/用户应指定装修施工单位的负责人为防火责任人，并在防火责任书上签字。

八、装修施工责任承诺书

业主/用户在装修申请获批准之前，须在装修施工责任承诺书上签字，承诺遵守本装修指南所列的全部规定。

九、装修施工许可证

业主/用户按规定提交装修方案，交纳装修费用，在承诺书上签字后，物业管理公司向业主/用户出具装修施工许可证。

十、装修工作开始

业主/用户领取装修许可证后即可办理施工人员出入证、材料运进证等，装修工程便可开始。

十一、装修验收

装修工程完工后，业主/用户应书面通知物业管理公司验收。物业管理公司检查装修工程是否符合装修方案的要求、施工中有无违反装修守则、费用有否缴足等；如无问题，即予验收通过，退还装修保证金。

十二、装修守则

业主/用户的室内装修，必须遵守以下规定：

(1)所有消防、空调、给水排水及煤气的施工，必须由专业施工单位进行。请与物业管理公司联系，以取得专业施工单位的名单。喷淋系统一般不予改动，如遇特殊情况必须改动时，要符合现行消防设计规范。物业管理公司收取配合施工作业的管理费，并要求在限定时间内完成。

(2)所有电器的安装都应遵照市供电局的有关规定，所有电线一定要保护在镀锌管内。未征得物业管理公司同意，绝对不得将电线直接嵌入大厦的任何部分。

(3)除大厦所提供的招牌灯箱位置外，其他位置一律不可以装设店徽或标牌。

(4)不得安装面向公共走廊或会对其他商户或顾客造成骚扰或影响的音响。

(5)所有门不得敞开伸入到一般的公共区域，包括走廊或电梯厅。

(6)所有装修不能影响建筑物外观，装修不能凸出于公共走廊。

(7)若改动房间，如隔断，不能影响空调回风。

(8)除得到物业管理公司批准外，所有内部隔墙均应是质量轻和干式结构的，尽量采用防火材料，符合防火要求。

(9)不能更改任何消防卷帘。

(10)所有装修或家具不能在消防卷帘的上下方或阻挡消防卷帘开关箱或导轨。

(11)不能阻挡消防通道、走火门、紧急出路灯箱、消火栓。

(12)不能阻挡空调机房的回风及进出空调机房的通道和维修空间。

(13)不能改变防烟门、玻璃门的功能和位置。

(14)吊顶如不是上人吊顶,应在每一个风门、每一个盘管风机、每一个水管阀门、每一个消防卷帘的马达及电源箱下加设检查口。

(15)不得在玻璃幕墙结构上打孔或粘贴任何类型的设施。一切装置不得触到幕墙系统的结构组件或任何一部分。紧靠幕墙的商铺内间隔不得固定在幕墙系统上。

(16)在未获得物业管理公司的书面批准下,不得挖槽、切割、砍凿或雕刻结构楼面及与邻铺共同之隔墙。

(17)业主/用户应在施工前获得所有当地政府部门的一切有关批准,特别是应急管理部消防救援局的有关批准。

(18)物业管理公司的任何审批均并不代表对方案中的技术参数的认可,同时物业管理公司也不保证方案中所需设备材料的规格、性能及效果。设备与材料如发生问题而引致任何后果,概由业主/用户负责。

(19)业主/用户应对房/商铺完工后的情况负责,即使按审批方案完工后发现其房/商铺空调通风或其他系统影响他人或整体系统运作,物业管理公司仍可责令其作相应修正。

(20)在开始任何施工前,必须把所有参与施工人员的姓名、住址和身份证号码等资料交给物业管理公司,并须随时补充更改,以保证准确、完全。

所有施工必须严格按照已审批图纸及说明完成,以物业管理公司满意为准。所选施工单位必须由物业管理公司审核其专业资质,不具备专业资质的施工单位严禁入场施工。

(21)业主/用户应确保承造商不会造成大厦的设备、设施及装修的任何损坏。如有任何损坏,无论意外与否,将由物业管理公司安排修理,修理的费用将由业主/用户负责支付。

(22)为方便物业管理公司人员检查,于施工前及期间,房/商铺外必须张贴由物业管理公司发出的批准装修通知书。

(23)业主/用户在施工期内,应对房/商铺内的保安负责。

(24)施工需要动火或烧焊时,必须事先到物业管理公司办理"动火证",并按消防管理制度执行,对电器设备的使用也应按规定操作。

无论什么时候,如需在公共设施内进行施工,必须事前得到物业管理公司的书面批准。而且为避免带来受伤损害,应提供和安装良好的、坚实的防范设施。

(25)在施工过程中,所有的材料、工具及废物等在任何时候都必须限制在房间内,不得阻塞公共走廊或任何公共区域。

(26)所有发出噪声、振动或难闻气味的工程,材料的运送、废物的运出,必须按物业管理公司安排的时间进行,不得扰及大厦其他业主。

(27)所有房内的废物必须每天晚上于指定时间内清出。

(28)只有货梯才可用来运输材料、废物。无论任何情况下,工人未经物业管理公司同意,不得使用任何电扶梯;不得使用金属材质运货车。

（29）装修期间，所有回风嘴必须封闭，房间大门也须关闭。

（30）所有装入的家具都应在大厦外预制组合和上漆。一切在房间内的油漆工作或其他施工，如物业管理公司认为可能会影响其他房间，必须在大厦正常营业时间外或由物业管理公司指定的日期完成。

（31）业主/用户需对所聘请的施工人员的行为负责并加以约束。

（32）施工人员需着装整齐，不得赤足，不得穿背心、拖鞋，不得在非工作区逗留，不得随地吐痰，不得在公共地方吸烟及扔烟蒂，不得高声喧哗，不得打闹，不得听任何放音设备及收音机，绝对禁止赌博、酗酒。

（33）装修完成后，为便于安排作最后检查，业主/用户必须以书面形式通知物业管理公司。

（34）如发现装修未依审批图纸施工或未能符合物业管理公司的要求，业主/用户将获得通知并须负责进行更改。

（35）业主/用户的装修工程经物业管理公司认可满意后，将获签发装修工程合格竣工证明书。

十三、装修程序概要

（1）收取装修指南、问卷、图纸等。

（2）如有必要，可要求物业管理公司人员与业主/用户的设计师/承造商进行会谈。

（3）将装修方案的图纸及技术资料、已填写的承诺书及问卷、该缴付的费用及装修保证金交到物业管理公司。

（4）收取装修方案的审批同意书。

（5）施工人员名单交到物业管理公司。

（6）装修工程开始。

（7）装修工程完成后，书面通知物业管理公司。

（8）由物业管理公司人员最后检查。如果装修工程达到物业管理公司要求，可获通知收回装修保证金余数。

二、室内装修施工许可证

室内装修施工许可证是指物业管理企业发放给通过装修审批的业主或使用人，表明许可其装修施工的文书。

【例文 5-8】

室内装修施工许可证

编　　号：

施工范围：

施工项目：

有效日期：××××年×月×日至××××年×月×日

施工责任人：_____　　　联系电话：_____
发证单位：××物业管理公司
工程部消防监管人：_____　　　装修监管人：_____

三、违章通知书

违章通知书是指物业管理企业在装修管理中发现业主或使用人、装修单位违章装修行为，指出其具体违章行为并限期整改的文书，由物业公司保存。

【例文 5-9】

违章通知单（存物业公司）

×幢×单元××号房业主/装修单位：

违章事项：

×××的问题。

物业公司意见：

请该房业主接此通知后根据住房和城乡建设部《住宅室内装饰装修管理办法》第六条第一、二款，《××市市容市貌管理暂行规定》第十九条第十款，《××小区房屋装修管理制度》第四条，《××小区业主临时公约》第六条第十八款之相关规定，于本日内停工整改。

物业公司签章：
经办人：_____　　　日期：××××年×月×日
整改单位/业主签收：_____
签收人：_____　　　日期：××××年×月×日

四、装修施工责任承诺书

装修施工责任承诺书是指装修施工单位向物业管理企业承诺文明守法地进行装修施工并接受物业管理企业装修施工管理的文书。

【例文 5-10】

××大厦装修施工责任承诺书

××物业管理有限公司：

(1)本人/本公司已收到××物业管理有限公司发给的装修指南、装修补充规定、防火手册及电梯管理规定，现声明已详阅以上文件，已经明白并承诺遵守以上文件之所有规定；若有违反，愿接受物业公司的任何处罚。

(2)承诺在装修期间按审批的装修方案和图纸施工。

(3)愿意在装修期间担任消防负责人，负责对进场装修的有关人员进行消防教育，并在装修施工过程中严格遵守消防规定，采取有效的防范措施，并承担因装修而引发灾难所造成的一切后果。

特此承诺！

签署人：_____
身份证号码：_____
（单位盖章）
_____年____月____日

单元三　物业管理告知类文书

物业管理告知类文书是指物业管理企业为更好地为业主提供优质的服务，保证管理服务规范、有序地进行，将物业管理服务中业主应该知晓的如权利和义务、项目概况、管理服务内容、临时安排等告知给业主的文书。物业管理告知类文书主要包括小区服务管理介绍、小区业主权利义务须知、物业管理通知等。

一、小区服务管理介绍

小区服务管理介绍是指物业管理企业在业主入住时，为便于业主知悉，向业主介绍小区各种设施使用说明、服务内容、管理要求的文书。

【例文 5-11】

小区服务管理介绍

一、小区标准服务时间

周一至周日 8：00～18：00。

二、小区服务中心电话

为便于为广大业主服务，物业管理部客户服务中心设有 24 小时值班服务专员。服务电话如下。

1. 标准服务时间电话：×××××××。
2. 非标准服务时间电话：×××××××。

三、电梯

1. 每座楼宇内设置高级客运电梯一部。
2. 客用电梯只供业主/用户及访客使用，严禁运送物品。
3. 敬请业主/用户/访客爱护电梯，保持电梯内清洁，禁止在电梯内吸烟、涂抹、吐痰及弃置果皮、纸屑等杂物。
4. 在使用电梯过程中，严禁装载超长超重物品。
5. 在使用电梯过程中遇有问题或异常故障时，为便于对电梯采取必要的维修及处理，请立即通知本小区物业管理处。

6. 电梯处于维修期间，除维修人员外，其他任何人员严禁使用，以防止意外发生。

7. 凡因违反上述规定而导致的后果，物业管理处除不负责外，还有权要求有关人士承担因此而产生的责任及费用。

四、闭路电视

本小区主要的公共位置均设有闭路电视监控系统。

五、防火系统

本小区公共区域设置消火栓、烟雾探测器等系统，物业管理处应定时测试，确保运作正常。如有突发事故发生，系统的中央控制箱会自动发出警报。

六、保安员巡逻系统

本小区设有全面性的保安巡逻及通信系统，保安员应经常巡逻至本小区每一个定点。

七、公共天线及通信设备

本小区各单元均已提供公共天线插座，并预留足够的国际电话线路。如业主/用户因私人原因需改动有关插座位置，则必须由管理处批准，并由专业的承建商负责处理。

八、水/电供应

本小区各单元均已提供独立水/电表，业主收楼后即可使用。日后，独立水/电表发生故障或损坏，单元业主需自行负责维修或更换。

九、停车场

本小区设有多个泊车位，为业主及访客提供有偿停车服务。业主/用户如需办理有关停车服务手续，敬请与物业管理处联系，并在缴费后向管理处领取停车证及停车场规则说明。切勿将车辆停泊在非停车位置，否则物业管理处将追究当事人的有关责任。

十、有偿服务

管理处设有有偿服务，提供方便及优质的管理服务给业主/用户，有关服务项目及价格请详阅有偿服务表。

十一、查询与投诉

物业管理处的员工将热情接待并解答业主/用户的查询，记录业主/用户的投诉或建议，并尽快调查及作出相应措施。

十二、管理费

业主/用户必须在每月的五号前缴交管理费。因本小区的管理开支均由管理费收入而支付，故遇有未能按时缴交管理费者，管理处将按管理规定向业主/用户收取逾期利息。

管理费包括的范围及收费标准以政府部门的核准为准，并应随工资及物价的涨跌而作出适当调整。

十三、清洁

（一）清洁负责人

指定的清洁负责人将为本小区提供高素质的清洁服务，如有任何有关清洁的投诉，本管理处将及时处理。

（二）灭虫服务

本小区的公共区域将由指定的承办商定期或有需要时进行灭虫服务。

（三）业主/用户室内清洁服务

1. 业主/用户单元内的清洁可自费聘请本小区指定的清洁承办商代为清洁，或自聘全职直属员工清洁。为确保本小区的秩序及避免不必要的纠纷及误会发生，尽量不另聘其他清洁公司清洁。

2. 业主/用户须联络清洁承办商议定合约及开始工作的日期，所有业主/用户室内的清洁事宜的投诉直接与清洁承办商联络，承办商应尽早作出适当的处理。

十四、保安

（一）保安队伍

本小区的安全由一队优秀的保安队伍负责，并配以本小区的精密保安系统，如闭路电视、精密的通信设备及频密的巡逻制等。所有系统及本小区巡逻均为全天候 24 小时不间断运作，并由本小区自动系统中央监控。另外，管理处高级职员将严密监督保安队伍的服务，并对所有投诉积极地作出适当的处理。

（二）业主/用户的合作

管理处希望各业主/用户能遵照物业管理规则，以确保本小区的保安系统能全面地正常运作。另外，如发现任何可疑人或物件，请立即通知管理处进行处理。

二、小区业主权利义务须知

小区业主权利义务须知是指物业管理企业告知本小区业主享有的权利和应遵守的事项，以便业主知悉的文书。

【例文 5-12】

小区业主权利义务须知

一、业主的权利

1. 各业主/用户均有权享受或使用本小区内公共地方的各项设施；

2. 各业主/用户可在不受任何骚扰的情况下享用其所属单元。

二、业主的责任

1. 各业主/用户须如期按本小区物业管理处的通知缴交其单元的管理费及分摊费，以及清付因其单元而产生的各种费用、税收、摊费和支出。未按时缴付者，本小区物业管理处将按管理公约的规定收取每月 0.3% 的滞纳金及有关手续费。

2. 各单元业主/用户只可将其单元作为住宅用途，不得在单元内举办大型娱乐活动、宗教仪式、舞会、音乐会及类似活动。

3. 在未得到本小区物业管理处的书面同意前，各业主/用户不得改变其单元的结构，也不得对公共地方设施造成任何改动、损害、破坏或干扰。

4. 在未得到本小区物业管理处书面同意前，各业主/用户不得改变本小区各单元的外观形象。

5. 在未得到本小区物业管理处书面同意前,各业主/用户不得在小区各单元的外墙上安装任何伸出物或附加结构(如遮篷、旗杆、招牌、门闸等),也不得损坏本小区各单元的外观整体形象。

6. 在未得到本小区物业管理处书面同意前,各业主/用户不得在本小区各单元外墙的非指定位置,安装任何冷气机或其他固定设施。

7. 各业主/用户不得做出与本小区管理规定相违背,而使本小区保险成为无效或令保险金提高的行为(如有保险)。如有发现,则该业主/用户须负全部责任并赔偿一切有关损失。

8. 各业主/用户须自行购买其单元的保险,以免发生意外时蒙受重大损失。

9. 各业主/用户因本身的疏忽引致水、气、烟或其他有关物体外溢,而损害他人或其财物而产生的诉讼、索赔,该业主/用户须负责全部责任及赔偿并负担一切费用。

10. 各业主/用户应对其受许可人、代理人、雇员、访客及其他使用者的行为、疏忽和错误向管理者及其他业主/用户负责。

如因上述情况而产生诉讼、索赔,也应由该业主/用户负责。

11. 各业主/用户及其雇员、访客及其单元使用权的受许可人、代理人、其他使用人,在任何时候均应遵守和履行本小区规则。

12. 各业主/用户及其雇员、访客及其单元使用权的受许可人、代理人、其他使用人,在任何时候均应严格遵守装修规则条款。

13. 在未得到本小区物业管理处书面同意前,各业主/用户不能在其单元以外地方加建任何建筑物。

14. 各业主/用户不得在本小区任何位置存放武器、弹药、烟花、爆竹和危险及易燃易爆物品;不得存放可能触犯当时国家任何法规或对其他业主/用户及使用者构成滋扰或危险的其他用品。

15. 各业主/用户不得涂污公共地方或公共设施。

16. 在未征得本小区物业管理处书面同意前,各业主/用户不得在本小区公共地方或公共设施张贴任何招贴、通知、招牌、广告或其他物件;否则,该业主/用户必须负责有关修复责任。

17. 各业主/用户不得堵塞或阻塞任何公共地方,不得放置或弃置任何垃圾、物件于小区公共场所内。

18. 各业主/用户不得做出任何行为令本小区排水系统堵塞或令该设施有效工作程序受损。

19. 各业主/用户不可要求本小区物业管理处或其下属为其提供与本小区管理无关的服务。

20. 各业主/用户不可直接惩戒本小区物业管理处属下的职员;如对该职员不满,应向本小区物业管理处提出,由本小区物业管理处处理。

21. 各业主/用户不得将其单元用作非法、不道德或超出政府土地批文/政府用途许可范围的用途,也不得有滋扰、损害其他业主/用户的事情发生。

22. 各业主/用户不得把公共地方作商业、住宅或私人用途使用，也不可在公共地方做出任何滋扰性或对其他业主/用户、使用者造成骚扰的事情。

23. 所有单元的正门以及外部设计的更改及增加，必须先得到本小区物业管理处的书面同意才可以进行。各业主/用户在未得到本小区物业管理处的书面同意前，不得在其单元外及窗户玻璃内展示广告或其他标志。

24. 各单元的业主/用户及其使用者只可将车位用作本小区公约准许的用途，不得放置货物或其他物件，并应遵守停车场规则。

25. 各业主/用户不得破坏或以任何方式妨碍公共服务设施。

26. 各业主/用户须遵守土地批文及有关法规。

27. 各业主/用户应依照本小区物业管理处指定的时间，将垃圾以垃圾袋装好，并放置于本小区物业管理处指定的地方，等候清洁工人收集清理。

28. 各业主/用户只能将其所属的自行车、摩托车停放于本小区物业管理处指定的地方；如有违反，本小区物业管理处有权将该自行车、摩托车转移到指定的停放区域并上锁，并向有关业主/用户进行劝诫。

29. 各业主/用户须负责其室内的装潢及单独使用的公共设施的维修与保养；若业主/用户损坏了任何公共设施，应立即通知管理处。

30. 各业主/用户应遵守此手册上的所有条款及责任；如有任何疑问，应向管理处查证。

三、物业管理通知

物业管理通知是指物业管理企业在物业管理服务中，将业主或使用人应当周知的事项与活动进行告知的文书。

物业管理通知与公文中的通知不同，这主要体现在公布程序、公布方式、行文对象、语言风格等方面。物业管理服务中使用的通知，由于其读者是辖区内的业主或使用人，因而公布方式以张贴为主。为体现服务意识，语言讲求亲切、温馨的风格。其写作结构与公文中的通知相同，写作内容要求交代清楚需周知事项或活动的缘由、时间、地点、注意的事项等。

在物业管理实践中，物业管理企业使用通知时，经常使用的文体名称是"提示""温馨提示"等，以突出服务特色。

【例文 5-13】

通知

尊敬的业主/住户：

您好，春天临近，为了防止小区出现鼠患，我管理处将从××××年×月×日起到×××年×月×日，每天××：××在小区内的草坪等公共区域内投放鼠药；次日××：××收药。请各位业主/住户在此期间注意安全，特别是一定要看管好自己的小孩，家中有宠物的业主/住户也要照顾好自己的宠物，以免其误食。谢谢合作！

××物业管理有限公司（印章）

××××年×月×日

【例文 5-14】

关于交纳各项费用的通知

尊敬的业主/住户：

您好！

××××年×月的公摊电费、二次供水水费已经核算完毕，请各位业主/住户在××××年×月×日之前到管理处交纳。同时现在开始收取××××年×月—××××年×月的物业管理费，请大家到管理处来交纳。如您在此期间来管理处交纳费用有困难，请务必和管理处联系协商解决，联系电话：×××××××。谢谢您的合作！

××管理处（印章）

××××年×月×日

【例文 5-15】

关于电梯使用的温馨提示

尊敬的各位业主及各装修单位：

为了确保电梯的合理使用、正常运行和大厦物业的有序管理，请遵守大厦电梯管理规定：

1. 一号和二号为客用电梯，行人请使用此电梯；
2. 三号电梯为货运电梯，货物运输请使用此电梯；
3. 请遵守规定的乘坐人数和承载重量，由于超载时警报鸣响，轿门不会关闭，因此，请最后搭乘的客人退出或卸载超重货物；
4. 在轿厢内蹦跳时有可能使安全装置动作，电梯在途中停止运行，造成故障，因此请静静乘用；
5. 请勿随意或乱按候梯厅或轿厢内的按钮；
6. 电梯内禁止吸烟，为了乘用电梯时心情愉快，请遵守规定；
7. 开闭电梯时有危险，请注意勿碰到门或依靠门边站立；
8. 有幼儿搭乘时，必须有保护者在场；
9. 火灾、地震时的避难，请勿使用电梯。

模块五 物业管理专项业务文书

爱护公物人人有责,请各位业主及装修单位遵守大厦电梯管理规定,配合我们的管理工作!

××大厦物业管理处(印章)

××××年×月×日

【例文5-16】

致业主的一封信

尊敬的小区各位业主:

值此五一节来临之际,××物业管理有限公司全体员工祝大家节日快乐,生活愉快!

自2018年10月第一批业主入住××小区以来,物业公司得到了广大业主的信任与支持,也与大家建立起了深厚的友谊。物业公司全体同仁愿为大家提供热情、周到、细致的服务。我们与业主是一家人,我们将始终与业主站在一个立场上,竭诚为大家排忧解难,您的满意就是我们的快乐。但在管理中,我们还存在着不少问题,还有许多不尽如人意的地方,我们真诚地希望大家提出批评和建议。我们有一个共同的目标,那就是:创造一个安全、便利、舒适的生活空间的同时,使各位业主的物业保值增值,保持我们的物业常用常新。本着这一共同的目标,我们应共同努力,相互支持,相互理解,相互信任。目前,小区管理上存在着一些问题,需要各位的配合。

1. 小区花园问题。一楼的花园既是自家的使用区域,也是影响小区整体美观的一个准公共部位。现在,不少业主把自家花园的草坪起掉,种上了菜,栽上了葱,还有一些业主在花园里堆放了许多杂物,影响了小区的整体美观,也降低了我们小区的品位。希望大家树立现代城市生活观,摒弃杂物,栽花种草,美化环境。

2. 封闭阳台问题。一些业主将自家的外景观阳台做了封闭处理,破坏了小区的一致性,也不符合当初规划设计的初衷。我市将在今年上半年出台新的物业管理条例和房屋安全监察管理办法,届时将对擅自改变房屋设计外观的部位进行强行恢复。目前已经封闭的阳台,我们一直进行开导,希望大家拆除,我们的态度始终没有改变。而一些业主私自强行进行封闭的做法是不对的。对将要进行封闭施工的业主,我们也积极进行开导和劝阻。

3. 小区环境卫生问题。小区楼宇每个单元都有保洁员进行保洁,楼前设有生活垃圾分类箱,但有一些人却将生活垃圾放置在单元内或放置在单元门口,有的甚至从自家直接抛出窗外,污染了地面,也影响了他人的正常生活和人身安全。还有一些业主在外阳台上放置许多东西,近期风大,很容易吹落伤人。

4. 小区秩序问题。目前,小区有两个秩序比较乱:一是车辆秩序;二是外来人员。无论是装修的还是探亲访友的,大多数还是比较配合的,但也有少数业主不配合,甚至对保安大打出手。希望大家能理解保安工作,共同来维护小区的秩序。

5. 物业费收缴问题。物业费是物业公司的主要经济收入,是物业公司维持运转的主要经费来源。如果大家都不交物业费，物业公司将因无法生存而退出小区的管理，到时受苦的是广大业主。

6. 小区公共设施设备问题。小区的公共设施设备是大家的共有财产，需要大家共同来维护。近期发现有些草坪灯被人为破坏。如×号楼西侧小广场上的草坪灯被打坏了5个；3号楼5单元的可视对讲主机保险丝多次被偷。请大家监督，将小区的公共设施设备维护好。

谨此。

祝身体健康、合家幸福！

××物业有限公司（印章）

2020年×月×日

模块小结

本模块主要介绍了入住手续文书、装修管理文书、物业管理告知类文书三部分内容。

（一）入住手续文书

入住手续文书是指业主在办理入住手续时所要知晓、参照、签订的有关文书。入住手续文书主要包括入住通知书、入住手续书、收楼须知、缴款通知书等。这些文书都由物业管理企业负责拟定，并以开发商和物业管理企业的名义，在业主办理入住手续之前寄发给业主。在办理入住前，物业管理服务企业还应准备入住所需的各类表格，如业主（租户）收楼登记表、业主（租户）入住验户表、钥匙发放登记表、房屋保修登记表等，供办理入住手续时使用。

（二）装修管理文书

装修管理文书是指业主在从申请装修到装修运作直至装修验收整个装修过程中所要知晓、参照、办理的有关文书和表格。装修管理文书主要包括装修指南、室内装修施工许可证、违章通知书、装修施工责任承诺书等。除此之外，物业管理企业还会准备装修管理所需各类的表格，供装修管理使用。

（三）物业管理告知类文书

物业管理告知类文书是指物业管理企业为更好地为业主提供优质的服务，保证管理服务规范、有序地进行，将物业管理服务中业主应该知晓的如权利和义务、项目概况、管理服务内容、临时安排等告知给业主的文书。物业管理告知类文书主要包括《小区服务管理介绍》《小区业主权利义务须知》《物业管理通知》等。

复习思考题

1. 物业管理企业在制作入住通知书时应注意哪些问题？

2. 什么是入住手续文书?

3. 什么是装修管理文书?其主要包括哪几种?

4. 装修指南的概念是什么?

5. 什么是室内装修施工许可证?

6. 物业管理通知与公文中的通知有哪些不同?

7. 以下是一份停水通知。如此写作是否妥当?为什么?如何修改?

停水通知

尊敬的××业主:

5月17日至19日间断停水3天。因停水给您带来不便,请谅解!

特此通知。

××物业管理有限公司
2019年5月16日

模块六 物业管理常用表格

学习目标

通过本模块的学习，了解表格的概念、形式，掌握物业管理表格编制和使用的要求，能根据物业管理服务的具体情况，正确地使用、编制各类表格。

能力目标

能编制、使用物业管理中常用的表格。

引入案例

催款通知单

×××室：

根据《业主公约》，用户应于每年×月×日前缴清管理费及其他费用。我公司至今仍未收到贵用户到期应交费用共计人民币××元(详见下表)，敬请贵用户收到本通知后两日内缴清欠款。

房号	欠费月份	欠管理费/元	欠电费/元	欠水费/元	欠维修费/元	欠其他费/元	合计
总计							

我公司开户银行：　　　　　　　　账号：

签发人：

物业管理公司签章：

以上是一份物业管理业务中的催款通知单的格式。在物业管理服务中，物业服务企业

模块六　物业管理常用表格

所使用的表格文书种类繁多。本模块选择一些主要的表格进行介绍，主要包括接管验收常用表格、入住手续常用表格、物业装修管理常用表格。

单元一　物业管理常用表格编制

一、表格的概念

表格由一行或多行单元格组成，用于显示数字和其他项，以便快速引用和分析，表格中的项被组织为行和列。表格用于工作、学习、生活中，能很好地发挥它的作用，清晰地表达所需表达的东西。

二、表格的形式

一个完整的表格一般由表题、表项、注录和表注等组成。表题如一篇文章的标题，是对一个表格内容的定性概括；表项是表格中具体项目的名称和类别，常常是一些量；注录是表格中的核心部分，即表格表述的内容，常常是一些数据；表注是对表题、表项、注录的具体要求和解释。

1. 表题

表题的位置在表格上方居中，不加句号，是表格必需的内容。题名要求简明、具体、贴切，切忌措词笼统、琐碎、含糊不清。表题的字数越少越好，但是意义必须明确。

2. 表身

表格一般由横线和竖线组成。横线之间为行，竖线之间为列(栏)。在每行和每列的第一格内所写的文字或符号分别称为行题(左)和列题(上)。而第一行与第一列的交汇处称为栏头，其他部分为项目栏，见表6-1。

表6-1　表身的组成

项　目	说　明
栏头	许多表格用对角线将栏头分为两半，分别概括行题和列题的内容。栏头下方的为行题，栏头右边的为列题。栏头也有用斜线一分为三的
行题与列题	一般情况下，行题所提出的是被管理的对象，列题所标示的是管理对象的具体项目。在标注行题和列题时，应按照从上到下、从左到右管理的逻辑顺序标出，而不是随意性的
表线的使用	在表内各项栏目不至于混淆的前提下，表线越少越好，尽量不要设计很复杂的大表
表注	需要对表中个别项目或整表进行注释时，可用表注。注释标记用星号"＊"标在所注对象的右上角。注释多于一个时，可用1，2……或a，b……顺序编号。 表注写在表的底线下方，文字一定要简练，最后用句号

三、表的表达

表的表达需要注意以下几个方面内容：

(1)表中各种名词、术语、符号、缩略语等必须与正文一致；

(2)表内包含的内容不宜太多，切忌与文字或插图重复，但数据太少也不宜列表，仅用文字叙述即可；

(3)表中不要引出从表的某些栏可以轻易计算出的数据；

(4)表内尽可能少用上下角标；

(5)表中的文字不要太多，文字多的内容最好用文字叙述成图画和照片等表达。

单元二　物业管理服务常用表格

一、接管验收常用表格

在物业管理接管验收中，物业管理企业所使用的表格文书主要包括楼宇接管资料移交清单、房屋接管验收表、公共配套设施接管验收表等。

1. 楼宇接管资料移交清单

楼宇接管资料移交清单是资料移交的凭证，是在接管验收时交接双方就所移交资料的名称、数量等进行登记的表格。

【例文 6-1】　楼宇接管资料移交清单表格形式见表 6-2。

表 6-2　楼宇接管资料移交清单

序号	移交资料名称	单位	数量	备注

交接人：_____　　　接交人：_____　　　时间：_____

2. 房屋接管验收表

房屋接管验收表是指为便于了解所接管房屋的总体状况，在接管验收时接管方就所移交房屋各方面质量状况等进行登记的表格。

【例文 6-2】 房屋接管验收表表格形式见表 6-3。

表 6-3 房屋接管验收表

幢号　　　　　　　　　　　　　　　　　　　接管验收时间：　　年　月　日

编号	存在问题简述					备注
	土建设施	照明	给水排水	门窗	其他	

接管人：_____

3. 公共配套设施接管验收表

公共配套设施接管验收表是指为便于了解所接管公共配套设施的总体状况，在接管验收时，接管方就所移交公共配套设施的名称、质量状况等进行登记的表格。

【例文 6-3】 公共配套设施接管验收表表格形式见表 6-4。

表 6-4 公共配套设施接管验收表

设施名称	存在问题简述	备注

接管人：_____　　　　　　　　　　　　　　　　　　　时间：_____

二、入住手续常用表格

在办理入住手续时，物业管理企业所使用的表格文书主要包括住户家庭成员登记表、业主入住验房表、钥匙发放登记表、钥匙借还/看房登记表、房屋保修登记表。

1. 住户家庭成员登记表

住户家庭成员登记表是指物业管理企业，为了掌握业主或使用人家庭结构状况，便于今后提供优质服务，在办理入住时要求业主或使用人填写的有关家庭成员、暂住人员状况的表格。

【例文 6-4】 住户家庭成员登记表表格形式见表 6-5。

表 6-5 住户家庭成员登记表

姓名	性别	出生年月	籍贯	职务/职称	工作单位	身份证号码	电话	备注

暂住人员姓名	性别	出生年月	籍贯	暂住原因	身份证号码	通信地址	电话	备注

2. 业主入住验房表

业主入住验房表是业主查验房屋质量的凭证，是物业管理企业在办理入住时陪同业主或使用人查验房屋质量状况时使用的表格。

【例文 6-5】 业主入住验房表表格形式见表 6-6。

表 6-6 业主入住验房表　　　　　　填表日期：　年　月　日

姓名			栋号			联系电话			备注		
验收项目1	验收详细内容								验收内容	验收项目	
	顶棚	墙面	地面	门	门锁	窗	灯	插座	开关	暖气管	窗花
客厅											
餐厅											
卧室1											
卧室2											
卧室3											
卧室4											
厨房											
卫生间											

项目2	地面	排污管	闸阀	龙头	煤气管	煤气阀	暖气管	暖气阀	暖气表	其他	备注	煤气表	水表	电表
厨房														
卫生间														

室内配电箱		电子对讲器		煤气表底度		暖气表底度		水表底度		电表底度	

业主验收意见：　　　　　　　　　　　　　签字：　　年　月　日	物业公司意见：　　　　　　　　　　　　　签字：　　年　月　日

注：1. 以上合格打"√"，不合格用文字简要说明；
　　2. 此表必须由业主签名合格后，方可领取钥匙；
　　3. 业主签名领取钥匙后，此表归入业主档案存档。

3. 钥匙发放登记表

钥匙发放登记表是指物业管理企业在办理入住时对业主或使用人领取钥匙情况进行登记的表格。

【例文 6-6】 钥匙发放登记表表格形式见表 6-7。

表 6-7 钥匙发放登记表

序号	防盗铁门/把	室内门/把	业户签名	领取时间	发放人签名	对讲门/把	业户签名	领取时间	发放人签名	信箱钥匙/把	业户签名	领取时间	发放人签名

4. 钥匙借还/看房登记表

钥匙借还/看房登记表是指物业管理企业在办理入住时对业主或使用人看房借还锁匙情况进行登记的表格。

【例文 6-7】 钥匙借还/看房登记表表格形式见表 6-8。

表 6-8 钥匙借还/看房登记表

看房人姓名	有效证件名称和号码	随行人员数量	看房类别幢号房号	借钥匙人姓名	借钥匙数量	借钥匙时间	归还时间	接待房管员	登记人姓名	备注

5. 房屋保修登记表

房屋保修登记表是指物业管理企业为掌握保修计划的实施和完成情况，在办理入住时对业主或使用人验房所发现质量问题进行保修计划安排、保修结果登记的表格。

【例文 6-8】 房屋保修登记表表格形式见表 6-9。

模块六 物业管理常用表格

表6-9 房屋保修登记表

序号	幢号	房号	业主姓名	保修项目简述	预约维修时间	留钥匙/把	派工单编号	联系电话	备注

三、物业装修管理常用表格

1. 业主装修申请表

业主装修申请表是指业主或使用人在装修前向物业管理企业申报装修方案并申请得到批准的文书。在实践中，一般由物业管理企业编制规范的表格，由业主或使用人填写。

【例文6-9】 业主装修申请表表格形式见表6-10。

表6-10 业主装修申请表

业主姓名		住址		联系电话	
施工单位		进场人数	负责人	联系电话	
装修施工项目内容					
约定事项	在本次装修施工中，业主、物业公司和施工单位三方达成如下约定： 1. 每天允许施工时间：上午7:00—12:00，下午14:00—20:00。 2. 如实填写装修内容，严格遵守《房屋装修管理协议》。 3. 施工人员必须办理临时出入证。需留宿的，应到物业公司办理登记。 4. 不改动承重墙、柱、梁等主体结构，不擅自改动水电管线走向，不架设露天衣架，不随意搭建附属建筑物。 5. 空调室外机安装在指定的位置。窗式空调只能安装在门、窗上。 6. 装修垃圾需用垃圾袋装好集中送到指定的地点。 7. 施工中要注意防火安全，做好用电防范措施。 8. 因施工造成的管道堵塞、渗漏水、停电、损坏他人物品和公共设施、设备的，由责任人或业主负责赔偿。 9. 隐蔽施工前必须检查内部水电配件完好，否则今后再修水电管件所在地方产生的费用由责任人或业主负责。 10. 因业主装修而造成的设施破坏等损失由业主负责				
施工队签字（章） 年 月 日		业主签字（章） 年 月 日		物业公司签字（章） 年 月 日	

2. 装修施工人员登记表

装修施工人员登记表是指物业管理企业为保证管理辖区的安全，要求装修施工单位填写的有关施工人员基本情况的表格。这些基本情况包括施工人员的姓名、照片、身份证号、工作单位、负责人、负责人联系电话等。

【例文 6-10】 装修施工人员登记表表格形式见表 6-11。

表 6-11　装修施工人员登记表

编号：　　　　　　　　　　　　　　　　　　　　序号：

名称	相片	相片	相片	相片	相片	相片	相片	相片	相片
姓名									
证件类别及号码									
籍贯									
工作单位				单位电话		负责人		联系电话	
装修房间		装修期限	年　月　日至　年　月　日			业户姓名		联系电话	
延期施工记录								证件签发	
备注									

3. 出入证发放/收回登记表

出入证发放/收回登记表是指物业管理企业在装修管理中对装修施工人员出入证发放/收回情况的登记表。其登记项目包括持证人姓名、证件号码、发放及回收时间等。

【例文 6-11】 出入证发放、收回登记表表格形式见表 6-12。

表 6-12　出入证发放、收回登记表

栋号：

房号	发放证件							装修人员证件收回				备注
	业主办证人姓名	出入证号码	办证时间	装修办证人号码	出入证号码	办证时间	经办人	持证人姓名	证件号码	回收时间	经办人	

4. 动用明火申请表

动用明火申请表是指施工单位因装修需动用明火前，就动火类型、地点、时间等向物业管理企业申请得到批准的文书。

【例文 6-12】 动用明火申请表表格形式见表 6-13。

表 6-13 动用明火申请表

申请单位(业主/用户)				动火类型			动火地点		
序号	器具名称	功率/kW	电源来源	起止日期(大写)			起止日期(大写)		
1			室内/外	月	日至	月 日	月	日至	月 日
2			室内/外	月	日至	月 日	月	日至	月 日
3			室内/外	月	日至	月 日	月	日至	月 日
4			室内/外	月	日至	月 日	月	日至	月 日
5			室内/外	月	日至	月 日	月	日至	月 日
6			室内/外	月	日至	月 日	月	日至	月 日
动用明火要求	1. 室内电源插座最大功率 4 kW; 2. 配灭火器 2 个; 3. 远离易燃易爆物品; 4. 与木工制作区隔离; 5. 严禁室内用电器煮食; 6. 超过 6 kW 补交费用; 7. 违规作业罚款 200～500 元			申请单位(业主/用户)签章 年　月　日			管理处签章 年　月　日		

5. 装修质量验收记录表

装修质量验收记录表是物业管理企业在装修管理中对业主或使用人、装修单位装修工程质量进行验收时,对各项技术指标合格与否进行记录的表格。

【例文 6-13】 装修质量验收记录表表格形式见表 6-14。

表 6-14 装修质量验收记录表

项目名称		实测结果	判定结果	验收人签字	
				甲方	乙方
给水排水管道	材料验收				
	安装验收				
电气	材料验收				
	安装验收				
抹灰					
电气	材料				
	墙面				
	地面				
木制品	材料验收				
	吊壁柜				
	护墙板				
	木地板				
	细木制品				

续表

项目名称		实测结果	判定结果	验收人签字	
				甲方	乙方
门窗	材料验收				
	铝合金				
	塑料				
	木门窗				
吊顶					
花饰					
涂装	材料验收				
	清漆				
	混合漆				
	水乳性涂料				
裱糊					
卫浴设备	材料验收				
	安装验收				
竣工日期			同意竣工签名		
施工地点			合同编号		

模块小结

本模块主要介绍了物业管理常用表格的编制和物业管理服务常用表格两部分内容。

(一)物业管理常用表格编制

一个完整的表格由表题、表项、注录和表注等组成。表题如一篇文章的标题,是对一个表格内容的定性概括;表项是表格中具体项目的名称和类别,常常是一些量,注录是表格中的核心部分,即表格表述的内容,常常是一些数据;表注是对表题、表项、注录的具体要求或解释。

(二)物业管理服务常用表格

物业管理服务常用表格有接管验收表格、入住手续表格和物业装修管理表格三类。

在物业管理接管验收中,物业管理企业所使用的表格文书主要有接管资料移交清单、房屋接管验收表、公共配套设施接管验收表。

在办理入住手续时,物业管理企业所使用的表格文书主要有住户家庭成员登记表、业主入住验房表、锁匙发放登记表、锁匙借还/看房登记表、房屋保修登记表等。

物业装修管理表格包括业主装修申请表、装修施工人员登记表、出入证发放/收回登记表、动用明火申请表、装修质量验收记录表等。

> 复习思考题

1. 什么是表格？
2. 表格的形式是怎样的？
3. 表格的表达要注意哪几个方面的内容？
4. 在接管验收中，物业管理企业所使用的表格文书有哪些？
5. 在办理入住手续时，物业管理企业所使用的表格文书包括哪些？
6. 物业装修管理常用表格有哪些？

模块七 条例、规章类文书

学习目标

通过本模块的学习,了解条例、规章类文书的作用、特点和写法,能够撰写格式规范、内容符合要求的物业管理条例、规章类文书。

能力目标

学习国家、行业规章、条例的写作手法,能够简单撰写一般规章类文书。

引入案例

××物业管理有限公司管理章程

为了规范公司的组织和行为,维护公司、股东、债权人的权益,根据《中华人民共和国公司法》(以下简称《公司法》)和《中华人民共和国公司登记管理条例》(以下简称《公司条例》)及相关的法律、法规,制定本章程。

第一章 公司名称和住所

第一条 公司名称:××物业管理有限责任公司。

第二条 公司住所:××市××镇××路。

第二章 公司经营范围

第三条 公司经营范围:物业管理服务(以执照核准的为准)。

公司经营范围是:主营房地产物业管理、维修、养护,楼宇机电配套设备管理维修,清洁卫生、庭园绿化及辖区内车辆停放管理。兼营与住宅(含大厦)相配套的商业、饮食业、便民服务业。

……

以上是一份物业管理公司管理章程的节选。在物业管理服务工作中会经常将各种章程、规定、条例、办法作为行动的依据，因此，学习物业管理条例、规章类文书的写作方法，对于规范物业服务行为标准具有一定的意义。

单元一　物业管理章程

一、物业管理章程的概念

物业管理章程是指由物业管理组织、团体制定的，用来对其性质、宗旨、任务、组织机构、人员构成、权利义务、职权范围、活动规则及纪律措施作出规定的一种规章文书。其是物业管理组织、团体的根本性规章制度，一经该组织或团体成员大会或成员代表大会通过，即成为全体成员必须严格遵守的行为准则，对所有成员都具有约束力。

章程有组织章程和业务章程之分。组织章程适用于组织、社团制定组织规程；业务章程适用于单位在行使业务职权时制定的规程。

二、物业管理章程的作用和特点

（一）物业管理章程的作用

物业管理章程主要有规范、约束和宣传的作用。

（1）规范、约束作用。物业管理章程是物业管理组织或团体的组织纲领、行动准则，对其成员具有约束与规范其言行的作用。

（2）宣传作用。物业管理组织、团体的指导思想、基本原则、性质、目的、任务等内容，通过制定和公布章程，让人们了解知晓。无论是对内部成员还是对外部人员，都有着极大的宣传作用。

（二）物业管理章程的特点

1. 内容纲领性强

章程规定一个组织的组织规程和办事规则，具有纲领的性质。它属下所有组织和成员都必须承认，共同遵守。组织规程是该组织的最高准则。该组织的一切活动，都必须遵循这个章程，体现这个章程的基本精神。

2. 通过合法程序制定

章程一定要通过合法的程序制定，才能要求属下所有组织和成员认可，才能要求所有的组织和成员遵守。通常是成立起草小组拟出草案征求意见，最后由该组织的最高级会议——代表大会通过，成为正式章程。这一点一般在标题下边就要标明，这是它有法定的权威、有法定约束力的主要原因。

3. 用条款方式说明

一般公文以说明为主要表达方式。为了讲明事情真相，有时也采用议论的方式表达。章程的解说性质、任务、权利、义务和活动原则等，全采用说明的方法用最简的语言将有关内容阐述清楚。

章程的内容全部采用条文表达。多数情况使用章条式排列，以显示各层次之间的关系。条文表达、断裂行文是章程表达方面最突出的特点。

三、物业管理章程的结构和写法

物业管理章程的格式较为固定，一般由标题、签署和正文三部分组成。

1. 标题

组织章程的标题，一般由组织或社团名称加文种构成。在标题下面写明什么时间由什么会议通过，并加上括号。若有关组织的代表大会通过了，就算正式章程。如果是尚未经代表大会通过的，须在标题末尾加上"草案"字样。

2. 签署

签署即写明物业管理章程通过的会议名称和日期，标注于标题之下，并外加括号，表明该章程的生效日期，如"（××业主大会××××年×月×日）"。

3. 正文

章程正文包括总则、分则和附则三部分。

（1）总则又称总纲，从总体说明组织的性质、宗旨、任务和作风等。

（2）分则规定：

①成员。规定成员条件、权利、义务和纪律。

②组织。规定全国组织、地方组织、基层组织、代表大会、理事会、常务理事会、专业小组、名誉职务。

③经费。规定经费来源和使用管理等。

（3）附则，附带说明制定权、修改权和解释权等。

四、物业管理章程的写作要求

1. 内容完备

章程的内容要包括社团名称、宗旨、任务、组织机构、会员资格、入会手续、会员权利义务、领导者的产生和任期、会费的交纳及经费的管理使用等。必要的项目要完备，既能突出特点又能照顾全面。

2. 结构严谨

全文由总到分，要有合理的顺序。分则部分，一般是先讲成员，后讲组织；先讲全国组织，次讲地方组织，后讲基层组织；先讲对内，后讲对外。要一环扣着一环，体现严密

模块七 条例、规章类文书

的逻辑性，使章程成为一个有机的统一体。

章程的条款要完整和单一。一条表示一个意思，不要把一个完整的意思拆成几条，弄得零零碎碎；也不要把几个意思合在一条之中，交叉杂乱。这样，才便于称说、便于执行、便于引用。

3. 明确、简洁

章程特别强调明确、简洁。要尽力反复提炼，用很少的话把意思明确地表达出来。

章程用断裂行文法，用条文表达，句与句、段与段之间有一定的跳跃性，一般不要用"因为……所以……""虽然……但是……"等关联词语。

章程的语言多用词语的直接意义，不用比喻、比拟、夸张和婉曲等修辞手法。这样，语义毫不含糊、没有歧义，让人一看就明白。

五、物业管理章程的写作实例

【例文 7-1】

××物业管理有限公司章程

第一章　总　则

第一条　依据《中华人民共和国公司法》和国家有关法律、行政法规及____人民政府有关政策制定本章程。

第二条　本公司在____工商行政管理局登记注册，注册登记名称为：_____物业管理有限公司（以下简称公司）。

公司法定代表人：_____；

公司住所：_____。

第三条　公司宗旨是：依法管理，业主至上，服务第一。

第四条　公司依法登记注册，具有企业法人资格。公司股东以其出资额为限对公司承担责任，公司以其全部资产对公司的债务承担责任。公司以其全部法人财产，依法自主经营、自负盈亏。

公司一切活动遵守国家法律法规规定。公司应当在登记的经营范围内从事活动。

公司的合法权益受法律保护，不受侵犯。

第二章　公司的注册资本和经营范围

第五条　公司的注册资本为人民币____万元。

第六条　公司经营范围是：主营房地产物业管理、维修、养护，楼宇机电配套设备管理维修，清洁卫生，庭园绿化及辖区内车辆停放管理。兼营与住宅（含大厦）相配套的商业、饮食业、便民服务业。

第三章　股东姓名（或名称）和住所

第七条　公司股东共__个，分别是：_____。

第四章　股东的出资额和出资方式

第八条　公司的注册资本全部由股东自愿出资入股。

第九条　股东的出资方式和出资额：_____。

第五章　股东的权利和义务

第十条　股东享有下列权利：

（一）享有选举和被选举权。

（二）按出资比例领取红利。公司新增资本时，原股东可以优先认缴出资。

（三）按规定转让和抵押所持有的股份。

（四）对公司的业务、经营和财务管理工作进行监督，提出建议或质询。有权查阅股东会议记录和公司财务会计报告。

（五）在公司办理清算完毕后，按所出资比例分享剩余资产。

第十一条　股东履行下列义务：

（一）足额缴纳公司章程规定的各自认缴的出资额。

（二）在公司办理清算时，以认缴的出资额对公司承担债务。

（三）公司一经工商登记注册，不得抽回出资。

（四）遵守公司章程，保守公司秘密。

（五）支持公司的经营管理，提出合理化建议，促进公司业务发展。

（六）不按认缴期限出资或者不按规定出资额认缴的，应承担违约责任。

第六章　股东转让出资和条件

第十二条　股东之间可以相互转让其全部出资或部分出资。股东向股东以外的人转让其出资时，必须经全体股东过半数同意（公司只有两名股东的，必须经全体股东同意）；不同意转让的股东应当购买该转让的出资。如果不购买该转让的出资，视为同意转让。经股东同意转让的出资，在同等的条件下，其他股东对该出资有优先购买权。股东转让出资后的公司股东人数必须符合法律规定。

第十三条　受让人必须遵守公司章程和有关规定。

第七章　公司的机构及其产生办法、职权、议事规则

第十四条　公司股东会由全体股东组成，股东会是公司的最高权力机构。

第十五条　股东会行使下列职权：

（一）决定公司的经营方针和投资计划；

（二）选举和更换执行董事，决定有关执行董事的报酬事项；

（三）选举和更换由股东代表出任的监事，决定有关监事的报酬事项；

（四）审议批准执行董事的报告；

（五）审议批准监事的报告；

（六）审议批准公司的年度财务预算方案、决算方案；

（七）审议批准公司的利润分配方案和弥补亏损方案；

（八）对公司增加或者减少注册资本作出决议；

（九）对股东向股东以外的人转让出资作出决议；

（十）对公司合并、分立、变更公司形式、解散和清算等事项作出决议；

（十一）修改公司章程。

第十六条　股东会的议事方式和表决程序按照本章程的规定执行。

股东会对公司增加或减少注册资本、分立、合并、解散或者变更公司形式，以及公司章程的修改作出的决议，必须经代表2/3以上表决权的股东通过。

股东会会议由股东按照出资比例行使表决权。

第十七条　股东会会议分为定期会议和临时会议。定期会议半年召开一次。

股东会的首次会议由出资最多的股东召集和主持，执行董事或者监事可以提议召开临时会议。

第十八条　召开股东会议，应当于会议召开15日以前通知全体股东。股东会应当对所议事项的决定做成会议记录，出席会议的股东应当在会议记录上签名。

第十九条　公司不设立董事会，设执行董事一人。

第二十条　执行董事为公司的法定代表人，由股东会选举产生。

第二十一条　执行董事对股东会负责，行使下列职权：

(一)负责召集股东会，并向股东会报告工作。

(二)执行股东会的决议。

(三)决定公司的经营计划和投资方案。

(四)制订公司的年度财务预算方案、决算方案。

(五)制订公司的利润分配方案和弥补亏损方案。

(六)制订公司的增加或减少注册资本的方案。

(七)拟订公司合并、分立，变更公司形式，解散的方案。

(八)决定公司内部管理机构的设置。

(九)聘任或者解聘公司副经理、财务负责人，决定其报酬事项。

(十)制定公司的基本管理制度。

第二十二条　执行董事任期3年。任期届满，可以连选连任。执行董事在任期届满前，股东会不得无故解除其职务。

第二十三条　公司设经理，由执行董事聘任。经理对股东会负责，行使下列职权：

(一)主持公司的生产经营管理工作，组织实施股东会决议。

(二)组织实施公司年度经营计划和投资方案。

(三)拟订公司内部管理机构设置方案。

(四)拟定公司的基本管理制度。

(五)制定公司的具体规章。

(六)公司章程和股东会授予的其他职权。

第二十四条　执行董事、经理、监事行使职权时，必须遵守下列规定：

(一)董事、经理、监事应当遵守公司章程，忠实履行职务，维护公司利益，不得利用在公司的地位和职权为自己谋取私利。

董事、经理、监事不得利用职权收受贿赂或者其他非法收入，不得侵占公司的财产。

(二)董事、经理不得挪用公司资金或者将公司资金借贷给他人。

董事、经理不得将公司资产以其个人名义或者以其他个人名义开立账户存储。

董事、经理不得以公司资产为本公司的股东或者其他个人债务提供担保。

(三)董事、经理不得自营或者为他人经营与其所任职公司同类的营业或者从事损害本公司利益的活动。从事上述营业或者活动的,所得收入应当归公司所有。

董事、经理除公司章程规定或者股东会同意外,不得同本公司订立合同者进行交易。

(四)执行董事、经理、监事除依照法律规定或者经股东会同意外,不得泄露公司秘密。

(五)执行董事、经理、监事执行公司职务时违反法律、行政法规或者公司章程的规定,给公司造成损害的,应当承担赔偿责任。

第二十五条 公司设监事一人,由股东会选举产生。执行董事、经理及财务负责人不得兼任监事。

第二十六条 监事行使下列职权:

(一)检查公司财务;

(二)对执行董事、经理执行公司职务时违反法律、法规或者公司章程的行为进行监督;

(三)当执行董事、经理的行为损害公司的利益时,要求执行董事、经理予以纠正;

(四)提议召开临时股东会。

第八章 公司财务、会计

第二十七条 公司应建立、健全如下财务、会计制度:

(一)公司应在每一会计年度终了时制作财务会计报告,并依法经审查验证,并在每年的1月1日至1月15日送交各股东审阅。

财务会计报告应当包括下列财务会计报表及附属明细表:

①资产负债表;

②损益表;

③财务状况变动表;

④财务情况说明书;

⑤利润分配表。

(二)公司应当按照公司章程规定的期限将财务会计报告送交各股东。

(三)公司分配当年税后利润时,应当提取利润的10%列入公司法定公积金,并提取利润的5%~10%列入公司法定公益金。公司法定公积金累计额为公司注册资本50%以上的,可不再提取。

公司的法定公积金不足以弥补上一年度公司亏损的,在依照前款规定提取法定公积金和法定公益金之前,应当先用当年利润弥补亏损。

公司在从税后利润中提取法定公积金后,经股东会决议,可以提取任意公积金。

公司弥补亏损和提取公积金、法定公益金后,所余利润可按照股东的出资比例分配。

股东会违反前款规定,在公司弥补亏损和提取法定公积金、法定公益金之前向股东分配利润的,必须将违反规定分配的利润退还公司。

（四）公司的公积金用于弥补公司的亏损，扩大公司生产经营或者转为增加公司资本。

（五）公司提取的法定公益金用于本公司职工的集体福利。

（六）公司除法定的会计账册外，不得另立会计账册。

对公司资产，不得以任何个人名义开立账户存储。

第九章　公司的合并、分立

第二十八条　公司合并或者分立，由公司股东会作出决议。

（一）公司合并可以采取吸收合并和新设合并两种形式。

本公司吸收其他公司为吸收合并，被吸收的公司解散。本公司如与其他公司合并设立一个新的公司为新设合并，合并各方解散。公司合并应当由合并各方签订合并协议，并编制资产负债表及财产清单。公司应当自作出合并决议之日起 10 日内通知债权人，并于 30 日内在报纸上至少公告 3 次。债权人自接到通知书之日起 30 日内，未接到通知书的自第一次公告之日起 90 日内，有权要求公司清偿债务或者提供相应的担保，不清偿债务或者不提供相应的担保的，公司不得合并。

公司合并时，合并各方的债权、债务，应当由合并后存续的公司或者新设的公司承继。

（二）公司分立，其财产作相应的分割。

公司分立时，应当编制资产负债表及财产清单。公司应当自作出分立决议之日起 10 日内通知债权人，并于 30 日内在报纸上至少公告 3 次。债权人自接到通知书之日起 30 日内，未接到通知书的自第 1 次公告之日起 90 日内，有权要求公司清偿债务或者提供相应的担保。不清偿债务或者不提供相应的担保的，公司不得分立。

公司分立前的债务按所达成的协议由分立后的公司承担。

第二十九条　公司需要减少注册资本时，必须编制资产负债表及财产清单。

公司自作出减少注册资本决议之日起 10 日内通知债权人，并于 30 日内在报纸上至少公告 3 次。

公司减少资本后的注册资本不得低于法定的最低限额。

第十章　公司解散与清算

第三十条　公司有下列情形之一的，可以解散：

（一）公司章程规定的营业期限届满。

（二）股东会决议解散。

（三）因公司合并或者分立需要解散。

（四）遇自然灾害或外界不可抗拒的原因需要解散。

第三十一条　公司解散，应在 15 日内由股东、有关主管机关或有关专业人员成立清算组进行清算。逾期不成立清算组进行清算的，债权人可以申请人民法院指定有关人员组成清算组进行清算。

清算组在清算期间行使下列职权：

（一）清理公司财产，分别编制资产负债表和财产清单，同时制订清算方案并报股东会确认。

（二）通知或者公告债权人，应在清算组成立之日起10日内通知债权人，并于60日内在报纸上至少公告3次。

（三）处理与清算有关的公司未了结的业务。

（四）清理所欠税款。

（五）清理债权、债务。

（六）处理公司清偿债务后的剩余财产。

（七）代表公司参与民事诉讼活动。

第三十二条 公司财产能够清偿公司债务的，分别支付清算费用、职工工资和劳动保险费用，交纳所欠税款，清偿公司债务。

公司财产按前款规定清偿后剩余财产，公司按照股东出资比例分配。

第三十三条 公司清算结束后，清算组应当制作清算报告，报股东会或者有关主管机关确认，并报送公司登记机关，申请注销公司登记，公告公司终止。

附　则

一、本章程于二〇〇四年十月二十七日制定。自_____工商行政管理局登记注册之日起生效。

二、由全体股东签名、盖章确认。

全体股东签名：
年　月　日

【例文7-2】

××业主委员会章程
（××××年×月×日第一次业主委员会通过）

第一章　总　则

第一条 名称与办公地点。

名称：××业主委员（以下简称"本会"）

办公地点：××××××

第二条 本会是根据中华人民共和国及地方物业管理政策法规的有关规定，经政府批准成立的代表××物业（以下简称"本物业"）全体业主合法权益的社会团体。本会的一切合法权益受国家法律保护。

第三条 本会接受物业管理行政主管部门的监督与指导。

第四条 本章程所称业主是房屋所有权和土地使用权人。业主大会是由全体业主组成，决定本物业重大管理事项的业主自治管理组织。本会是业主大会的常设执行机构。

第五条 本会宗旨是代表本物业的合法权益，实行业主自治与专业化管理相结合的管理体制，保障物业的合理与安全使用，维护本物业的全共秩序，创造整洁、优美、安全、舒适、文明的环境。

第六条 本会不设编制、不设财务、不从事任何经营活动。

第二章 组织及职责

第七条 本会由业主大会选举产生，对业主大会负责。

第一届业主委员会，由物业管理行政主管部门指导开发建设单位或物业管理单位、业主代表组成筹委会，筹委会推荐本会候选人名单，提交第一次业主大会选举产生。

第八条 本会设委员×名。其中，主任×名、副主任×名。本会的主任、副主任在全体委员中选举产生。

本会聘任执行秘书(或秘书长)一名，负责处理本会日常事务。执行秘书可以是也可以不是本会委员。

本会的主任、副主任、执行秘书为专职或兼职。

第九条 本会权利。

1. 召集和主持业主大会。
2. 与物业管理单位议定管理服务费等费用的收取标准及使办法。
3. 采用招标或其他方式，聘请物业管理单位对本物业进行管理，并与其签订物业管理合同。
4. 与物业管理单位议定年度管理计划、年度费用概预算及决算报告。
5. 检查、监督物业管理单位的物业管理工作。
6. 修订业主公约、本会章程。

第十条 本会义务。

1. 筹备业主大会并向业主大会报告工作。
2. 执行业主大会通过的各项决议。
3. 贯彻执行并督促业主遵守物业管理及其他有关法律、政策规定的宣传。对住用户开展其他有关法律、政策规定的宣传，对住用户开展多种形式的宣传教育。
4. 保障本物业各项管理目标的实现。
5. 执行政府部门对本物业的管理事项提出的指令和要求。
6. 本会作出的决定，不得违反法律、法规和政策，不得违反业主大会的决定，不得损害业主的公共利益。

第十一条 本会召集业主大会可采取会议或书面征求意见等形式。

第十二条 下列人员经本会决定可获得适当津贴：

1. 本会主任。
2. 本会副主任。
3. 本会执行秘书。
4. 本会同意的其他人员。

第三章 会议

第十三条 本会会议每三个月至少召开一次。有1/3以上的委员提议或主任、副主任认为有必要时，可召开特别会议。

第十四条 本会会议的召开应由召集人提前7天将会议通知及有关材料传达每位委员。委员因故不能参加会议的，可以一次性书面委托代理参加。

第十五条　本会会议由主任召集、主持,主任因故缺席时,由副主任主持。

第十六条　本会召开会议时,可邀请物业管理行政主管部门及政府有关部门(街道办事处、派出所等)、物业管理单位的人员和非业主使用人代表参加会议,但上述人员没有表决权。

当本物业有 1/3 以上为出租物业时,必须聘请相当于本会委员 1/3 以上人数的承租人代表为聘请委员,并通知其列席本会会议。

第十七条　本会会议决定问题,采取少数服从多数的原则。

会议进行表决时,每个委员均有一票表决权。若表决中出现赞成票与反对票相同时,由主任或会议主持人在自己已投过的一票外,再投一票决定票(赞成票或反对票),但此规定不适用于对其本人或直系亲属有利害关系的事项。

第十八条　本会执行秘书必须做好每次会议记录,并由会议主持人签署后存档;涉及物业管理重大问题时应由与会的全体委员签署。

第四章　委员

第十九条　本会委员由业主大会从业主中选举产生,人数为单数。最多不超过 11 人。

第二十条　本会委员由道德品质好、热心公益事业、责任心强,有一定的组织能力和必要工作时间的成年人担任。

第二十一条　本会委员每届任期 3 年,可以连选连任。

第二十二条　本会委员的撤换、增减,由本会会议通过后,提交业主大会通过。

第二十三条　有下列情况的人员不得担任本会委员,已担任的须停任,并由下次业主大会确认:

1. 个人已宣告破产或担任企业法定代表人期间该企业破产 3 年内的。

2. 因身体或精神上的疾病而丧失履行职责能力的。

3. 无故连续缺席会议 3 次以上的。

4. 已不是业主的。

5. 因违法犯罪行为被司法部门认定或正在接受调查的。

6. 其他不适宜担任本会委员的情形。

第二十四条　任何委员停任时,必须在停任后半个月内将由其管理、保存的本会文件、资料、账簿及属于本会的所有物件移交给本会。

第二十五条　各委员的权利和义务。

(一)权利

1. 参加本会组织的有关活动。

2. 选举权、被选举权和监督权。

3. 参与本会有关事项的决策。

4. 对本会的建议和批评权。

(二)义务

1. 遵守本会章程。

2. 执行本会的决议,完成本会交办的工作。

3. 参加本会组织的会议、活动和公益事业。

4. 向本会的工作提供有关资料和建议。

第五章 经费与办公用房

第二十六条 本会的经费由物业管理服务费中支出。

第二十七条 本会的经费开支包括：业主大会和本会会议；有关人员的津贴；必要的日常办公等费用。经费收支账目由物业管理公司负责管理，每季度向本会汇报，每年度向业主公布。

第二十八条 本会的办公用房按当地政府规定解决。

第六章 附则

第二十九条 业主大会通过的有关本章程的决定都是本章程的组成部分。

第三十条 本会的解散与终止，依照业主大会的决定或政府主管部门的决定进行。

单元二 物业管理规定

规定是规范性公文中使用范围最广、使用频率最高的文种。它是领导机关或职能部门对特定范围内的工作和事务制定相应措施，要求所属部门和下级单位贯彻执行的法规性公文。规定是为落实某一法律、法规，加强其管理工作而制定的，具有较高的约束力，而且内容细致，可操作性较强。

一、物业管理规定的主要特点

（1）从针对的问题和涉及的对象看，它们都是针对带有一般性和普遍性的问题，涉及的是大多数的人和事，并非少数或特定的人和事。

（2）从约束力和法定效力看，它们都具有极强的强制约束力，它们的效力是由法定作者的法定权限与规范的公文内容决定的，包括效力所及的时间、空间、人员、机关等。

（3）从产生程序看，它们产生的程序极为严格和规范，需要履行严格的审批手续和正式公布的程序。

（4）从公文语言的使用看，它们要求高度准确、概括、简洁、通俗、规范。

（5）从效用原则看，一般实行"不溯既往"和"后法推翻前法"的原则，即公文效力所及只对文件正式成立后发生的有关人和事；与其规定不一致的"旧文件"即行废止，以新文件为准。

二、物业管理规定的结构和写法

物业管理规定是由首部和正文两部分组成。

（一）首部

首部包括标题、制发时间和依据等项目。

1. 标题

规定的标题由内容和种类组成，如物业管理企业财务管理规定、商品住宅实行住宅质量保证书和住宅使用说明书制度的规定。

2. 制发时间和依据

用括号在标题之下注明规定发布和签发的时间与依据。有的规定是随命令、令等文种同时发布的。

（二）正文

正文的内容由总则、分则和附则组成。总则交代制定规定的缘由、依据、指导思想、适用原则和范围等；分则即规范项目，包括规定的实质性内容和要求具体执行的依据；附则说明有关执行要求等。

正文的表述形式一般采用条款式或章条式。

（1）条款式。条款式即分条设款，条款结合，以"条"到底，如商品住宅实行住宅质量保证书和住宅使用说明书制度的规定。

（2）章条式。章条式即分章分节，章断条连，第一章为总则，中间各章为分则，最后一章为附则。

三、物业管理规定的写作要求

（1）要以严肃审慎的态度拟制行文。
（2）合理安排条款，精心布局，序列清楚，达到行文目的。
（3）规定的篇幅长短应根据内容多少而定，以达到完成主旨为目的。

四、物业管理规定写作实例

物业管理规定写作实例可参见《上海市住宅物业管理规定》。

单元三　物业管理条例

物业管理条例是国家权力机关或行政机关依照政策和法令而制定并发布的，是针对政治、经济、文化等各个领域内的某些具体事项而作出的，比较全面系统、具有长期执行效力的法规性公文。条例是法的表现形式之一。一般只是对特定社会关系作出的规定。条例是由国家制定或批准的规定某些事项或某一机关组织、职权等的规范性法律文件，也可指团体制定的章程。它具有法的效力,是根据宪法和法律制定的,是从属于法律的规范性文件,人人必须遵守,违反它就要承担一定的法律后果。

一、物业管理条例的特点

1. 内容的法规性

条例是国家机关为控制或调整国家生活中某些方面的准则而使用的立法性手段。其既是基本法律制定以前的单项法规,又是制定以后、贯彻实施之前的具体化、细则化,从而保证基本法律的具体实施。条例一经颁布实施,其所涉及的对象,必须依条款办事,否则将要受到法律、行政或经济的处理。

物业管理条例

2. 时效的稳定性

条例一经颁布实施,在一个相当长时限内,对其所涉及的对象行为起约束作用。

3. 制发的独特性

《行政法规制定程序条例》中明确规定了国务院各部门和地方人民政府制定的规章不得称为"条例"。行政法规的名称一般称为"条例",也可以称"规定""办法"等。行政法规由国务院组织起草,这就从行文的源头上保证了条例的权威性、约束力。

条例在颁布前,可以有一个试行的阶段。经过试行以后,加以修改充实,作为正式文件颁布施行,成为在一定范围内具有法规性和约束力的文件。

二、物业管理条例的结构和写法

物业管理条例一般由标题、签署、正文三部分组成。

1. 标题

物业管理条例的标题类似公文的标题,可以由制发单位＋内容(或适用对象)＋文种(条例)构成,如《中华人民共和国民用航空器国籍登记条例》,这一标题为规范标题;另一种由内容(或适用对象)＋文种(条例)构成,如《城市房地产开发经营管理条例》。由于一些条例需要有一个完善的过程,因而在这些条例的标题中,一般可以在文种前加上"暂行""试行"等字样。

2. 签署

所谓签署,实际上是在条例的标题下用括号括注的条例通过的时间、会议和公布的日期、施行的日期等。如《物业管理条例》(2003 年 6 月 8 日中华人民共和国国务院令第 379 号公布。根据 2007 年 8 月 26 日《国务院关于修改〈物业管理条例〉的决定》第一次修订;根据 2016 年 2 月 6 日《国务院关于修改部分行政法规的决定》第二次修订;根据 2018 年 3 月 19 日《国务院关于修改和废止部分行政法规的决定》第三次修订)。

3. 正文

(1)章条式。章条式即分章分节,章断条连。第一章为总则,中间各章为分则,最后一章为附则。

模块七　条例、规章类文书

(2)条款式。条款式即分条设款，条款结合，以"条"到底。

具体写法是，开头通常用一句话说明行文的目的、根据，或原因、意义等，作为总则或为第一条。然后逐条逐款一一展开，这是条例的主干部分。在这部分中，既有规定的具体内容，又要写明具体的规范要求及约束措施，既要有正面规定的条文，又要有反面否定的设例。最后是结尾（或称附则），主要说明实施的意见和要求，以及对有关事宜进行补充和交代等。

三、物业管理条例写作注意事项

(1)要以严肃审慎的态度拟制行文。
(2)合理安排条款，精心布局，序列清楚，达到行文目的。
(3)为达到完成主旨的目的，条例的篇幅长短应根据内容多少而定。

四、物业管理条例写作实例

物业管理条例写作实例参见《物业管理条例》。

单元四　物业管理办法

办法是国家机关、部门对某项工作或某一方面活动作出具体安排或提出具体措施的一种规章文书。办法对某项工作或活动制定出规范性标准，要求一定范围内的有关人员遵照执行，具有行政的约束力；办法对人们进行规范，要求具体、完整，不得抽象不全，政策界限清楚，技术要求明确，数据确凿，毫不含混，带有具体指导性。

一、物业管理办法的特点

(1)办法的法规约束性侧重于行政约束力。
(2)办法的条款应具体、完整，而非抽象笼统。

二、物业管理办法的分类

物业管理办法根据内容、性质的不同，可分为实施文件办法和工作管理办法两种。

三、物业管理办法的结构和写法

物业管理办法由首部和正文两部分组成。

(一)首部

首部包括标题、制发时间和依据等项目内容。

1. 标题

物业管理办法的标题一般由内容和文种组成，如《城市新建住宅小区管理办法》《城市住宅小区物业管理服务收费暂行办法》。

2. 制发时间和依据

制发时间和依据：标题之下用括号注明规定制发的年、月、日和会议；或通过的会议、时间及发布的机关、时间；或批准的机关、时间等。有的办法随"命令""令"等文种同时发布，这一项目内容可不再写。

（二）正文

正文一般由依据、规定、说明组成，可分章、分条叙述。物业管理办法中的各条规定，是办法的主体部分，要将具体内容和措施依次逐条写清楚。物业管理办法的结尾一般是交代实施的日期和对实施的说明。

四、物业管理办法写作要求

(1)物业管理办法的写作要严肃认真，严谨求实。
(2)要合理安排条款，精心布局，条理井然。
(3)办法篇幅的长短应根据内容多少而定，以达到宗旨为目的。

五、物业管理办法写作实例

物业管理办法写作实例可参见《天津市普通住宅小区物业管理服务收费管理办法》。

模块小结

本模块主要介绍了物业管理章程、物业管理规定、物业管理条例和物业管理办法四部分内容。

（一）物业管理章程

物业管理章程是物业管理组织、团体制定的，用来对其性质、宗旨、任务、组织机构、人员构成、权利义务、职权范围、活动规则及纪律措施作出规定的一种规章文书。它是物业管理组织、团体的根本性规章制度，一经该组织或团体成员大会或成员代表大会通过，即成为全体成员必须严格遵守的行为准则，对所有成员都具有约束力。

（二）物业管理规定

物业管理规定是规范性公文中使用范围最广、使用频率最高的文种。它是领导机关或职能部门对特定范围内的工作和事务制定相应措施，要求所属部门和下级机关贯彻执行的法规性公文。规定是为落实某一法律、法规，加强其管理工作而制定的，具有较强的约束力，而且内容细致，可操作性强。

(三)物业管理条例

物业管理条例是国家权力机关或行政机关依照政策和法令而制定并发布的,是针对政治、经济、文化等各个领域内的某些具体事项而作出的比较全面系统、具有长期执行效力的法规性公文。条例是法的表现形式之一。一般只是对特定社会关系作出的规定。条例是由国家制定或批准的规定某些事项或某一机关组织、职权等的规范性法律文件,也可指团体制定的章程。它具有法的效力,是根据宪法和法律制定的,是从属于法律的规范性文件,人人必须遵守,违反它就要承担一定的法律后果。

(四)物业管理办法

办法是国家机关、部门对某项工作或某一方面活动作出具体安排或提出具体措施的一种规章文书。办法对某项工作或活动制定出规范性标准,要求一定范围内的有关人员遵照执行,具有行政的约束力;办法对人们进行规范,要求具体、完整,不得抽象不全,政策界限清楚,技术要求明确,数据确凿,毫不含混,带有具体指导性。

复习思考题

1. 什么是物业管理章程?其特点是什么?
2. 物业管理章程的写作要求有哪些?
3. 什么是物业管理规定?其具有哪些特点?
4. 物业管理规定的结构是怎样的?
5. 物业管理条例的特点是什么?
6. 物业管理条例写作注意事项有哪些?
7. 物业管理办法的特点和分类是怎样的?
8. 物业管理办法由哪几部分内容组成?

模块八 物业管理日用文书

学习目标

通过本模块的学习，了解物业管理日用文书的特点和分类，掌握日用文书的结构和写作，能撰写格式规范、内容符合要求的物业管理日用文书。

能力目标

能根据需要写作相应的物业管理日用文书。

招领启事

本物业公司保安员于3月11日下午拾到手提包一个，内有钥匙、手机、钱包等物及人民币若干元，望失主前来认领。

地点：××物业三楼办公室

电话：××××××××

××物业办公室
20××年3月12日

以上是一份招领启事，是物业管理日常使用的文书之一。物业管理日用文书主要是指物业管理单位在处理日常事务过程中形成和使用的日用文书。其是物业管理单位处理日常事务经常使用的文书，起着非常重要的作用。日用文书主要有启事、海报、聘书、求职信、申请书、倡议书、介绍信、证明信、条据等。

模块八　物业管理日用文书

单元一　启事

一、启事的概念和特点

启事是指将自己的要求向公众说明或希望协办的一种短文，属于应用写作研究的范畴。通常张贴在公共场所或者刊登在报纸、刊物上。机关、团体、企事业单位和个人都可以使用。

启事的用途比较广泛，大多张贴于墙上和路边建筑物上，有的刊登在报刊上，或由广播、电视通过传媒公开传播。其具有公开性、专项性、简明性和告启性等特点。

二、启事的分类

启事根据不同的分类方法，可分为各种不同的种类，见表8-1。

表8-1　启事的分类

类别	说明
征招类启事	征招类启事包括招聘启事、招生启事、招标启事、招领启事、征婚启事、征稿启事、换房启事等
声明类启事	声明类启事包括遗失启事、作废启事、辨伪启事、迁移启事、更名启事、更期启事、更正启事、开业启事、讲座启事等
寻找类启事	寻找类启事包括寻人启事、寻物启事、求租启事、出售启事等

三、启事的结构和写法

尽管启事种类繁多，但写作格式基本相同，一般由标题、正文、落款三部分组成。

1. 标题

标题可以用稍大的字体写"启事"，也可以在"启事"之前标明启事的名称或性质，如"征文启事"，还可不写启事，只写目的，如"寻找失物"。

2. 正文

正文是启事的主要部分，应周全、简明扼要地把需要公开说明或期盼得到帮助的事项写清楚，便于人们明白。不同类型启事的正文内容有所不同。

（1）寻物启事。要写清楚丢失东西的时间、地点、失物的名称、特征及联系的方式等。

（2）寻人启事。要写清楚被寻找者的姓名、年龄、性别、外貌特征，以及走失的时间、地点等。当然也要交代联系地址、电话、联系人。

（3）征文启事。要写清楚征文的目的、主题、要求，以及起止的时间、评选的办法等。

（4）招聘启事。要写清楚招聘的目的、对象、具体要求、工作待遇，以及招聘单位名称、地址、电话、联系人、网址等。

总之，应依据不同启事的内容和要求变换位置。文末可写上"此启"或"特此启事"，也可略而不写。

3. 落款

在正文右下方注明启事单位名称或启事姓名、日期。如果是单位启事，须加盖公章。单位名称如在标题中出现，可省略署名。

四、启事的注意事项

1. 标题简短醒目

启事标题应力求简短、醒目，主旨鲜明突出，高度概括，能抓住公众的阅读心理。尤其是广告性、宣传性的启事，更要注意标题的艺术性。

2. 内容严密完整

启事的事项一定要严密、完整，不遗漏应启之事，且表述清楚。启事的内容要求单一，最好一事一启，便于公众迅速理解和记忆。另外，联系方式等都要一一交代清楚。

3. 语言热情恳切

启事的文字要简洁、通俗易懂，态度庄重、平易而又热情、恳切、有礼貌，以使公众产生信任感，从而达到预期的效果。

五、启事的写作实例

（一）征招类启事

【例文 8-1】

××大学后勤集团物业管理中心招聘启事

因实际工作需要，我中心现公开招聘以下岗位人员。

一、公用房管理部：系统管理员

1. 招聘人数：1人。
2. 学历要求：统招本科以上学历，学士学位，计算机及相关专业优先。
3. 年龄要求：35周岁以下，性别不限。
4. 岗位要求：

（1）熟练掌握 Windows 操作系统及公用房管理系统，能熟练运用各种相关的工具软件。

（2）熟练使用各种杀毒软件，能够做好系统的安全防护措施，保证网络系统的安全运行。

（3）能够做好计算机及相关技术设备的软硬件系统管理、维护、维修工作，保证计算机的正常运行。

(4)能够做好系统内用户接入局域网的建设、管理与维护工作,及时处理系统内用户故障,保证管理系统正常运行。

(5)具有一定的文案工作经验,能够单独承担文字材料的起草工作。

(6)具有大型活动的组织能力,能够单独承担大型活动的组织工作。

(7)具有良好的团队意识,能够与他人协同配合做好工作。

(8)具有一年以上的相关岗位工作经验。

二、公用房管理部:音响师

1. 招聘人数:1人。

2. 学历要求:本科以上学历,专业不限。

3. 年龄要求:35周岁以下,性别不限。

4. 岗位要求:

(1)具有一定的专业知识,熟悉音响设备结构、性能和原理。

(2)能够单独完成会议音响设备的调试、使用、维护、保养与管理工作。

(3)具有良好的团队意识,能够与他人协同配合做好工作。

(4)具有一年以上的相关岗位工作经验。

三、住宅管理部:小区管理员

1. 招聘人数:1～2人。

2. 学历要求:大学本科以上学历,所学专业为物业管理、水电或土建、核算等相关专业优先录取。

3. 年龄要求:25～35周岁,性别不限。

4. 岗位要求:

(1)有较强的语言沟通能力。

(2)热爱物业工作,有较强的责任心。

(3)具有3年以上相关工作经验。

(4)为×市常住人口。

四、相关待遇

按照物业管理中心聘用制管理人员的相关待遇执行。

五、报名方式

1. 报名时间:20××年11月30日—12月2日。

2. 报名地点及联系电话:

(1)公用房管理部:A楼××室,联系电话:××××××××、××××××××。

(2)住宅管理部:××区××街××号,联系电话:××××××××。

3. 报名时所需材料:报名时请携带身份证、学历证、学位证原件及复印件1份,1寸彩色免冠近照1张。

哈工大后勤集团物业管理中心
20××年11月30日

【例文 8-2】

××小区"讲文明，树和谐"征文启事

为了倡导爱护环境、人与自然和谐相处的时代新风尚，构建和谐文明的小区环境，××小区将举办"讲文明，树和谐"大型有奖征文活动。具体事宜如下：

一、征文时间：20××年4月1日至6月30日。

二、稿件要求：以"讲文明，树和谐"为主题，弘扬新风、针砭陋习、献计献策。来稿可选取我小区精神文明建设中的好人好事。

作品除诗歌、散文外，杂文、新闻采访、专题报道、评论、摄影、漫画等均可，字数不限。在"讲文明，树和谐"的主题范围下，为引导居民更有针对性地来稿、参与讨论，还将分期推出不同话题，欢迎居民踊跃参与。

三、投稿方式：

来稿请寄××小区物业管理办公室，在信封上标注"有奖征文"字样，稿件中标明作者姓名、通信方式和联系电话。

四、奖项设置：

一等奖1名，奖励5 000元。二等奖3名，各奖励2 000元。三等奖6名，各奖励500元。

联系电话：××××××××××

联系人：胡小姐

××物业管理公司

20××年3月20日

(二)声明类启事

【例文 8-3】

顺达物业公司搬迁启事

本公司由于工作需要将于20××年5月6日迁入××区××路×号新址办公，恭请各位新老客户光顾，现将有关事项通告如下：

地址：××区××路×号

邮编：××××××

电话：×××××××××

××物业公司办公室

20××年4月20日

【例文 8-4】

遗失启事

本公司于 20××年 12 月 5 日遗失财务专用章一枚，特此声明作废。

××物业服务公司
20××年 12 月 6 日

【例文 8-5】

公司更名启事

尊敬的各界朋友：

本公司因发展需要，经有关部门批准，自 2010 年 5 月 3 日起"北京 A 物业管理有限公司"正式更名为"北京 B 物业服务有限公司"。同时原"北京 A 物业管理有限公司"印章停止使用，"北京 B 物业服务有限公司"印章正式启用。

更名后的公司继续享有和承担以往经营业务中所产生的一切权利和义务。公司的经营业务、经济性质、银行账号、税号及办公地点等不变。

北京 A 物业管理有限公司
2010 年 4 月 22 日

(三) 寻找类启事

【例文 8-6】

寻物启事

本人不慎于 2017 年 3 月 15 日上午 8 时左右在××公园遗失棕色公文包一只，内有身份证、驾驶证、工作证等证件以及带有瑞士小军刀的钥匙一串。拾到者请拨手机×××××与本人联系。面谢。

启事人：×××
2017 年 3 月 5 日

【例文 8-7】

寻车启事

本月上旬，我公司一辆黑色、全新的桑塔纳 2 000 小轿车在中西里丢失。车牌号：京××××××，发动机号：××××，车身号：××××。知情者请速与我公司联系，有重谢。联系电话：×××××，联系人：×××。

××纸业公司
2017 年 3 月 20 日

【例文 8-8】

房屋出租启事

受人之托，苏州西山著名明月湾古村景区内，依山傍水，有一民房，其门牌"××号"。独墙独户，房主×某有意出租。房屋建筑面积 200 m^2，内有客堂 1 间、厨房 1 间、卫生间 2 间、卧室 5 间、开井院子 1 个，房主愿将其中的三间房间出租。包括生活器具和家电，全套供应；房主更愿将整套房屋出租，供房客短期和长期租用，在西山休闲、养老、发展事业。家用什物直供进门房客，享尽家庭的温馨。有关租金面议。有意者请与×先生联系。

联系人：×××
联系电话：×××××
手机：×××××
邮箱：×××××

××××年×月×日

【例文 8-9】

房屋出售启事

我物业公司现有商品房一套，三室两厅两卫，位于××路，离步行街很近，房屋面积 132 m^2，坐北朝南，南北通透，采光好，交通便利，证件齐全，水电、家私及电视、冰箱、空调、热水器等电器俱全，即买即住，售价××万元，有意购买者请联系：×××××——×女士，非诚勿扰。

××物业管理有限公司
20××年×月×日

一、海报的概念和特点

海报是人们日常生活中最为常见的一种招贴形式，多用于电影、球赛、文艺演出等活动。海报中通常写明活动的性质，以及活动的主办单位、时间、地点等内容。

海报的内容力求简明扼要，形式要做到新颖、美观。其主要特点是具有广告宣传性和商业性。

1. 广告宣传性

海报是广告的一种，它希望社会各界的参与。部分海报会加以美术的设计，以吸引更多的人加入活动。海报可以在媒体上刊登、播放，但大部分是张贴于人们易于见到的地方。其广告性色彩极其浓厚。

2. 商业性

海报是为某项活动做的前期广告和宣传，其目的是让人们参与其中，演出类海报占海报中的大部分，而演出类广告又往往着眼于商业性目的。当然，学术报告类的海报一般是不具有商业性的。

二、海报的分类

1. 电影海报

电影海报是影剧院公布演出电影的名称、时间、地点及内容介绍的一种海报。这类海报有的还会配上简单的宣传画，将电影中的主要人物画面形象地绘制出来，以扩大宣传的力度。

2. 文艺晚会、杂技、体育比赛等海报

文艺晚会、杂技、体育比赛等海报同电影海报大同小异，它的内容是观众可以身临其境进行娱乐观赏的一种演出活动，这类海报一般有较强的参与性。海报的设计往往要新颖别致，引人入胜。

3. 学术报告类海报

学术报告类海报是一种为一些学术性的活动而发布的海报。一般张贴在学校或相关的单位。学术类海报具有较强的针对性。

4. 个性海报

个性海报是自己设计并制作，具有明显 DIY 特点的海报。

三、海报的结构和写法

海报通常由标题、正文和结尾三部分组成。

1. 标题

海报的标题是一则海报的宣传"窗户"。因此，标题的撰写要尽量做到简洁明了、新颖醒目，能够吸引读者的注意力，引起读者的兴趣。海报的标题有如下几种写法：

（1）单独由文种名构成。即在第一行中间写上"海报"字样。

（2）直接由活动的内容承担题目。如"舞讯""影讯""球讯"等。

（3）可以是一些描述性的文字。如"×××再显风采"。

2. 正文

海报的正文要求写清楚以下一些内容：

（1）活动的目的和意义。

（2）活动的主要项目、时间、地点等。

（3）参加的具体方法及一些必要的注意事项等。

3. 结尾

海报的结尾要写明主办单位名称及撰写日期，还可注明联系电话和联系人。如果标题已写上单位，这里可省略主办单位名称。

四、海报写作注意事项

（1）海报一定要具体真实地写明活动的地点、时间及主要内容。文中可以使用一些鼓动性的词语，但不可夸大事实。

（2）海报文字要求简洁明了，篇幅要短小精悍。

（3）海报的版式可以做些艺术性的处理，以吸引观众。

五、海报的用途

（1）广告宣传海报：可以传播到社会中，以便满足人们的利益。

（2）现代社会海报：较为普遍的社会现象，为大多数人所接纳，提供现代生活的重要信息。

（3）企业海报：为企业部门所认可，可以利用这样海报引发员工的一些思考。

（4）文化宣传海报：所谓文化是当今社会必不可少的。无论是多么偏僻的角落，多么寂静的山林，都存在文化，如明星海报。

六、启事与海报的异同

启事与海报都具有告启性，而不具有强制性与约束力，都可在公共场所张贴，但两者具有明显区别，见表 8-2。

表 8-2　启事与海报的异同

异同	启事	海报
使用范围不同	启事使用的范围较广	海报通常只用于报道文化、娱乐、体育等消息
公布方式不同	启事可张贴、可刊发，还可用广播、电视播放	海报一般只用来悬挂和张贴
制作形式不同	启事一般只用文字说明	海报除文字外，还可以作美术加工
使用对象不同	单位或个人均可使用启事	海报多是单位使用，个人一般不用

七、海报的写作实例

【例文 8-10】

象棋大赛

由本公司主办的首届老年人象棋大赛，将于 2019 年 12 月 20 日下午 3 点在小区物业二楼举行，欢迎届时观战。

××物业管理有限公司
2019 年 12 月 16 日

【例文 8-11】

中老年健康常识讲座

本小区特邀卫生部中老年人健康研究专家×××举办讲座，欢迎各位业主及家属前来听课。

主题：中老年保健常识

主讲人：××教授

时间：2019年8月12日下午3点

地点：小区物业办公室二楼业主活动报告厅

××小区业主管理委员会
2019年8月8日

单元三　聘书

一、聘书的概念

聘书是聘请书的简称。其是用于聘请某些有专业特长或名望权威的人完成某项任务或担任某种职务时的书信文体书。

二、聘书的作用

招聘制作为现今用人制度的主要形式，为聘书的使用提供了广阔的市场，因而聘书在这些年来使用得很多。聘书在今天人们的生活中起到了重要的作用。

（1）加强协作的纽带。聘书把人才和用人单位很好地联系了起来。一个单位在承担了某项任务后，或在开展某项工作的时候，为了请到一些本单位缺乏的人才时，就需要使用聘书。聘书不仅使个人同用人单位联系了起来，同时，还加强了不同单位之间的合作，使之可以互通有无、互相支援，聘书起到了不可替代的纽带作用。

（2）加强应聘者的责任感、荣誉感。应聘者接到聘书也就等于必须为自己所聘的职务、工作负有责任，会尽力做好自己的工作。因为聘书是出于对受聘人极大的信任和尊重才发出的，这无形中就加强了受聘人的责任感。同时，受聘人往往是在某方面确有专长或能做出特殊贡献的人，所以，聘书的授予也就促进了人才的交流，可以较充分地发挥受聘人的聪明才智。

（3）表示郑重其事、信任和守约。

三、聘书的结构和写法

聘书一般事先按照书信格式印制好，中心内容由发文者填写即可。完整的聘书一般由标题、称谓、正文、结尾、落款几部分构成。

1. 标题

聘书往往在正中写上"聘书"或"聘请书"字样，有的聘书也可以不写标题。已印制好的聘书标题常使用烫金或大写的"聘书"或"聘请书"字样组成。

2. 称谓

聘请书上被聘者的姓名称呼可以在开头顶格写，然后再加冒号；也可以在正文中写明受聘人的姓名称呼。常见的印制好的聘书则大都在第一行空两格写"兹聘请××……"。

3. 正文

聘书的正文一般要求包括以下一些内容：

（1）交代聘请的原因和请去所干的工作，或所要去担任的职务。

（2）写明聘任期限。如"聘期两年""聘期自 2018 年 2 月 20 日至 2020 年 2 月 20 日"。

（3）聘任待遇。聘任待遇可直接写在聘书之上，也可另附详尽的聘约或公函写明具体的待遇，这要视情况而定。

另外，正文还要写上对被聘者的希望。这一点一般可以写在聘书上，但也可以不写，而通过其他的途径使受聘人切实明白自己的职责。

4. 结尾

聘书的结尾一般写上表示敬意和祝颂的结束用语，如"此致，敬礼""此聘"等。

5. 落款

落款要署上发文单位名称或单位领导的姓名、职务，并署上发文日期，同时要加盖公章。

四、聘书写作的注意事项

聘书要郑重严肃，对有关招聘的内容要交代清楚。同时，聘书的书写要整洁、大方、美观。

聘书一般要短小精悍，不可篇幅太长，语言要简洁明了、准确流畅，态度要谦虚诚恳。

聘书是以单位名义发出的，所以一定得加盖公章，方视为有效。

五、聘书写作实例

【例文 8-12】

聘书

兹聘请赵××同志为××物业中心维修部总工程师、主任，聘期自××××年×月×日至××××年×月×日，聘任期间享受中心高级工程师全额工资待遇。

此聘！

物业中心（盖章）

××××年×月×日

【例文8-13】

聘请书

为了提高数学质量,本校总部成立了刊授教学研究会。特聘请刘×老师为指导教师,参加教学研究,并关心、指导本校的教学工作。

此致

敬礼!

刊授大学(盖章)
××××年×月×日

单元四　求职信

一、求职信的概念

求职信又称"自荐信"或"自荐书",是求职人向用人单位介绍自己情况以求录用的专用性文书。

求职信与普通的信函没有多少区别,但它与朋友的信函又有所不同,当然也不同于"公事公办"的公文函。求职信所给的对象很难明确,也许是人事部一般职员,也许是经理,如果你对老板比较了解的话可以直接给老板。当然,如果你根本就不认识招聘公司的任何人,求职信最好写上"人事部负责人收"较妥。

求职信写得好坏将直接关系到求职者能否进入下一轮的角逐。

求职信作为新的日常应用类文体,使用频率极高,其重要作用愈加明显。

二、求职信的功能

1. 沟通交往,意在公关

求职信是沟通求职者和用人单位之间的桥梁。通过一定的沟通,在相互认识、交流的基础上,实现相互的交往,是求职信的基本功能。实现交往,求职者才可能展示才干、能力、资格,突出其实绩、专长、技能等优势,从而得到录用。因此,求职信的自我表现力非常明显,带有公关要素与公关特色。

2. 表现自我,求得录用

实现自己的求职目的,就要求自己必须充分扬长避短,突出自我优势,在众多的求职者中崭露头角,以自己的某些特长、优势、技能等吸引用人单位。表现自我,意在录用,也是求职信的又一基本功能。

三、求职信的类型

(1)从成文的角度看,有自写的求职信、他人推荐而写的求职信等。

(2)从内容或行业看,有技术性求职信、销售性求职信、生产性求职信、演艺性求职信、医疗性求职信等。

(3)从求职的时间看,有短期性求职信、中期性求职信、长期性求职信等。

(4)从求职的要求看,有基本要求的求职信、有具体要求的求职信等。

四、求职信的结构和写法

求职信的格式主要由标题、称谓、正文、落款、附件几部分组成。

1. 标题

一般以"求职信"三字为标题,居于首页正中。

2. 称谓

称谓是指对受信者的称呼,一般写在第一行,要顶格写受信者单位名称或个人姓名。单位名称后可加"负责同志";个人姓名后可加先生、女士、同志等。在称谓后写冒号。

求职信不同于一般私人书信,由于受信人未曾见过面,因此,称谓要恰当,郑重其事。

3. 正文

正文一般由引言、主体、结尾三部分组成。正文的形式多种多样,但内容都要求说明求职信息的来源、应聘职位、个人基本情况、工作成绩等事项。

(1)引言。介绍写信的原因与目的。首先,简要介绍求职者的自然情况,如姓名、年龄、性别等。接着要直截了当地说明从哪条渠道得到有关信息及写此信的目的。例如,"我叫李民,现年22岁,男,是一名财会专业的大学本科毕业生。我从报上看到贵公司招聘一名专职会计人员的消息,不胜喜悦,以本人的水平和能力,我不揣冒昧地毛遂自荐,相信贵公司定会慧眼识人,会使我有幸成为贵公司的一名会计人员。"这段是正文的开端,也是求职的开始,介绍有关情况要简明扼要,对所求的职务,态度要明朗。而且要吸引受信者有兴趣将你的信读下去,因此开头要具有吸引力。其次,写对所谋求的职务的看法及对自己的能力要作出客观公允的评价,这是求职的关键。要着重介绍自己应聘的有利条件,要特别突出自己的优势和"闪光点",以使对方信服。

最后,提出希望和要求,向受信者提出希望和要求。例如,"希望您能为我安排一个与您见面的机会"或"盼望您的答复"或"敬候佳音"之类的语言。这段属于求职信内容的收尾阶段,要适可而止,不要啰唆和苛求对方。

(2)主体。主体是求职信的核心。针对用人单位招聘广告或求职者所了解的信息,推销自己,介绍自己能够胜任某项工作的理由(如知识、学历、经验等)。要让对方感到,你能胜任这份工作。

撰写本部分时要扬长避短、突出重点,针对具体情况多角度、多层次、多方位地展示自己。但是,所述内容应力求真实,否则极有可能弄巧成拙。

(3)结尾。结尾一般要表达两个意思,一是请求对方给予面试机会,如"希望给予面试的机会""热切地盼望着贵公司给予答复"等;二是表示敬意、祝福,如"顺祝安康""深表谢意""祝贵公司财源广进"等,也可写礼貌用语"此致,敬礼"等。

另外,最好写上自己的详细通信地址、邮政编码、电话、电子邮箱等联系方式以便对方回复、联系。

4. 落款

写信人的姓名和成文日期写在信的右下方，姓名写在上面，成文日期写在姓名下面。为免有阿谀之感，或让对方轻看你的能力，姓名前面不必加任何谦称的限定语。成文日期要年、月、日俱全。

5. 附件

附件是附在信末以证明或介绍自己具体情况的书面材料，如成绩表、各类获奖证书或等级认定证书、发表的文章、专家或单位提供的推荐信或证明材料等。为慎重起见，所选用的相关证明材料最好加盖必要的公章。一般要求求职信与有效证件一同寄出，并在正文左下方一一注明。

五、求职信写作注意事项

1. 文面正确

求职信或求职简历，书写或打印出来后，都要认真检查，注意整体的排版效果，注意不要出现错字、错词、错句，注意标点符号的使用是否恰当，这些都能反映一个人语言文字的基本功及办事态度。

2. 内容真实

简历是一个人的真实经历，内容必须翔实可靠。若被发现弄虚作假，机会也就失去了。

3. 语言礼貌

语言礼貌是对阅读者的尊重。求职信语言的礼貌，不仅表现在开头的称呼及结尾处的问候，还表现在信中使用礼貌性的词语，如"尊敬的领导""您""感谢"等。

4. 行文简洁

求职信要求简洁明了，惜墨如金。用最简洁的文字表达出最丰富、最有效的信息，这本身就是应聘者水平的一种体现。

六、求职信写作实例

【例文8-14】

求职信

尊敬的领导：

　　您好！

　　首先，感谢您能在繁忙的工作中对我的自荐信给予关注，在这里您将体味到一颗大学生赤诚而渴望的心。

　　我毕业于××建筑大学物业管理专业。新世纪，机遇与挑战已成为时代主题，而合理的选择和利用人才，则比以往任何一个时期都更显示出它在这个时代的重要意义。我深知您肩负的责任与期盼是为公司物色一名好的助手，而谋求一份能发挥自身特长的工作则是我的愿望。我相信凭我的能力、学识能应付任何工作挑战，更相信我会以出色的工作表现赢得您的赞赏。

人才的竞争日趋激烈，机遇与压力同在。在几年的大学生活中我以提高自身素质、扎实的专业基础、成为合格性人才的高准则来要求自己。我深知学海的无涯，更知道面壁十年的意义……

而今，学业初成，面对挑战，我愿一展所学，开创美好未来！

世先有伯乐，后有千里马，我不敢自称明珠宝玉，更不敢自称才学超群，时光匆匆，学识伊始，从学校到社会，我知道有一个成长的过程。但所幸我生活在乘风破浪的时代，只要奋斗和信心不止，前进的动力不衰，凭着对未来的追求和探索，对事业的执着和热爱，我自信能在一个文明、团结、进步的集体中，竭尽所能，再添辉煌，我一定不负您的期望与厚爱。

我期待着人生的又一次挑战，更期待能置身于才遇良将的工作与发展的无限空间中去。给我一片天空，我会让它更加绚丽，这是我永远的承诺。期待您的佳音！

衷心祝福：贵公司兴旺发达、全体员工工作顺利！

此致

敬礼！

自荐人：×××

20××年×月×日

【例文 8-15】

自荐信

尊敬的领导：

您好！

本人欲申请贵公司外贸业务员一职，所以冒昧写了一封求职信，一个大学毕业生的梦想就要从贵公司开始……

我是××大学的一名学生，大四，应用心理学专业。我对外贸非常感兴趣，从大三开始我就打算毕业以后从事进出口业务。我了解这对于我来说并不是一件非常容易的事情，因为我的专业既不是国际贸易专业，也不是英语或其他外语专业，而是应用心理学，我也未曾有过外贸方面的工作经验。但是我相信按部就班就是最好的捷径，最大的成功来自大量的失败。《羊皮卷》上的话一直鼓舞着我坚持下去，"只要持之以恒，什么都可以做到"。我几乎每天都坚持学习商务英语，大量地听写，练习商务书信写作和商务英语口语，学习国际贸易的基本知识，熟悉进出口的业务流程和贸易术语、单证等。另外，我也学一些日语和韩语的日常生活会话，经常上网和其他国家的网友用英语交流，在这个过程中，我看到了自己的进步，同时也体验到了充实的满足感和乐趣。

我知道万事开头难，能够进入外贸行业这个门槛是我的第一步，如能录用，给我这次机会，我愿意从最基本的工作做起。相信有了第一步，第二步、第三步……将会走得更加自信，不过这都要靠贵公司的支持和帮助，希望贵公司能给我这次机会。

承蒙审阅,深表感激。如被面试、录用,本人马上可以开始实习、参加工作。

此致

敬礼!

自荐人:×××
××××年×月×日

单元五 申请书、倡议书

一、申请书

(一)申请书的概念和特点

申请书是个人、单位、集体向组织、领导提出请求,要求批准或帮助解决问题的专用书信。

申请书的使用范围广泛,是一种专用书信,它与一般书信一样,也是表情达意的工具。申请书要求一事一议,内容要单纯。

(二)申请书的种类

申请书按作者分类,可分为个人申请书和单位、集体公务申请书。

(三)申请书的结构和写法

申请书一般由标题、称谓、正文、结尾、落款五部分组成。

1. 标题

标题有两种写法,一是直接写"申请书",二是在"申请书"前加上内容,如"入党申请书""调换工作申请书"等,一般采用第二种申请书。

2. 称谓

称谓在第二行顶格写,申请书的称谓可依据接受申请书的单位、组织或有关领导选用适当的称谓,如"尊敬的经理""××物业服务公司"等。

3. 正文

正文部分是申请书的主体,首先提出要求,其次说明理由。理由要写得客观、充分,事项要写得清楚、简洁。

4. 结尾

写明惯用语"特此申请""恳请领导帮助解决""希望领导研究批准"等,也可用"此致""敬礼"礼貌用语。

5. 落款

落款即在右下方署上提出申请的个人姓名或单位名称,如申请者是单位的还需加盖公章，并注明申请日期。

(四) 申请书写作注意事项

(1) 内容要真实。阐明申请理由时务必实事求是，以便被申请方进行考察和了解。不可弄虚作假，否则可能导致相反的结果。

(2) 理由要充分。交代清楚申请的原因和目的，申请的事项要写得清楚、具体。

(3) 态度要诚恳。情感真实，不能给人一种不严肃、不认真的印象。

(4) 语言要准确、简洁。切忌拖沓冗长、东拉西扯。

(五) 申请书写作实例

【例文 8-16】

公司员工转正申请书

尊敬的领导：

我叫××，于××××年×月×日进入公司，根据公司的需要，目前担任××一职，负责××××××××工作。本人工作认真、细心且具有较强的责任心和进取心，勤勉不懈，极富工作热情；性格开朗，乐于与他人沟通，具有良好和熟练的沟通技巧，有很强的团队协作能力；责任感强，能完成领导交付的工作，和×××、×××之间能够通力合作，关系相处融洽而和睦，配合各部门负责人成功地完成各项工作；积极学习新知识、技能，注重自身发展与进步。我自××××年×月工作以来，一直从事××××××××××工作，因此，我对公司这个岗位的工作可以说驾轻就熟，并且我在很短的时间内熟悉了公司及有关工作的基本情况，马上可以进入工作。现将工作情况简要总结如下：

1. _____

2. _____

3. _____

4. _____

在本部的工作中，我勤奋工作，获得了本部门领导和同事的认同。当然，在工作中我也出现了一些小的差错和问题，部门领导也及时给我指出，促进了我工作的成熟性。

如果说刚来的那几天仅仅是从简介中了解公司，对公司的认识仅仅是皮毛的话，那么随着时间的推移，我对公司也有了更为深刻的了解。公司宽松融洽的工作氛围、团结向上的企业文化，让我很快进入了工作角色中来。这就好比一辆正在进行磨合的新车一样，一个好的司机会让新车的磨合期缩短，并且会很好地保护好新车，让它发挥出最好的性能。咱们公司就是这名优秀的司机，新员工就是需要渡过磨合期的新车，在公司的领导下，我会更加严格要求自己，在做好本职工作的同时，积极团结同事，搞好大家之间的关系。在工作中，要不断地学习与积累，不断地提出问题，解决问题，不断完善自我，使工作能够更快、更好地完成。我相信我一定会做好工作，成为公司中优秀的一分子，不辜负领导对我的期望。

总之，在这一个月的工作中，我深深体会到有一个和谐、共进的团队是非常重要的，有一个积极向上的公司和领导是员工前进的动力。既然××公司给了我这样一个发挥的舞台，我就要珍惜这次机会，为公司的发展竭尽全力。在此我提出转正申请，希望自己能够成为公司的正式员工，恳请领导予以批准。

此致

敬礼！

申请人：×××
2018年2月9日

【例文 8-17】

暂住人口登记申请表

居委会领导请转××派出所：

我是小区业主×××，是××省××市××区××街青年，大学本科文化程度，现年28岁，已婚。现在××小区购买了住宅一套，并拥有了房权，特申请办理暂住人口登记手续，请准予登记。

（附：身份证复印件）

此致

敬礼！

××物业管理有限公司
2020年4月8日

二、倡议书

（一）倡议书的概念和特点

倡议书是个人或集体提出建议并公开发起，希望共同完成某项任务或开展某项公益活动所运用的一种专用书信。

倡议书是发动群众开展竞赛的一种手段。其特点如下。

1. 倡议书的群众性

倡议书不是对某个人、某一集体或某一单位而言的，它往往面向广大群众，或对一个部门的所有人发出，或对一个地区的所有人发出，甚至向全国发出。所以，其对象广泛的群众性是倡议书的根本特征。

2. 倡议书对象的不确定性

倡议书是要求广大群众响应的,然而其对象范围往往是不定的。它即便是在文中明确了自己的具体对象,但实际上有关人员可以表示响应,也可以不表示响应,它本身不具有很强的约束力。与此无关的其他群众团体也可以有所响应。

3. 倡议书的公开性

倡议书就是一种广而告之的书信。它就是要让广大的人民群众知道了解,从而激起更多的人响应,以期在最大的范围内引起共鸣。

(二)倡议书的种类

从发文角度来分,倡议书可分为个人倡议书和集体倡议书;从传播角度分,倡议书可分为传单式倡议书、张贴式倡议书、广播式倡议书、登载式倡议书。

从写作角度看,无论是个人发出的倡议,还是集体发出的倡议,其写法大体相同。即使是不同传播方式的倡议书,其写法也大体相同。

(三)倡议书的作用

(1)倡议书具有广泛的群众性。它可以在较大范围内调动群众的积极性,使大家心往一处想,劲往一处使,齐心协力共同做好一些有益于社会的事务和开展某些公益活动。

(2)倡议书是开展精神文明建设的一个有效的方法。倡议书的内容一般是同人们的日常生活相关的一些事项。例如:倡议爱护花草树木,保护生态环境;倡议众志成城,同心协力,实现祖国的伟大复兴等。所有这些都有利于人们的身心健康,属于社会主义精神文明的重要内容。

倡议书是一种建议、倡导,它不给人以强制的感觉。所以,在这种轻松倡导之中,宣传了真善美,使人们无形之中就受到深刻的教育。

(四)倡议书的结构和写法

倡议书一般由标题、称谓、正文、结尾、落款五部分组成。

1. 标题

标题一般由文种名单独组成,即在第一行正中用较大的字体写"倡议书"三个字。另外,标题还可以由倡议内容和文种名共同组成。如"把遗体交给医学界利用的倡议书"。

2. 称谓

称谓在第二行顶格写,倡议书的称谓可依据倡议的对象而选用适当的称谓,如"尊敬的业主们""同志们"等。有的倡议书也可不用称谓,而在正文中指出。

3. 正文

正文是倡议书的重要部分,可以分成以下两部分来写:

(1)倡议的背景和目的。这部分内容要写明在什么情况下,为了什么目的,发出什么倡议,倡议有哪些作用、意义。倡议书的发出旨在引起广泛响应,只有交代清楚倡议的目的,人们才会理解、信服并自觉地行动。

(2)倡议的内容和要求。这部分内容要写明倡议的具体内容和要求做到的具体事项,如应开展怎样的活动、做哪些事情、具体要求是什么、价值和意义是什么等都必须一一写明。另外,倡议的具体内容最好分成条来写,这样就可以清晰明确、一目了然。

4. 结尾

结尾要表示倡议者的决心和希望或写出某种建议。倡议书一般不在结尾写表示敬意或祝愿的话语。

5. 落款

落款即在右下方写明倡议者的单位、集体或个人的名称或姓名,署上发倡议的日期。

(五)倡议书写作实例

【例文 8-18】

"建设和谐文明小区创建新型和谐家园"倡议书

自4月21日市房产管理服务中心在全市发出"建设和谐文明小区、创建新型和谐家园"倡议书以来,大部分小区业主(居民)都能够积极参与,争当文明使者,但也有个别业主(居民)不但不响应、不参与,而且屡屡做出一些与文明行为格格不入的事情,影响小区和谐,也给卫生城市复审工作抹黑。为进一步抵制不文明行为,杜绝不和谐现象,现就"建设和谐文明小区、创建新型和谐家园"重申如下:

一、从我做起,积极参与。创建和谐美好的家园,建设和谐文明小区,创建新型文明邻里关系,需要每一位业主居民的积极参与,我们每个人都有责任、有义务通过自己的文明行为,为小区增添亮色,为卫生城市复审增添光彩。我们要主动参与,从我做起,从今天做起,从每一点举止言行的细微之处做起,积极为建设和谐文明小区献计献策。

二、多做实事,躬行实践。我们要自觉遵守和实践公民基本道德,规范我市住宅小区文明公约,做到爱国守法,明礼诚信,团结友善,勤俭自强,敬业奉献。做到爱我小区,爱我家园,爱我城市。

三、立足本位、热心公益。我们要积极参加本小区组织的各种创建活动,争做文明使者。

四、遵章守法,严于律己。每位业主居民都要严格要求自己,切实遵守各项行为守则和管理法规,不作为建设和谐文明小区、创建新型文明邻里关系抹黑的任何事情。共同塑造美好友善小区、和谐文明小区的良好形象。

五、文明守则

1. 热爱祖国、热爱小区、团结友爱、维护秩序。

2. 礼貌待人、助人为乐、邻里和气、遵纪守法。

3. 保护环境、爱护公物、讲究卫生、仪表整洁。

4. 移风易俗、新事新办、美化生活、崇尚科学。

六、区规民约

1. 遵守职业道德、爱护公共财物、不损人利己。

2. 邻里之间和睦相处，相互帮助，做到讲文明、讲礼貌、讲团结、讲友谊。

3. 不得在小区内饲养狗、鹅、鸭等有碍他人休息或卫生的动物。

4. 节约用水、用电，杜绝浪费事件的发生。

5. 各用户须保持区内及门前卫生清洁，住户前无垃圾，门前无积水，将垃圾倒在指定的垃圾箱内。

6. 各住户要爱护花草树木和一切公共设施，保持环境卫生，不得随意乱倒垃圾。住宅楼房、院墙、车库等一切建筑设施未经批准不得随意建设改造。损坏公共设施的，由其责任人负责修建。

7. 严禁酗酒闹事、打架斗殴、聚众赌博、播放大功率音响或其他影响周围居民休息的行为。

8. 不乱倒垃圾，不随地吐痰，做到环境干净、整洁。

9. 严禁在楼道、楼顶、仓库顶、楼后公共场所乱放柴草及煤炭等物品。

10. 要破除陋习，树新风，不得在小区内搞迷信活动。

11. 机动车、自行车等要按规定有序停放。和谐文明小区的创建是整个文明城市创建的重要组成部分，更与我们每个家庭、每个居民业主的利益、福祉紧密相连。为此我们倡议并庄严地承诺，积极响应政府号召，携起手来共同努力，尽自己所能，使我们居住的小区、城市更美丽、更文明，共同创造出一个平安、和谐、洁净、有序的家园。

××市房产管理服务中心

2010 年 9 月 16 日

【例文 8-19】

××文明住宅小区自律倡议书

尊敬的各位业主（住户）：

为维护小区公共环境卫生和正常生活秩序，建设管理有序、服务完善、环境优美、文明和谐的人文住宅生活小区，根据本小区实际情况制定此倡议书。

一、文明停车，你我同行

为构建一个安全、和谐、文明的住宅生活小区，保证小区道路的畅通无阻。物业服务中心特意倡议您：

1. 请按照小区规划好的路线行车、落车，避免发生道路拥堵或安全事故。

2. 进入小区的车辆，为避免出现扰民不良现象，禁止鸣笛。

3. 进入小区的车辆，请将时速控制在 15 千米/小时。

4. 为了您的车辆安全，建议您不要随意停车。

××市公安局交通警察局：122

××市公安局交通警察局龙岗大队：××××××

二、楼道杂物隐患多，消防安全通不过

为构建一个安全、和谐、文明的住宅生活小区，按照消防管理要求，保证楼层（楼道）

消防通道的畅通。物业服务中心特意倡议您：

1. 请勿在楼层(楼道)摆设花草、鞋架、安装固定个人使用物件等。

2. 严禁以任何形式占用、堵塞小区楼层(楼层)消防通道。

3. 为了您的财物安全，请将您放在公共区域的物品摆放在自己的家中。

4. 请贵业主/住户接到《温馨提示》后及时进行整改。

三、严禁高空抛物，争做文明住户

1. 从我做起，以身作则，树立精神文明风尚，养成良好的生活习惯，不随意扔垃圾、杂物，做到将垃圾物品自觉放到垃圾桶内，烟头先熄灭后再扔到垃圾桶内。

2. 要及时清理自家阳台、门窗等室外部位的悬挂物，经常检查窗户、空调支架等是否牢固，如有松动应及时加固，防止高空坠物。

3. 请各业主(住户)加强对高空抛物行为的相互监督力度，并提醒家人、亲朋，教育小孩拒绝高空抛物，对高空抛物的行为及时进行禁止，加大对周边人群的影响与宣传，形成人人痛恨高空抛物的氛围，让心存侥幸的高空抛物者难逃道德的谴责和法律的惩罚。

××派出所电话：××××××

四、倡导文明养犬，共建和谐家园

1. 携犬出门必须束犬链(携带犬证)。出门时给爱犬带上链子，不仅可以避免走失、被盗、打斗、中毒、车祸等悲剧，对怕狗的路人也是一种尊重。

2. 及时清理粪便。随身携带诸如报纸、卫生纸、拾便器等方便清洁的物品。据专业调查公司调查显示，粪便污染环境是人们反感养狗家庭的首要原因。如果您在忙碌的上班途中，或是悠闲的散步时间踩到又粘又臭的狗粪，您会作何感想？如果连主人都因为嫌脏而不肯出手清理，又怎么能指望邻居们能接受呢？

3. 在指定时间及地点遛狗，尽量不要影响到邻居。

4. 基本训练。小狗的可塑性非常强。如何把它培养成为一只出门随行、保持安静、稳重友善的小狗，最大限度地减少对邻居的打搅，让不了解狗的人见识到狗的聪慧和忠诚，也是狗主人们不应忽视的问题。如果自己的小狗对人不友善地吠叫，请务必及时制止。

5. 善始善终。狗是恋旧的动物，拥有一个稳定、温暖的家是它最大的幸福。狗是有着丰富的心理活动和精神需求的高智商动物，被遗弃和忽视必然造成它的伤心、不安和自卑。它可能只是您生活的一部分，而您却是它短暂的生命中全部希望，请不要辜负这一份生命的重托。

6. 依法注册。尊重法律，是每一个公民的义务。根据养犬管理规定，在住地为您的爱犬注册，给它一个合法身份，是每一个犬主的义务。虽然您可能对现行规定存在一些异议，但一切都不能成为让无辜的小狗冒险的理由。您可以联系身边的人大代表或向有关立法、司法部门写信，通过合法渠道，表达您对养犬规定合理化的建议和意见。

7. 科学养护。为爱犬提供适宜的饮食和运动，按时为它注射质量可靠的疫苗，时刻关注它的健康情况，有问题及时就医，是每一个犬主的义务。

违法养犬投诉：××××××

执法大队：××××××　　××××××

五、爱护环境，人人有责

1. 关心周围的环境，从自身做起，从身边的小事做起，保护好我们的环境。
2. 对于周围污染环境的工厂要敢于进行举报，以主人翁的意识去保护环境。
3. 积极宣传保护环境，提高人们的环保意识。
4. 有关部门要依法对破坏环境的企业进行惩罚。
5. 有关部门要积极对于受到污染的水域或其他方面的环境污染进行治理。

××市环保局：××××××　　民生热线：××××××

为了创建美好的生活环境，我们共同努力，一起奋斗，保卫我们的环境，保卫我们的家园！

××物业管理（深圳）有限公司

××物业服务中心

2019年3月17日

【例文8-20】

关于爆竹的倡议书

尊敬的业主朋友：

　　大家好！

　　"爆竹声中一岁除，春风送暖入屠苏，千门万户曈曈日，总把新桃换旧符"。北宋大文学家王安石为我们描绘了一幅新年中热闹、欢乐和万象更新的动人景象，渲染了春节热闹欢乐的气氛。但是，在欢庆新年的同时，我们无形之中正在伤害着小区的环境和卫生。

　　问题一：楼前就是大家的必经之路和爱车停放处，鞭炮烟花一响就会导致楼下的车乱叫。所以就有很多的人在小区的草坪上燃放烟花爆竹，然而一旦残留的火星溅到草坪上，顿时火光四溅。那情景，简直可以与赤壁之战"媲美"了。但是，火一旦烧到草皮下的草根，整片草的草根就都会死掉，如果不是物业管理人员每年花钱重铺草皮，来年我们根本不会看到生机盎然的小草了，那片绿，就极有可能仅仅存留在我们的记忆中。尊敬的住户们，冬天到了，春天还会远吗？为了来年的那片新绿，请不要在草坪上放烟花爆竹！

　　问题二：因为是新春佳节，燃放烟花爆竹的人也越来越多，但是，很多燃过的烟花爆竹的空壳、碎末飘得满院都是，风一吹，好一幅"天女散花"！最后还得麻烦咱们物业管理人员来打扫。尊敬的住户们，请珍惜物业管理人员的辛劳，从今年开始，燃放完烟花爆竹之后，请将能带走的垃圾全都带走吧！

　　轻轻的我走了，正如我轻轻的来；不留下垃圾。

　　最后，祝大家新春愉快，给大家拜个早年。

　　此致

敬礼！

××物管处

2018年1月2日

模块八　物业管理日用文书

单元六　介绍信、证明信

一、介绍信

(一)介绍信的概念和特点

介绍信是指机关团体、企事业单位派人到其他单位联系工作、了解情况或参加各种社会活动时用的函件。其有两种类型：一种是印好格式的介绍信，使用时只需按空填写即可；另一种是用公用信笺书写的介绍信。

介绍信是用来介绍联系接洽事宜的一种应用文体，是应用写作研究的文体之一。它具有介绍、证明的双重作用。使用介绍信可以帮助对方了解来人的身份和目的，以便得到对方的信任和支持。

(二)介绍信的种类

介绍信从形式上可分为普通式介绍信与印刷式介绍信两种，还可分为书写和填写两种方式。"填写"是指带有存根、有规定格式的印刷介绍信，只需按规定填写有关内容即可。

(三)介绍信的结构和写法

介绍信一般由标题、称谓、正文、结语、落款、有效期六部分组成。

1. 标题

"介绍信"三个字应写在第一行居中位置，字号要比正文大一些，适当拉大字间距。

2. 称谓

称谓在第二行顶格写，后需加冒号。

3. 正文

另起一行空两格写介绍信的正文内容，用"兹""今""现"字领起，写被介绍人的姓名、身份、人数，以及需要商洽、联系的事项和希望、要求。有时因联系工作性质的需要，还要写明被介绍人的政治面貌、年龄、职务等。

4. 结语

结语紧接正文内容以"请接洽""请接洽并协助办理为盼"等祈请语作结，也可用"此致，敬礼"等敬语。

5. 落款

在正文的右下方署上发信单位全称(加盖公章)及开出介绍信的日期。

6. 有效期

介绍信通常都有有效期限。在署名与日期的左下方用小括号大写注明有效时间。

（四）介绍信写作注意事项

(1)要写明持介绍信人的真实姓名、身份。

(2)要用一句话言简意赅地概括出商洽和联系事项，与此无关的不要写。

(3)为免以后造成不必要的麻烦，介绍信务必加盖公章。查看介绍信时，也要核对公章和介绍信的有效期限。

(4)要书写工整，不得任意涂改，否则在涂改处要加盖公章。

(5)一封介绍信只能用于一个单位。

（五）介绍信写作实例

【例文 8-21】

介绍信

××物业公司总经理：

  因我公司业务需要，近期将委派×××同志一行前往贵单位面谈相关事宜。望贵单位届时接待，谢谢！

  此致

敬礼！

××物业管理公司（盖章）
2018 年 8 月 12 日

【例文 8-22】

介绍信

××学校：

  兹介绍我公司×××等两位同志，前来你处联系有关校企合作事宜，望接洽为盼！

  此致

敬礼！

××物业管理公司（盖章）
2018 年 1 月 9 日

二、证明信

（一）证明信的概念

  证明信是机关、团体、单位或个人证明一个人的身份或一件事情，供接受单位作为处理和解决某人某事的根据的书信。

(二)证明信的特点

(1)凭证的特点。证明信的作用贵在证明,是持有者用以证明自己身份、经历或某事真实性的一种凭证。所以,证明信的第一个特点就是它的凭证的作用。

(2)书信体的格式特点。证明信是一种专用书信,尽管证明信有好几种形式,但它的写法同书信的写法基本一致,它大部分采用书信体的格式。

(三)证明信的分类

依据不同的分类标准,证明信有不同的分类。

(1)根据证明内容分,证明信可分为身份证明信、毕业证明信、事件真相证明信等。

(2)根据存在方式分,证明信可分为公文式、书信式、便条式等形式。

(3)根据开具证明人分,证明信可分为组织证明信、个人证明信等。

(四)证明信的结构和写法

证明信的结构由标题、称谓、正文、结语、落款构成。

1. 标题

证明信的标题可写"证明信"或"证明",也可用公文式标题。标题的位置在第一行,居中,稍拉大字间距排列。

2. 称谓

称谓应写需要证明信单位的名称,后加冒号。称谓在第二行顶格书写。

3. 正文

根据对方要证明的事项,实事求是地写清楚被证明的事实。正文内容的繁简依被证明事实的具体情况而定。如证明某人的历史问题,应写清姓名、时间、地点及在所经历的事件中的表现;如证明某一事件,应写清参加者的姓名、身份、在事件中的表现和作用及事件本身的前因后果等。

正文的位置在称谓下一行、左空两格写起。

4. 结语

结语在正文下一行、左空两格写起。通用的结语为"特此证明"。

5. 落款

写证明单位的全称或签署证明人姓名,并加盖单位公章或证明人私章,最后写明开具证明信的日期。

(五)证明信写作注意事项

(1)如果是以个人名义写的证明信,写好后应交证明人所在的单位签署意见,为示负责,还应加盖公章。

(2)对于随身携带的证明信,一般要求在证明信的结尾注明有效时间。

(3)证明信的用语要准确,不可含糊其词。书写要工整,字迹清楚,不要潦草。证明信不能用铅笔、红色笔书写，若有涂改，必须在涂改处加盖公章。

（4）证明信必须实事求是，它的证明性和凭证性决定了在撰写时应严肃认真，言之有据。

(六)证明信写作实例

【例文 8-23】

证　明

××公司：

　　××同志，于 2015 年至 2019 年曾在我公司工作。

　　特此证明。

××物业公司（盖章）
2019 年 11 月 20 日

【例文 8-24】

证　明

××物业管理公司：

　　贵公司××同志于 2018 年至 2020 年在我校学习，并且以优异的成绩毕业。

　　特此证明。

　　此致

敬礼！

××学院（公章）
××××年×月×日

【例文 8-25】

证　明

　　兹有我单位××(同志)在客户服务部门从事客服工作，专业年限四年，现申请参加物业管理员职业资格中级考试，特此证明。

　　备注：此证明仅作报考职业资格证书凭据，不作其他用途。本单位对此证明的真实性负责。

　　部门联系人：杨××

　　联系电话：×××××

××物业服务公司（盖章）
××××年×月×日

模块八　物业管理日用文书

单元七　条据

一、条据的概念和特点

条据是作为某种凭据的便条。它是日常生活中最常见而又最简便的应用文。常用的条据有请假条、留言条、收条、借条、领条等。它们都采用同一个固定格式。

条据的特点在于一个"便"字：写起来简便，看起来方便。纸小而作用大，切莫小觑了便条字据。当前社会上很流行印有姓名、职称和通信处的名片，便于随身携带。被访者不在的话，他就留下名片，或在名片上写些短话。收到名片的人或回访，或通信，或打电话，成了礼节性交往的惯例。

二、条据的结构和写法

条据一般由标题、正文、结尾、落款四部分组成。

1. 标题

在第一行中央直接写上条据的名称，如"借条""请假条"等字样，用来说明条据的性质。

2. 正文

开头要空两格，写明对方的姓名或单位的名称、事由或事实。如涉及钱物，要写明钱物的数量（大写），在数量前面最好加"人民币"三个字，数尾要加"整"字，前后不留空白。

3. 结尾

另起一行空两格，写"此据"或"此致，敬礼"。

4. 落款

在条据的右下方署名并注明日期。

三、条据写作注意事项

对外使用的条据，写对方单位名称要用全称。是物品要写明名称、规格、数量；是金钱要写明金额，必须用大写，以防涂改。数字前不留空白，数字后面要写量词，如元、个、双、斤等。条据中的文字如果确实需要改动，要在涂改处加盖印章，以示负责。

写条据字迹要端正清楚，要用钢笔或毛笔书写。

条据一经签订，一般对签约的各方就有了约束力，特别是经济性质的条据。因此，条据写得是否准确，权利与义务规定得是否严密、完备，关系到当事人的切身利益，影响到发生纠纷时，是非曲直的判断与鉴别。所以，写条据时，必须认真慎重，熟悉各类条据的格式及写法，决不可掉以轻心。

四、条据写作实例

【例文 8-26】

借 条

今借到××人民币(大写数字)××元整,即￥××元。借款期限自××××年×月×日起至××××年×月×日止,共×个月,利率为每月×‰,利息共计人民币(大写数字)××圆整,即￥××元,全部本息于××××年×月×日一次性偿还。如不能按期足额归还借款,借款人应向出借人支付违约金人民币(大写数字)××圆整,即￥××元。

此据。

借款人:×××
××××年×月×日

【例文 8-27】

收 条

今收到×××交来的物业管理费肆仟伍佰元整。

此据。

××物业管理公司(盖章)

经手人:×××(签名)
××××年×月×日

【例文 8-28】

领 条

今领到×××总公司总务处发给的办公用钢笔 3 支,墨水 2 瓶。

此据。

经手人:×××
2017 年 12 月 2 日

【例文 8-29】

欠 条

尚欠 5 月 8 日从光明路街道办事处基建科借到的铁锨六把。

此据经手人:××物业公司××
××××年×月×日

【例文 8-30】

请假条

我因患急性肠炎，今晚去医院就诊，不能到公司上班，请准假一天。

请予批准！

请假人：×××
××××年×月×日

【例文 8-31】

留言条

×××经理：

今天上午，我来您办公室想与您商量要事，适逢您外出。明天下午两点半，我再来找您。

管理科：×××
××××年×月×日

模块小结

本模块主要介绍了启事、海报、聘书、求职信、申请书、倡议书、证明信、介绍信、条据等几部分内容。

(一)启事

启事是指将自己的要求向公众说明或希望协办的一种短文，属于应用写作研究的范畴。通常张贴在公共场所或者刊登在报纸、刊物上。机关、团体、企事业单位和个人都可以使用。

启事的用途比较广泛，大多张贴于墙上、路边建筑物上，有的刊登在报刊上，或由广播、电视播发，通过传媒公开传播，具有公开性、专项性、简明性和告启性等特点。

(二)海报

海报是人们日常生活中最为常见的一种招贴形式，多用于电影、球赛、文艺演出等活动。海报中通常写明活动的性质，以及活动的主办单位、时间、地点等内容。

海报的内容力求简明扼要，形式要做到新颖、美观。其主要特点是具有广告宣传性和商业性。

(三)聘书

聘书是聘请书的简称，是用于聘请某些有专业特长或名望权威的人完成某项任务或担任某种职务时的书信文体书。

招聘制作为现今用人制度的主要形式,为聘请书的使用提供了广阔的市场,因而聘书在这些年来使用得很多。聘书在今天人们的生活中起到了重要的作用。

(四)求职信

求职信又称为自荐信或自荐书,是求职人向用人单位介绍自己情况以求录用的专用性文书。

它与普通的信函没有太大区别,但与朋友的信函又有所不同,当然也不同于"公事公办"的公文函。求职信所给的对象很难明确,也许是人事部一般职员,也许是经理,如果你对老板比较了解的话可以直接给老板。当然,如果你根本就不认识招聘公司的任何人,求职信最好写上"人事部负责人收"较妥。

求职信写得好坏将直接关系到求职者能否进入下一轮的角逐。

求职信作为新的日常应用类文体,使用频率极高,其重要作用愈加明显。

(五)申请书、倡议书

申请书是个人、单位、集体向组织、领导提出请求,要求批准或帮助解决问题的专用书信。申请书的使用范围广泛,是一种专用书信,它同一般书信一样,也是表情达意的工具。申请书要求一事一议,内容要单纯。

倡议书是个人或集体提出建议并公开发起,希望共同完成某项任务或开展某项公益活动所运用的一种专用书信。倡议书是发动群众开展竞赛的一种手段。

(六)介绍信、证明信

介绍信是用来介绍联系接洽事宜的一种应用文体,是应用写作研究的文体之一。它具有介绍、证明的双重作用。使用介绍信,可以帮助对方了解来人的身份和目的,以便得到对方的信任和支持。

证明信是机关、团体、单位或个人证明一个人的身份或一件事情,供接受单位作为处理和解决某人某事的根据的书信。

(七)条据

条据是作为某种凭据的便条。它是日常生活中最常见而又最简便的应用文。常用的条据有请假条、留言条、收条、借条、领条等。它们都采用同一个固定格式。

条据的特点在于一个"便"字:写起来简便,看起来方便。纸小而作用大,切莫小觑了便条字据。当前社会上很流行印有姓名、职称和通信处的名片,便于随身携带。被访者不在的话,就留下名片,或在名片上写些短话。收到名片的人或回访,或通信,或打电话,成了礼节性交往的惯例。

▶ 复习思考题

1. 启事的结构是怎样的?
2. 启事写作时应注意哪些问题?
3. 海报的特点和分类是怎样的?
4. 海报主要用于哪些方面?
5. 聘书有哪些作用?

6. 求职信的功能一般体现在哪些方面？
7. 求职信写作时应注意哪些问题？
8. 申请书的结构是怎样的？
9. 倡议书的作用体现在哪些方面？
10. 介绍信、证明信有什么特点？
11. 写介绍信时应注意哪些问题？
12. 写条据时需要注意哪些事项？
13. 下面的自荐信存在哪些问题？

自荐信

各位领导：你们好！

感谢你在百忙之中抽出时间阅读我的材料。

寻求一个掌握扎实专业知识并具有一定工作能力和组织能力的部下，是你的愿望。谋求一个充分发挥自己专业特长的工作单位，并能得到你的关照，是我的期盼。

或许我们会为了一个共同的目标而工作在一起，那就是将你单位的辉煌历史写得更加辉煌！愿为你单位的事业奉献我的青春和才华。

作为即将毕业的学生，虽然工作经验不足，但我会虚心学习，积极工作，尽量做好本职工作。诚恳希望得到你们给予我面试的机会。

值此锻炼机会来临之际，特试向你单位自荐，给我一个就业磨炼的机会，我会还给你们一份成绩。

望你们能接收我，支持我，让我尽最大的能力为你们发挥我应有的水平和才能。

此致

敬礼！

自荐人：×××
××××年×月×日

模块九 物业管理礼仪文书

学习目标

通过本模块内容的学习，了解物业管理礼仪文书的特点、种类，掌握物业管理礼仪文书的结构和写作，能撰写格式规范、内容符合要求的物业管理礼仪文书。

能力目标

能根据需要写作相应的物业管理礼仪文书。

引入案例

请柬

×××先生：

  兹定于1月18日13：00～15：00，在本公司会议中心举行公司年会，并于1月20日中午11：30在××大酒店举行开幕典礼，敬请届时光临。

  此致
敬礼！

×××物业管理集团
2020年1月17日

  以上是一份请柬的写作实例。请柬是物业管理礼仪文书的一种，在物业管理活动中，会经常涉及各种社交礼仪场合，正确书写物业管理礼仪文书，会为物业服务企业留下良好的企业形象。

模块九　物业管理礼仪文书

单元一　请柬、邀请信

一、请柬

(一)请柬的概念

请柬又称为请帖，在社会交际中广泛使用，是邀请客人参加某种活动所使用的文书。

使用请柬既可以表示对被邀请者的尊重，又可以表示邀请者对此事的郑重态度。凡召开各种会议，举行各种典礼、仪式和活动，均可以使用请柬。所以，请柬在款式和装帧设计上应美观、大方、精致，使被邀请者体味到主人的热情和诚意，感到喜悦和亲切。

(二)请柬的样式

请柬一般有单面和双面两种样式：一种是单面的，直接由标题、称谓、正文、敬语、落款构成；另一种是双面的，即折叠式，其中一面为封面，写"请柬"二字，另一面为封里，写称谓、正文、敬语、落款等。

请柬的篇幅有限，书写时应根据具体场合、内容、对象，认真措辞，行文应达、雅兼备。达，即准确；雅就是讲究文字美。在遣词造句方面，有的使用文言语句，显得古朴典雅；有的选用较平易通俗的语句，则显得亲切热情。无论使用哪种风格的语言，都要庄重、明白，使人一看就懂，切忌语言的乏味和浮华。

(三)请柬的结构和写法

从撰写方法上看，无论哪种样式的请柬，都由标题、称谓、正文、敬语和落款组成。

1. 标题

封面上的标题有横式与竖式两种，无论哪种都应印上或写明"请柬"二字，一般应做一些艺术加工，即采用名家书法、字面烫金或加以图案装饰等。若请柬没有封面，则应将"请柬"二字写在第一行中间。

2. 称谓

顶格写被邀请单位名称或个人姓名，并在其后添加冒号。个人姓名后要注明职务或职称，如"××先生""××女士"。

3. 正文

首先交代邀请的事由，如开座谈会、联欢晚会、过生日、参加婚礼等；其次要交代活动的时间和地点。如果是邀请观看演出还应将入场券附上。

4. 敬语

一般以"敬请(恭请)光临""此致敬礼"等作结。"此致"另起行，前空两格，再另起行，写"敬礼"等词，需顶格。

5. 落款

在右下方写邀请人(个人、单位)的名称和发出请柬的时间。

(四)请柬写作注意事项

(1)文字要美观,用词要谦恭,要充分表现出邀请者的热情与诚意。
(2)语言要精练、准确,凡涉及时间、地点、人名等一些关键性词语,一定要核准、查实。
(3)语言要得体、庄重。
(4)在纸质、款式和装帧设计上,要注意艺术性,做到美观、大方。

(五)请柬写作实例

【例文 9-1】

请　柬

××小区业主

　　为了加强业主之间的联系与沟通,兹定于2021年1月1日上午10时在××会议中心举行"元旦联欢会"。
　　敬请光临!

××物业服务公司
2020年12月20日

二、邀请信

(一)邀请信的概念和特点

　　邀请信是指由机构、团体、公司、学校等单位或个人举办某些活动时,发予目标单位成员前来参加的邀请性质的信件。邀请信一般包括此次活动的性质、活动的内容、发出邀请、祈请回复及落款等。
　　邀请信通常适用于一些平常事情的邀请,而且邀请人同被邀请人之间又很熟悉。一般邀请信具有简短、热情的特点。使用范围很广,召开庆祝会、纪念会、联欢会、洽谈会、订货会、研究会、交流会,以及举行招待会、宴会、茶话会等都可以发邀请信。

(二)邀请信的结构和写法

邀请信主要由称谓、开头、主体、附启语、落款五部分组成。
(1)称谓。称谓是指被邀请方。
(2)开头。向被邀请人简单问候。
(3)主体。交代时间、地点和活动内容、邀请原因等。
(4)附启语。交代参加活动的细节安排,以及联系人、电话、地址等。
(5)落款。写清楚邀请方的名称或姓名、日期。

(三)邀请信写作注意事项

(1)邀请的内容、时间、地点及被邀请者的姓名、头衔必须准确无误。

(2)用语要简短、热情、文雅,宜用期盼性语言表达。突出"请"意,避免使用"务必""必须"之类带强制性的词语,不能有半点强求之意。

(四)邀请信写作实例

【例文9-2】

邀请信

××小姐/先生:

您好!

××物业公司迎来了第六个新年。我们深知在发展的道路上离不开您的合作与支持,我们取得的成绩中有您的辛勤工作。在此感谢您对我们物业公司的关心、支持与厚爱!

作为一家成熟、专业的物业服务公司,我们珍惜您的选择,并愿意与您一起分享对新年的喜悦与期盼。

故在此邀请您参加我公司于1月1日15:00,在××会议厅举办的新年酒会,希望与您共话专情、展望将来。如蒙应允、不胜欣喜。

联系人:罗小姐

联系电话:×××××

地址:××路××号

××物业公司
2019年12月8日

【例文9-3】

××物业公司业主恳谈会邀请信

尊敬的业主:

您好!

首先感谢您对××物业公司物业管理工作的关心、理解、支持与厚爱!

多年来我们朝夕相处,共同用汗水和智慧建筑了我们美丽的家园。在您的支持、帮助和配合下,我公司取得了一定的成绩。对此,我们表示由衷的感谢!

为了使我们的工作更上一个新的台阶,服务水平得到进一步提升,××物业公司将于×月×日,在本公司1楼会议厅举行一次"××物业公司业主恳谈会",真诚邀请您莅临指导。

我们全体员工将一如既往地为业主们创造一个安全、舒适、宁静、优美的居住环境而勤奋工作,祝福您身体健康、事业兴旺、家庭幸福。

此致

敬礼!

电话：×××××
联系人：×女士

××物业公司

××××年×月×日

单元二　贺信(电)

一、贺信(电)的概念和特点

贺信(电)是指国家、机关团体或个人向取得重大成绩或有喜庆之事的有关单位或人员表示祝贺或庆贺的礼仪书信(电报)。

贺信(电)具有祝贺性、广泛性的特点。

(1)祝贺性。发贺信(电)是为了祝贺对方，给对方增加喜庆气氛，兼有表示赞扬的功能，有利于增进相互之间的感情。

(2)广泛性。庆贺者由于不能当场向受贺者表示祝贺，故常用贺信(电)方式将祝贺送抵受贺者手中。贺信(电)因其突出的优点已成为国际交流、公务文书和私人交往的一种广泛使用的联系方式。

二、贺信(电)的种类

贺信(电)按作者类型可分为单位发出的贺信(电)和个人发出的贺信(电)两大类。

三、贺信(电)的结构和写法

贺信(电)主要由标题、称谓、正文、结尾、落款五部分组成。

1. 标题

贺信(电)的标题通常由文种名构成，在第一行正中书写"贺信"或"贺电"二字，也可在文种前添加发文单位和事由。

2. 称谓

贺信(电)标题下一行顶格书写被祝贺单位或个人的名称或姓名。写给个人的，要在姓名后缀职务、职称或"先生""女士""小姐"。称呼之后要添加冒号。

3. 正文

贺信(电)的正文另起一行空两格书写。正文结构由开头、主体和结尾构成。

正文要根据内容而定，一般包括：祝贺之由，如对方取得的成绩、对方的贡献和重大意义；表示热烈的祝贺和殷切的希望，要写出自己祝贺的心情，由衷地表达自己真诚的祝福。

模块九　物业管理礼仪文书

4. 结尾

贺信(电)的结尾要表达热烈的祝贺和祝福之意，如"此致，敬礼""谨祝取得新的、更大的胜利"。有的贺信(电)也可不用祝愿词结尾。

5. 落款

贺信(电)的落款要在正文右下方署上发信(电)单位或个人的姓名，并写上日期。

四、贺信(电)写作注意事项

(1)内容体现的是自己真诚的祝福，感情要热烈真挚、发自内心。

(2)评价、颂扬成绩要恰如其分，不可空发议论、空喊口号。

(3)不堆砌华丽辞藻，篇幅要短小精悍。

五、贺信(电)写作实例

【例文9-4】

让我们共迎新的未来
——致业主的新春贺信

尊敬的业主：

　　您好！

　　"日新月异鸡报晓，年祥岁吉犬开门"，值此新春佳节到来之际，我谨代表××市××物业有限公司全体工作人员，向支持与关心我公司物业发展的各位业主表示诚挚的谢意和良好的祝愿，恭祝您新年吉祥。

　　××物业一直传承着"专心创造价值"的信条，努力创造，稳步发展，最终迎来了硕果累累的今天，我们深知，我们的每一点进步都离不开您的支持与关爱。在此，我代表××物业再次向您表示感谢，同时希望您在新的一年里，一如既往地支持帮助我们，并对我们的工作提出宝贵的意见。

　　新的一年，新的起点，新的征程，我们将继续秉承"一颗诚心，所有关爱"的服务理念，全心投入，专业务实，与您共同努力，营造环境优美、自然和谐的美丽家园。

　　恭祝新年快乐、身体健康、万事如意、合家欢乐。

××物业管理有限公司
××××年×月×日

【例文9-5】

物业公司新年贺信

尊敬的××业主：

　　大家好，新的一年开始了，××物业管理中心全体员工恭祝业主朋友们，在新的一年里，身体健康、事业兴旺、全家幸福、快乐安康！

节前物业公司已经组织全体管理人员，对小区的公共部位、公共设施设备，进行了认真细致的安全隐患排查，对查出的问题进行了及时的处理，对一时无法解决的问题我们也采取了相应的安全措施。请业主朋友们放心，在节日期间，物业公司将全力保障各项管理工作圆满开展，各项服务工作顺利进行。让和谐稳定的社区环境伴着业主朋友们度过一个祥和愉快的节日。

××物业管理中心将一如既往地秉承唯精唯微、至善至美的服务理念，在这新的一年、新的开始之际，用心为您提供贴心、优质的服务。

在此物业公司再次祝愿广大业主朋友新年新气象、新年心舒畅、新年更兴旺！

××物业管理中心
2020 年 1 月 1 日

【例文 9-6】

××物业公司贺电

××物业公司：

喜闻 3 月 12 日是贵公司建立六周年纪念日，谨此表示热烈祝贺！

六年来，贵公司全体职工发扬了艰苦创业的可贵精神，你们以一直倡导的"求精、拼搏、创新"精神，在物业服务领域勇攀高峰，为物业行业的发展作出了巨大贡献！多年来，贵公司给予我公司很多无私的帮助和支援。对此，我们表示衷心的感谢，并决心以实际行动向贵公司全体职工学习。

最后，祝贵公司蒸蒸日上！

××物业服务公司
2020 年 3 月 11 日

单元三　感谢信、慰问信

一、感谢信

（一）感谢信的概念和特点

1. 感谢信的概念

感谢信是指得到某人或某单位的帮助、支持或关心后答谢别人的书信。感谢信对于弘扬正气、树立良好的社会风尚，促进社会主义精神文明建设具有重要的意义。

2. 感谢信的特点

（1）真实性。感谢信的缘由为已成事实，其时间、地点和事项都是真实的。

(2)明确性。感谢的对象是特定的单位或个人。

(3)感激性。感谢的事迹同写信人有关,要在感谢信中表达对对方的感激。

(二)感谢信的种类

1. 按感谢对象的特点分类

(1)写给集体的感谢信。写给集体的感谢信一般是个人处于困境时得到了集体的帮助,并在集体的关心和支持下,自己最终克服了困难,渡过了难关,摆脱了困境,所以,要用感谢信的方式表达自己的感激之情。

(2)写给个人的感谢信。写给个人的感谢信可以是个人,可以是单位,也可以是集体为了感谢某个人曾经给予的帮助或照顾而写的。

2. 按感谢信的存在形式分类

(1)公开张贴的感谢信。公开张贴的感谢信包括可在报社登报、电台广播或电视台播报的感谢信,是一种可以公开张贴的感谢信。

(2)寄给单位、集体或个人的感谢信。寄给单位、集体或个人的感谢信直接寄给单位、集体或个人。

(三)感谢信的结构和写法

感谢信的结构一般由标题、称谓、正文、结尾、署名与日期五部分构成。

1. 标题

标题可只写"感谢信"三字,也可加上感谢对象,如"致××物业公司的感谢信",还可再加上感谢者,如"×××全家致××社区居委会的感谢信"。

2. 称谓

称谓写感谢对象的单位名称或个人姓名,如"××××大队""××同志"。

3. 正文

正文主要写两层意思,一是写感谢对方的理由;二是直接表达感谢之意。

(1)感谢理由。首先,准确、具体、生动地叙述对方的帮助,交代清楚人物、时间、地点、事迹、过程、结果等基本情况;然后,在叙事基础上对对方的帮助作恰贴、诚恳的评价,以揭示其精神实质、肯定对方的行为。在叙述和评价的字里行间要自然渗透感激之情。

(2)表达谢意。在叙事和评论的基础上直接对对方表达感谢之意,根据情况也可在表达谢意之后表示以实际行动向对方学习的态度。

4. 结尾

一般用"此致敬礼"或"再次表示诚挚的感谢"之类的话,也可自然结束正文,不写结语。

5. 署名与日期

写感谢者的单位名称或个人姓名和写信的时间。

(四)感谢信写作注意事项

(1)内容要真实,评誉要恰当。感谢信的内容必须真实,确有其事,不可夸大溢美。感谢信以感谢为主,兼有表扬。所以,表达谢意时要真诚,说到做到。评誉对方时要恰当,不能过于拔高,以免给人以失真的印象。

(2)用语要适度,叙事要精练。感谢信的内容以主要事迹为主,详略得当,篇幅不能太长,所谓话不在多,点到为止。感谢信的用语要求精练、简洁,遣词造句要把握好度,不可过分修饰,否则会给人以不真实、虚伪的感觉。

(五)感谢信写作实例

【例文9-7】

物业保安助人为乐感谢信

物业公司领导:

你们好!

今天,我怀着诚挚的敬意向你们表示感谢,尤其是保安部门的一位姓×的保安同志。

元月2日,我全家到朋友家聚餐,由于丈夫不胜酒力,醉酒而归,我和老父亲将醉酒的丈夫从停车场向家搀扶,当艰难走到小区门口时,物业的保安×先生了解情况后,毅然帮助我们把丈夫抬到楼下,并连上三楼把我们送到了屋内,还没来得及向他感谢,他就急忙赶回到了工作岗位。

此事虽为小事但意义重大,保安×先生的职业操守让我敬佩,同时也为自己的小区里有这样的保安而感到高兴。这与物业公司领导及保安部门领导的日常教导是分不开的,有这样一支高素质的保安团队来保护我们的家园,是所有业主的荣幸。一件又一件的小事,让我看到了我们的物业在逐渐地走向正规、走向成熟、走向完善!

再次代表我全家向保安×先生表示感谢,也同时谢谢物业及保安队的领导,祝愿各位在新的一年里,工作顺利,事事如意!也同时祝愿联系你我的××小区安定、和谐!

×××
××××年×月×日

二、慰问信

(一)慰问信的概念和特点

慰问信是组织或个人在重大节日、纪念日或遇到某种特殊情况时向集体或个人表示关怀、问候、慰藉、鼓励的专用书信或电报。

慰问信能够体现组织的温暖、社会的关怀和人与人之间深厚的情谊,给人以继续前进和克服困难的力量、勇气和信心。

(二)慰问信的种类

慰问信可分为先进慰问信、遇灾慰问信和节日慰问信三种。

1. 先进慰问信

先进慰问信是向作出重大贡献及取得突出成绩的集体或个人表示慰问。这种慰问信侧重赞扬功绩。

2. 遇灾慰问信

遇灾慰问信是对遭受意外灾难、蒙受严重损失、遇到巨大困难的集体或个人表示慰问。这种慰问信侧重同情、安抚和鼓励。

3. 节日慰问信

节日慰问信侧重强调节日意义，赞扬有关人员取得的成绩或作出的贡献。

(三)慰问信的结构和写法

慰问信一般由标题、称谓、正文、结尾、署名和日期组成。

1. 标题

标题可写成"慰问信""写给×××的慰问信"或"××××致××××的慰问信"。

2. 称谓

称谓是指慰问对象的名称，应在标题下空两格写，如慰问对象是单位，写单位全称或规范化简称；如慰问对象是个人，在个人姓名后添加"同志""先生""女士"或职务等尊称。

3. 正文

正文主要写事件的情况或介绍他人的事迹等。

4. 结尾

结尾又叫作祝颂语，以"祝取得更大的成绩""祝节日愉快""顺致最美好的祝愿"作结。

5. 署名和日期

署名和日期写在单位名称或个人姓名的正下方。应写发信的日期。

(四)慰问信写作注意事项

(1)慰问信中的赞扬、慰藉、安抚和鼓励应情真意切，使对方受到感动，得到鼓舞。

(2)慰问信应根据不同的慰问对象，使用不同的慰问语言，如对死难家属用"向你们致以最深挚的哀悼"来慰问；对英雄模范人物或作出重大贡献的集体和个人用"向你们致以亲切的慰问和崇高的敬意"来慰问。

(五)慰问信写作实例

【例文 9-8】

物业致全体职工节日慰问信

××物业全体职工：

  你们好！

  春节即将来临，举国上下沉浸在欢乐的气氛中，值此喜庆时刻，公司董事会特向你们表示节日的祝贺和亲切的慰问！

  在过去的日子里，你们以大局为重，舍小家、为大家，为了祖国的繁荣昌盛，为了企业的兴旺发达,你们带着领导的重托和小区业主们的殷切期望,投身于小区建设。在欢度春节期间,为了确保小区工作的正常运转,你们以大局为重,仍然坚守工作岗位、忠于职守。在这里道一声:"你们辛苦了!"

我公司在集团公司领导的关心和支持下,在全体干部职工的团结拼搏下,使小区服务质量又上了一个新台阶,但公司的综合实力和竞争力与兄弟公司相比还有一定的差距。我公司要持续发展,要走的路还很长、要做的工作还很多、面临的任务还很艰巨,这就要靠广大职工共同努力。希望继续发扬不畏困难、团结进取的拼搏精神,保持和发扬高昂的斗志与一往无前的进取精神,坚持不懈做强今天,满怀信心迎接明天,为我公司的发展做出更大的努力。

最后,祝各位同志春节愉快,工作顺利,身体健康!

××物业服务总公司董事长:×××
2011 年 12 月 20 日

单元四　开幕词、闭幕词

一、开幕词

（一）开幕词的概念

开幕词是指党政机关、社会团体、企事业单位的领导人在会议开幕时所作的讲话,旨在阐明会议的指导思想、宗旨、重要意义,向与会者提出开好会议的中心任务和要求。

（二）开幕词的种类

(1)按内容可分为一般性开幕词和侧重性开幕词两种。一般性开幕词只对会议的目的、议程、基本精神、来宾等作简要概述;侧重性开幕词则往往对会议召开的历史背景、重大意义或会议的中心议题等作重点阐述,其他问题一带而过。

(2)按形式可分为口头开幕词和书面开幕词两种。以口头形式公开致意的为口头开幕词;以书面文字形式致意的是书面开幕词。

（三）开幕词的结构和写法

开幕词一般由标题、称谓、正文、结束语四部分组成。

1. 标题

标题一般由事由和文种构成,如"中国共产党第十二次全国代表大会开幕词";有的标题由致辞人、事由和文种构成,其形式是"×××同志在××××会上的开幕词";有的采用复式标题,主标题揭示会议的宗旨、中心内容,副标题与前两种标题的构成形式相同,如"我们的文学应该站在世界的前列——中国作家协会第四次会员代表大会开幕词";也有的只写文种"开幕词"。

2. 称谓

一般根据会议的性质及与会者的身份确定称谓，如"同志们""各位代表、各位来宾"等。

3. 正文

正文部分包括开头、主体和结尾三部分。

（1）开头。开头部分一般开门见山地宣布会议开幕，也可以对会议的规模及与会者的身份等作简要介绍，如"参加这次大会的代表有×××人，其中有来自……"，并对会议的召开及对与会人员表示祝贺。需要说明的是，开头部分即使只有一句话，也要单独列为一个自然段，将其与主体部分分开。

（2）主体。主体是开幕词的核心部分。通常包括以下内容：

会议的筹备和出席会议人员情况；会议召开的背景和意义；会议的性质、目的及主要任务；会议的主要议程及要求；会议的奋斗目标及深远影响等。

（3）结尾。提出会议任务、要求和希望。

4. 结束语

开幕词的结束语要简短、有力，并要有号召性和鼓动性。写法上常以呼告语领起一段，如"预祝大会圆满成功"。

（四）开幕词写作注意事项

（1）开幕词要简洁明了、短小精悍，最忌长篇累牍、言不及义，宜多使用祈使句，表示祝贺和希望。

（2）开幕词的语言应该通俗、明快、上口，同时也让听众易于接受。

（五）开幕词写作实例

【例文9-9】

××小区首届一次业主代表大会开幕词

各位代表：

××小区首届一次业主代表大会在全体业主和各位代表的共同努力下，今天终于如期召开了！首先，我代表××小区业主委员会，对关心、支持这次代表大会筹备工作的广大业主，向为这次大会的胜利召开作出积极贡献的各位业主代表致以崇高的敬意和衷心的感谢！

我们这次业主代表大会的指导思想是：坚持科学发展观，坚持以人为本，为创建环境优美、邻里和睦、文明和谐的××小区作贡献！

大会的主要任务是：动员广大业主积极参与小区的各项管理工作，树立讲文明、树新风、讲团结、守规约、爱家园、作奉献的主人翁精神。具体任务就是审议并表决有关加强小区管理等相关问题的五个议案。

提交这次大会审议的议案根据国家物业管理的相关政策、法规，吸取一些先进小区的管理经验，并结合本小区的实际，首先由大会秘书组进行分工起草，完成初稿后，秘书组于6月14日邀请了部分业主代表对初稿进行集体讨论修改，于6月20日将修改稿发给各位代表，并通过他们广泛征求业主的意见，还就议题中的有关内容在代表中进行问卷调查。根据业主代表对修改稿提出的意见以及问卷调查的结果，大会秘书组对征求意见稿进行认真的修改，今天，正式提交大会审议。这次提交审议的文件形成过程，始终贯穿了坚持群众路线和民主集中的原则。

各位代表，今天大会审议的五个议题的内容对建设环境优美、邻里和睦、文明和谐的××小区具有重要的现实意义和深远的历史意义。我们肩负着全体业主的重托，因此，我们必须本着对全体业主高度负责的态度，站在维护全体业主整体利益的立场上，以法律、法规为依据，以构建文明和谐小区，实现××小区长治久安为目标来进行认真的审议。希望各位代表认真履行代表的职责，行使好代表的权利，不辜负全体业主的厚望！

预祝大会圆满成功！

二、闭幕词

（一）闭幕词的概念和特点

1. 闭幕词的概念

闭幕词是党政机关、社会团体、企事业单位的领导人在会议闭幕时所作的总结性讲话。按内容可分为一般性闭幕词和侧重性闭幕词，按形式可分为口头闭幕词和书面闭幕词。

2. 闭幕词的特点

闭幕词是在会议结束时，由有关领导人或德高望重者发表的热情友好、感谢的言辞，具有总结性、概括性、号召性和口语化的特点。

（1）总结性。闭幕词是在会议和活动的闭幕式上使用的文种，要对会议内容、会议精神和进程进行简要的总结并作出恰当评价，肯定会议的重要成果，强调会议的主要意义和深远影响。

（2）概括性。闭幕词应对会议进展情况、完成的议题、取得的成果、提出的会议精神及会议意义等进行高度的语言概括。因此，闭幕词的篇幅一般都短小精悍，语言简洁明快。

（3）号召性。为激励参加会议的全体成员为实现会议提出的各项任务而奋斗，增强与会人员贯彻会议精神的决心和信心，闭幕词的行文充满热情，语言坚定有力，富有号召性与鼓动性。

（4）口语化。闭幕词要适合口头表达，写作时语言要求通俗易懂、生动活泼。

（二）闭幕词的结构和写法

闭幕词应与开幕词前后呼应、首尾衔接，以显示大会开得很圆满、很成功。闭幕词一般由标题、称谓、正文、结尾四部分组成。

1. 标题

标题在第一行居中书写，一般由事由和文种构成，如"××业主大会闭幕词"；有的只写文种,即以"闭幕词"作为标题;也有的由致辞人、事由和文种构成,如"×××同志在××会议上的闭幕词"。有时在标题之下,用括号注明会议闭幕的年、月、日。

2. 称谓

称谓写在标题下行,顶格书写。一般根据会议性质及与会者的身份来确定称谓,如"同志们""各位代表"等。

3. 正文

闭幕词的正文一般在开头写宣布闭幕之类的词句。

主体部分对大会进行概括总结,一般包括:简要说明大会经过,是否圆满完成了预定的任务;概述会议的进行情况,恰当地评价会议的意义、影响。核心部分要写明:会议通过的主要事项和基本精神;会议的重要性和深远意义;向与会人员提出的贯彻会议精神的基本要求等内容。正文要对保证大会顺利进行的有关单位及服务人员表示感谢。

4. 结尾

结尾部分一般先以坚定的语气发出号召,如提出希望,表示祝愿等。最后郑重宣布会议闭幕。宣布会议结束通常只有一句话:"现在,我宣布,××大会闭幕。"

(三)闭幕词写作实例

【例文 9-10】

××山庄为业主大会第三次会议闭幕词

各位业主:

××山庄业主大会第三次会议今天闭幕了,从 8 月 13 日到今天,我们的会议整整开了 90 天,圆满完成了会议议程。本次会议是解决山庄问题的会议、凝聚力量的会议、民主的会议、团结的会议、胜利的会议!在这 90 天里,广大业主围绕"共商解决山庄问题的办法,切实踏出改变'大杂院'的脚步"的主题,就报告提出的十二个方面的问题,进行了集体讨论、书面提议,也通过电子邮件、电话、短信、个别交流等方式,畅所欲言地发表了自己的意见,既把好办法、好主意、好建议提了出来,也把心中的怨气和牢骚讲了出来。

山庄共有别墅和公寓 1 121 套,参加本次会议投票表决的有 794 套,超过 70%。比第一次大会参加投票的 617 套多出了 177 套,以第一次为基准,本次会议的参与度增加了近三成。广泛的参与和热烈的讨论,共同探究了山庄的路子,真是仁者见仁,智者见智。通过辩论,把真理辩了出来,把事实辩明白了,从而使一些业主对山庄的现状、问题和今后的发展,从不清楚到清楚,从不了解到了解。表决结果表明,绝大多数业主充分相信业委会,希望业委会把下一年度的工作做好。

业委会下一年度的工作主要为九个方面:一是加强和改善物业管理与服务,要从山庄的客观实际出发,探究适合山庄物业管理与服务的方式方法,使物业管理与服务得到明显改观,使每位业主享受物有所值的服务;二是制定必要的物业管理制度,规范山庄物业,提升山庄品质;三是切实完成物业交接,加强对物业管理与服务的监督,使物业服务真正做到业主至上;四是通过协商、谈判、诉讼等多种方式解决共有资产问题;五是支持业主要求开发商办理房屋产权证和土地使用权证,依法维护业主权益;六是为山庄业主提供日常生活和健康方面的服务,建立相应的商业设施和服务中心;七是建好山庄网站;八是加强业委会的自身建设,进一步完善业委会制度;九是制订创建美好山庄的规划和方案。总之,业委会将按照大会的表决,举业主之力,尽业主之能,集业主之智,落实每一项工作,创建美好山庄,实现大家购房时的梦想。

再过48天,新年的钟声就要敲响,下周业委会将约谈××物业管理有限公司,周四××法院将对房产证诉讼作出判决。业委会将迅速制订改变"大杂院"的行动方案,因为我们没时间再耗下去了,要争取时间去享受该享受的东西,去拥有本该拥有的东西,维护我们该维护的权益,让我们一起齐心协力,迎接山庄的黎明和辉煌,见证"天若有情天亦老,人间正道是沧桑"。

请各位业主相信,山庄一定会在不久的时间里"阳光"起来!

××山庄业主委员会　×××

2019年12月12日

单元五　欢迎词、欢送词、答谢词

一、欢迎词

(一)欢迎词的概念和类型

欢迎词是指客人光临时,主人为表示热烈的欢迎,在座谈会、宴会、酒会等场合发表的热情友好的讲话。

根据不同的分类方法,欢迎词的种类也不同。按表达方式可分为现场讲演欢迎词和报刊发表欢迎词;按社会的性质可分为私人交往欢迎词与公事往来欢迎词。

(二)欢迎词的结构和写法

欢迎词一般由标题、称谓、正文、结尾、落款五部分组成。

1. 标题

标题在第一行居中书写。标题可以用文种"欢迎词"作标题,也可用欢迎场合或对象加文种构成。

2. 称谓

称谓在第二行顶格写,一般应写全尊称,有的在名称前加上表示亲切程度的修饰语,如"尊敬的""敬爱的""亲爱的"等。

3. 正文

欢迎词正文一般先表达对客人的欢迎;接着评价对方的业绩和来访的意义;然后回顾彼此的交往、情谊,表示继续加强合作的意愿、希望;最后表达良好的祝愿或希望。

4. 结尾

用敬语再一次对来客表示欢迎与祝愿。如"再一次对你们的光临表示热烈欢迎""祝你们访问期间过得愉快"等。

5. 落款

在正文下面右下方写明致欢迎词的机关、人物的名称和日期。用于讲话的欢迎词无须署名。若需刊载,则应在题目下面或文末署名。

(三)欢迎词写作注意事项

(1)欢迎词多用于对外交往。在对外交往中,仪式也是多种多样的,所迎接的宾客可能是多方面的,因而,欢迎词要针对不同的场合和对象说话,表达不同的情谊。

(2)欢迎词应出于真心实意、热情、谦逊、有礼。语言亲切,饱含真情。

(四)欢迎词写作实例

【例文 9-11】

欢迎词

各位尊敬的女士们、先生们:

值此××物业公司成立两周年之际,请允许我代表××物业公司向到场的贵宾们表示热烈的欢迎。

××物业集团是充满活力的集团、蓬勃发展的集团、拥有强大市场竞争力的集团。自创业以来,集团由小到大、由大到强,以超常规的扩展速度撰写了××物业发展的传奇。

三年来,我们依靠虚拟经济与实体经济相结合,把整合当作企业竞争的手段和成长的路径,最终获得了"十佳物业服务"的荣誉称号。

在此,我要感谢一直以来关注、信任、伴随我公司一路走来的各位领导、合作伙伴和新老朋友们,感谢你们一直以来对××物业的支持和相伴,希望你们继续同我们××物业一起共铸明天。××物业取得今天这样骄人的业绩,离不开上级领导的悉心关怀和支持,离不开在座诸位同心同德的共同努力。在此,我衷心地表示感谢——是你们坚定的信念和艰辛的努力,才有了我们××物业欣欣向荣的今天,谢谢你们!

最后,让我们以热烈的掌声,对各位领导和来宾的到来表示热烈欢迎。

××物业集团董事长:×××
××××年×月×日

二、欢送词

(一)欢送词的概念和类型

欢送词是指客人应邀参加了活动,主人为表达对客人的欢送之意,在一些会议或重大庆典活动、参观访问等结束时的讲话。欢送词作为一种日常应用文，是当代应用写作研究的文种之一。

欢送词按表达方式可分为现场讲演欢送词和报刊发表欢送词两种。按社交的公关性质可分为私人交往欢送词和公事往来欢送词两种。

(二)欢送词的结构和写法

欢送词一般由标题、称谓、正文、结尾、落款五部分组成。

1. 标题

欢送词的标题在第一行居中书写。标题的写法，一是单独以文种命名；二是由活动内容和文种名共同构成。

2. 称谓

称谓在第二行顶格写，一般应写全尊称，如"尊敬的先生们、女士们"。

3. 正文

欢送词正文内容一般包括：首先，是对宾客的离去表示热烈欢送的话语；其次，叙述欢送的具体内容，并充分肯定对方的业绩和来访的意义；再次，回顾彼此的交往、情谊；最后，表达继续加强交往的意愿。如果是为朋友送行，还要加上一些勉励的话。

4. 结尾

欢送词的结尾要再次对宾客的离去表示热烈的欢送。

5. 落款

在正文下面右下方署上致辞的单位名称及致辞者的身份、姓名，并署上成文日期。

(三)欢送词写作注意事项

(1)欢送词用于欢送客人，致辞要恰到好处，感情要真挚、诚恳、健康，表达宾客远行时的依依惜别之情。

(2)欢送词也是一种礼节性的社交公关辞令，要短小精悍，篇幅不宜过长，这样更宜于表达主人的尊重和礼貌。

(四)欢送词写作实例

【例文 9-12】

物业公司访问欢送词

尊敬的女士们、先生们：

首先，我代表××物业全体员工，对你们访问的圆满成功表示热烈的祝贺！

××集团是我们××物业多年的老朋友，一直以来与我们友好合作、互帮互助。你们的这次参观访问，不仅给我们带来了先进的工作经验，也给我们××物业提出了很多宝贵的意见，在此我代表××物业表示衷心的感谢，并希望今后能一如既往地得到各位的帮助和指导。

此刻，你们就要离开××了，在即将分别的时刻，我们的心情依依不舍。我们欢迎各位女士、各位先生今后再次来我们这里做客，相信我们的友好合作会更长久。

祝大家一路顺风，万事如意！

××物业服务公司董事长：×××
××××年×月×日

三、答谢词

（一）答谢词的概念

答谢词是指特定的公共礼仪场合，主人致欢迎词或欢送词后，客人所发表的对主人的热情接待和关照表示谢意的讲话。答谢词也指客人在举行必要的答谢活动中所发表的感谢主人的盛情款待的讲话。

（二）答谢词的类型

依据不同的致谢缘由和致谢内容，答谢词可划分为以下两个基本类型。

1."谢遇型"答谢词

"谢遇型"答谢词，即用来答谢别人的招待的致辞，"遇"，即招待，款待。"谢遇型"答谢词常用于宾主之间，既可用于欢迎仪式、会见仪式上与"欢迎词"相应，也可用于欢送仪式、告别仪式上与"欢送词"相应。

2."谢恩型"答谢词

"谢恩型"答谢词，即用来答谢别人的帮助的致辞。"恩"，受到的好处，即别人的帮助。

（三）答谢词的结构和写法

答谢词一般由标题、称谓、正文、结尾、落款五部分组成。

1. 标题

标题在第一行居中书写。标题可以用文种"答谢词"作标题，也可用欢迎仪式名称加文种构成，如"在××物业欢送会上的答谢词"。

2. 称谓

称谓在第二行顶格写，是对所答谢对象的称呼，一般在名称前加上表示亲切程度的修饰语，如"尊敬的""敬爱的"等。

3. 正文

答谢词正文一般先对主人的热情招待致以感谢之意；然后对主人所做的一切安排给予高度评价，对访问取得的收获给予充分肯定；最后谈自己的感想和心情。

4. 结尾

答谢词的结尾，主要是再次表示感谢，并对双方关系的进一步发展表示诚挚的祝愿。

5. 落款

在正文下面右下方，写明致答谢词的姓名或单位名称，以及致辞的日期。

(四)答谢词的写作要求

1. 内容与结构要合乎规范

从前文的分析中可以看出,两类答谢词所涉及的写作内容及所运用的结构形式,各有相对稳定的模式。在写作中,一不可混淆,二不可随心所欲地"独创",要尽可能地符合写作规范,否则将会张冠李戴、非驴非马。

2. 感情要真挚、坦诚而热烈

既然要"答谢",就应该动真情、吐真言,这就是所谓"真挚、坦诚";虚情假意、言不由衷或矫揉造作,只能引来对方的反感。况且,"答谢"的本身,就是一种"言情"方式,既然要"言情",就应热烈奔放、热情洋溢,给人以如沐春风的温煦感。否则,那种薄情寡义、冰冷生硬的致辞是很难获得对方认可的。

3. 评价要适度,要恰如其分

一般来说,对于对方的行动,"谢遇型"致辞不宜妄加评论、说三道四。而"谢恩型"致辞则可就其"精神"或"风格"作出评价,但要适度,要恰如其分,不可故意拔高、无限升华,以免造成"虚情假意"之嫌。

4. 篇幅要简短,语言要精练

礼仪"仪式"毕竟不是开大会,致辞一般应尽量简短,决不可像某些领导的会议报告那么冗长。

要想篇幅简短,语言必须精练,应尽可能地将可有可无的字、句、段删掉,努力做到"文约旨丰",言简意赅。

(五)答谢词写作实例

【例文 9-13】

××物业管理有限公司总经理×××的答谢词

(××××年×月×日)

各位尊敬的女士们、先生们:

我代表××物业服务有限公司,在这里答谢各位嘉宾、各位领导光临××公司与××物业服务有限公司合作投资项目的签字仪式。

××物业服务有限公司已经走过了十多年的历程,在××市委、市政府及各经济主管部门的关心、扶持下,不仅稳定了企业、稳定了员工队伍,而且对社会也开始有所贡献和回报。

今天,××公司同××物业服务有限公司在这里举行合作投资项目签字仪式。这既是××公司以及××公司董事长×××先生对××物业的信任和支持,又是××市委、市政府不断改善投资环境、营造发展经济氛围的一个成果,更是××物业服务有限公司实现长期稳定和加快发展的一个重要契机。

××公司和××物业有限公司的合作协议签字仪式结束之后,我们将积极工作,不断提高工作效率,争取早日为××市的经济发展作出应有的贡献。

各位领导、各位来宾，谢谢你们在百忙之中光临本次合作投资项目签字仪式，同时也再次感谢你们长期以来对××物业的关心、厚爱和支持。另外，我们还要再次感谢×××为我们两个企业的合作所做的大量牵线搭桥工作。

最后，我提议：为我们之间正式建立友好合作关系，为今后我们之间的密切合作，干杯！

××物业管理有限公司总经理：×××
××××年×月×日

单元六　演讲词

一、演讲词的概念

演讲词是指在重要场合或群众集会上发表讲话的文稿。在各种会议，它用来交流思想，表达感情，发表意见和主张，提出号召倡议。

二、演讲词的类型

演讲词按表达方式可分为以下三种类型。

1. 叙事型

叙事型以叙述为主要表达方式，辅以适当议论、说明和抒情。叙事演讲词通过对人物事件景物记叙描述，表达演讲者思想感情，反映社会生活的本质和规律。

2. 说理型

说理型以议论为主要表达方式，它具有正确深刻的论点，使用确凿充足具有说服力的论据，进行富有逻辑性论证。

3. 抒情型

抒情型以抒情为主要表达方式，在演讲中抒发演讲者爱恨悲喜等强烈感情，对听众动之以情，以"情"这把钥匙来开启听众心灵。

三、演讲词的特点

演讲词具有针对性、鲜明性、条理性、通俗性和适当的感情色彩等特点。

1. 针对性

撰写演讲词要考虑听众的需要，讲话的题目应与现实紧密结合，所提出的问题应是听众所关注的事情，所讲内容的深浅也应符合听众的接受水平。同时，演讲词又要注意环境气氛，既要注意当时的时代气氛，又要了解演讲的具体场合：是庄严的会议或重大集会，还是同志间的座谈和讨论问题；是欢迎国宾，还是一般的友人聚会。不同的场合，演讲有不同的内容、不同的讲法。

2. 鲜明性

演讲词的内容不能只是客观地叙述事情，还必须表明自己的主张，阐明自己的见解。赞成什么，反对什么，表扬什么，批评什么，均应做到立场鲜明、态度明确，不能含糊。好的演讲总能以其精密的思想启发听众，以鲜明的观点影响听众，给听众以鼓舞和教育。

3. 条理性

要使讲话易被听众听清、听懂，就要条理清楚、层次分明，否则，所演讲的内容虽丰富、深刻，但散乱如麻，缺乏逻辑性，也会影响讲话效果。

4. 通俗性

演讲的语言，总的来说应该通俗易懂、明白畅晓。要做到这一步，关键是句子不要太长，修饰不要太多，不宜咬文嚼字，要合乎口语，具有说话的特点。同时，也应该讲究文采，以便雅俗共赏。

5. 适当的感情色彩

演讲既要冷静地分析，晓之以理，又要有诚挚热烈的感情即动之以情，这样才能使讲话既有说服力，又有鼓动性。

四、演讲词的结构和写法

演讲词一般由标题、称谓、正文三部分组成。

1. 标题

演讲词的标题多用形象性的、对演讲主题作高度概括的语句来充当。

2. 称谓

演讲的对象不同、场合不同，称谓也就不同，常见的有"各位领导""各位来宾""女士们、先生们""朋友们"等，通常在称谓前加上"尊敬的""敬爱的"等词，以示尊重和友好。

3. 正文

正文的结构，一般开头先是针对与会者的称呼，接着开始讲话，要造成一种气氛，引起听众注意，控制会场的情绪。主体部分全面展开论述，突出讲话中心，把全部所要表达的内容逐层交代清楚，给观众留下深刻的印象，结尾部分总结全文，表明态度。

五、演讲词写作注意事项

（1）要弄清楚演讲的目的，即为什么而讲，这是演讲词写作的前提。

（2）要弄清听众，即弄清楚对什么人讲，这样才能根据听众的特点有的放矢，才可能引起听众的共鸣。

（3）内容要新鲜，材料要充实，这样才能有吸引力，听众才会觉得有收获。

（4）结构要清晰，条理要层层展开，要有一以贯之的线索，这样才能有较强的逻辑性，也才会有较强的说服力和感染力。

（5）语言要生动、富于口语化，多用短句，流畅而有节奏，这样才适宜于演讲的氛围。

模块九　物业管理礼仪文书

六、演讲词写作实例

【例文9-14】

物业公司经理竞聘演讲稿

各位领导、同志们、评委们：

　　大家下午好！

　　首先非常感谢大家给我这个机会、这个平台，让我展示一次自我。首先我竞聘物业公司经理，作为我个人来讲，我是有条件的，当然更主要的是得到大家的认可和支持。

　　我是××本科毕业，从事物业管理八年时光，我从基层保安做起，体验着每一份工作，一步一个脚印，在各个岗位都锻炼过，因此，对每个岗位都熟悉，而且在所在的岗位上，我都认真工作，踏实做事，无论是普通工作，还是管理工作，我都做到了"干一行，爱一行"，并荣获过不少先进称号，因此，物业管理对于我来说，已成为我生命的一部分。我所竞聘的岗位资格是物业公司经理。

　　借此机会就竞聘经理一职谈一下自己工作设想。

一、经理的重点和难点

　　环境管理是人类起居生活不可缺少的部分；是人的生活质量的一个重要指标；是物业管理的一项重要内容。而环境管理主任一职是公司品质管理处的一个重要职能部门，其重点体现在：

　　1. 桥梁作用：如何彻底贯彻公司的品质方针，把部门的工作做到实处，使一线工作紧密围绕公司的质量方针开展，依托公司的百年制度，为公司的百年品牌作出贡献，这是该岗位的工作重点之一。

　　2. 监督和指导作用：该岗位应具有丰富的专业知识和熟悉公司的各项规章制度，并对行业法律法规有较为深刻的了解，从而有效的对一线工作起到监督和指导作用，并对一线部门展开形式多样，切实可行的培训，使各一线的工作质量保持稳步改进和提高。

　　3. 考核作用：依据公司成熟的考核机制，公开、公平、公正的对各一线部门进行考核，努力使各部门进入到一个良性、有序、你追我赶的局面中。

　　其难点体现在：

　　1. 怎样使公司的百年品牌战略有机的分解到每一个实际操作中。

　　2. 怎样使精细化管理渗透到每一个具体工作环节中。

　　3. 怎样率领部门突破行业上较为突出的矛盾。

二、对公司企业文化的理解

　　一个企业要想健康发展，成为"百年老店"，企业的规章制度是最为重要的。俗话说得好，"没有规矩，不成方圆"。如果企业没有规章制度，就没有办法对其员工进行相应的约束，也就没有办法具体地告诉其员工，哪些事情是应该做的，哪些事情是不应该做的；如果企业没有规章制度，员工就不知道如何处理公司的正常业务，只能按照领导的意思去做。长而久之，员工的心思就不会放在公司的业务之上，而去揣摩领导的心思，搞人际关系，这样做的结果势必对企业的健康发展产生不利的影响，最终导致企业的衰落。在这里所指的企业规章制度其实就是指企业文化。什么是企业文化呢？按照通俗意义上讲，企业文化是指集企业全体员工的智慧，共同制定的企业员工行为准则，是企业员工共同遵守的准则。

公司员工手册第七条明确了公司的核心价值观是"追求、财富、机制、精神、利益和文化"。第八条明确了"人、诚、实、效"是企业文化的精髓，每个员工都必须做到，要像爱护眼睛一样维护和珍惜这四个字。

企业文化的树立，不仅仅是一种公司的宣传手段，最重要的是如何将其落实下去，让公司里面的每一名员工都能深刻体会到企业文化对公司发展的重要性。只有当员工深刻意识到自己的行为是符合企业文化要求的，处处以企业文化来严格要求自己，那么企业文化才能真正发挥其最终的效果。而××的核心竞争力是拥有一套成熟的规章制度和一群能彻底执行制度的员工，让公司企业里面的每一名员工，为追求共同的核心价值观一起努力吧！

在与一些同事聊天时，有些同事对企业文化的概念还较模糊，有些甚至把大比武、篮球、羽毛球等文化活动等同于企业文化，建议公司多开一些有关企业文化的培训课。

三、工作设想

我将紧紧围绕公司的目标：接一座物业，创一片天地，树一个品牌，实现经济效益和社会效益双丰收。把重心放在树立公司的品牌战略上。物业企业的生存前提是什么？是优质的管理服务！随着管理范围的扩展，物业企业壮大了，卖的是什么？是品牌！物业企业要发展，靠的是什么？还是品牌！品牌是产品个性化的表现，它是产品特性的浓缩。物业管理提供给业主（客户）的产品就是服务，服务质量铸造了企业品牌。在战术上我将展开一系列具体工作，重点集中以下几个方面。

（1）责权清晰的管理架构是品牌战略的前提。

一个项目的管理架构好像一个人的骨架，人的骨架是直是弯，全凭个人平时养成的良好习惯。项目管理架构确立后，怎样使其责权明确、清晰尤为重要。项目管理架构是什么样的将带出什么样的兵，现代企业的特点是分工越来越精细，合作越来越紧密，只有管理架构的责权清晰，才能彻底地落实公司的每项指令，才能理顺各部门的思路，才能带出有作战力的团队。

（2）稳定的服务团队是品牌延伸的基础。

新项目前期的队伍组建和稳定是很重要的一项工作，管理人员既要配合公司迅速招聘合格的人选，又要率领所部理顺前期的各项工作，还要把人心留住。这要求我们每个人须具备五心，即"责任心、诚心、耐心、细心、关心"。我们的团队只要做到用"五心"做人做事，必是一个很融洽、稳定、有作战力的队伍。

（3）不同类型的培训是品牌延续的核心内容。

由于物业管理的生产过程与消费过程在同一环节，生产过程在前台，暴露在业主面前，服务人员的一个笑容、一个眼神、一个走路的姿势都会导致业主的投诉，因此，人最重要。首先在选择员工时，我坚持"德才兼备，以德为主"的思想，无才不成器，无德即是祸，古训也讲"德，才之帅也；才，德之资也"。其次是抓培训、练队伍。在一个团队中，队员综合素质的高低在很大程度上将会直接影响到团队的发展前景。因此，日常培训是工作中至关重要的环节。通过有计划、有目的的培训工作，进一步增强员工的主人翁意识、服务意识和创新意识，使员工的个人成长远景与公司的发展目标有机结合起来，充分调动员工的积极性和创造性，发挥上下一盘棋的合力优势，始终坚持岗前、岗中、岗后培训。我的管理原则中就把"培训、培训、再培训，使每位员工把关心业主服务当成职业习惯"这句话列在培训制度上。各部门每月都就思想教育、质量管理、技术应用等方面主题做出每月的培训计划。例如，拿处理投诉培训来说，培训中我们告诫员工要认真对待投诉，强调"你的言语举止代表的是公司的整体形象"，调查显示："每27个遭遇到同样待遇的人，只有一个人会投诉，也就是说，每个投诉人的背后，还有26个和他一样愤怒的人。而如果投诉没有得到及时解决，他会告诉其他8～16个人，并从此不再信任你，你只有一次机会，如果这次做不好，即使以后做得再好，他也不会领情"。

（4）健全的管理制度是品牌的保证。

"用制度管人，用企业文化管心。"这是公司李董经常教导我们的一句话。我将严格遵照政府有关物业管理的法令、公司的要求，使各部门建立一套完整的、有效的、科学的岗位责任体系、规范的服务标准、严密的考核办法，使各部门每天、每个人、每件事都更加条理化、制度化、规范化、程序化和标准化，以确保优质的服务质量与高效的管理运作。

（5）优质的管理服务是品牌的关键。

质量是品牌的生命，为此，坚持"让业主满意、让业主感动，提供超越业主期待的服务"的质量方针和树立"业主并不总是对的，但他们永远是第一位的"管理理念，并营造"安（安全）、暖（温暖）、快（快速）、洁（清洁）、便（方便）"的生活和办公环境，来确保公司的质量体系能够得以彻底地贯彻和稳定地运行，从而保证服务质量的不断提升。其中"快"应做到，接到电话5分钟进入现场，30分钟解决问题，3小时解决不了时给业主一个满意的答复。

（6）全方位的创新是品牌的本质。

因为创新是品牌持续的根本和关键。第一，管理创新。实行"直线指挥制""培训制""三工并存、动态转换"（三工：优秀员工、合格员工、试用员工）、"员工提案制度""成功激励讲座""团队精神"等各种创新的管理方法，来优化管理制度与组织运营模式。提倡"细微之处见精神"。在传统的计划体制下，管理是为了管理而管理。例如，吐痰，管理人员看着你吐，然后揪着你罚款。假如吐痰时，管理人员掏出一张纸说，先生，你吐在这上面吧。你可能以后一辈子都不会把痰吐在地上，这就是人性化管理的一方面。第二，技术创新。普及管理项目的计算机网络运用技术，提高工作效率和服务质量，不定期开展计算机应用知识讲座，增强管理人员素质以适应高效管理与质量管理的要求，提升物业服务的科技含量。第三，服务创新，量化考核，目标明确。例如，房屋完好率100%，设备完好率100%，客人投诉处理率100%，合同履行率100%。建立"业主服务满意体系"1个目标——服务满意；2个理念——关注业主、持续改进；3个干净——办公与生活环境干净、机房干净、设备干净；4个不漏——不漏气、不漏水、不漏电、不漏油；5个良好——设备运行与维护良好、卫生保洁与绿化养护良好、商务礼仪与安全管理良好、管理服务质量与态度良好、客户与业主反映良好。物业管理工作，无论是保安站岗巡逻、保洁擦窗拖地，还是工程维修养护工作都是在一种反反复复、认认真真、兢兢业业、没完没了的过程中完成的，那么对员工爱岗精神和敬业思想的观念培养和训练是一个长期的工作。我坚持提倡物业工作"细致之处见精神"的理念，物业无小事，都不简单，什么是不简单？就是把一些简单的工作成千上万次地做对，就是不简单；什么是不容易？就是把一些公认容易的事情非常认真地做好，就是不容易。作为管理人员，我们的培训也包括参加一线劳动，我们必须了解员工对工作的感受，他们如何通过自己的付出给他人带来幸福，如何忍受他人的误解和偏见造成的委屈。我在以前的公司任职时就要求每个管理人员每月至少腾出一天到第一线去干一些所管辖范围内的下层工作，如试着去清洁一个洗手间、试着去站一小时的岗、试着去换几个灯泡等，这一天被称作"我的服务日"。当领导以服务他人引路时，领导就成为员工学习的榜样。如果要求员工双倍地努力工作，干部就要十倍地努力工作。

（7）成本控制是维护品牌的一条主动脉。

我将严格按照公司任务书所下达的各项成本控制的指标来运行项目上的工作。牢牢树立成本控制观念，落实到每一个岗位、每一个环节。

四、此次岗位资格竞岗根据（对自身条件的客观分析）

我认为自己有以下优势：

第一、具有强烈的事业心和工作责任感；

第二、具有良好的思想道德修养。平时注重个人修养，踏实做事，正直为人，坚持原则，公正地看待问题，处理问题。有大局观念、团结意识、配合意识强；

第三、经过多个工作岗位的实践锻炼，培养了自己多方面的能力；

第四、我的思想比较活跃，接受新事物比较快，爱学习、爱思考、爱出点子，工作中注意发挥主观能动性，这有利于开拓工作新局面；

第五、我办事稳妥，处世严谨，在廉洁自律上要求严格，这是做好一切工作的保证；

第六、我信奉诚实、正派的做人宗旨，能够与人团结共事，而且具有良好的协调能力；

第七、我认为自己具备担当此职位所必需的知识和能力。

在具体工作中，我将以"三个服从"严格要求自己，以"三个一点"找准工作切入点，以"三个适度"原则与人相处。"三个服从"是个性服从全局，感情服从原则，主观服从客观。切实做到服务不欠位，主动不越位，服从不偏位，融洽不空位。"三个一点"是当上级要求与我部实际工作相符时，我会尽最大努力去找结合点；当部门之间发生利益冲突时，我会从政策法规与工作职责上去找平衡点；当领导之间意见不一致时，我会从几位领导所处的角度和所表达意图上去领悟相同点。"三个适度"是冷热适度，不与人搞拉扯、吹拍，进行等距离相处；刚柔适度，对事当断则断，不优柔寡断；粗细适度，即大事不糊涂，小事不计较。做到对同事多理解、少埋怨、多尊重、少指责、多情义、少冷漠。刺耳的话冷静听，奉承的话警惕听，反对的话分析听，批评的话虚心听，力争在服务中显示实力，在工作中形成动力，在创新中增强压力，在与人交往中凝聚合力，以共同的目标团结人，以有效的管理激励人，以自身的行动带动人。用真情和爱心去善待我的每一个同事，给他们营造一个宽松的工作环境和发展空间；用制度和岗位职责去管理我的同事，让他们像圆规一样，找准自己的位置；像尺子一样公正无私；像太阳一样，给人以温暖；像竹子一样每前进一步，小结一次，努力实现"以为争位，以位促为"的工作目标。

如果我这次竞岗成功，这是大家的厚爱和鼓励，我一定以踏实的工作作风、求实的工作态度、进取的工作精神恪尽职守，履行职责，以实际行动履行自己的诺言。如果我竞岗落选，说明我还有差距，决不气馁。因为从事何种工作岗位并不重要，重要的是如何对待工作，如何在岗位上发掘美的闪光点。古人说："不可以一时之得意，而自夸其能；亦不可

模块九　物业管理礼仪文书

以一时之失意,而自坠其志。"资格竞争,有成功有失败,无论成功或失败,我都将以这句话自勉,一如既往地勤奋学习、努力工作。

谢谢大家!

本模块主要介绍了物业管理礼仪文书中的请柬、邀请信、贺信(电)、感谢信、慰问信、开幕词、闭幕词、欢迎词、欢送词、答谢词、演讲词等内容。

(一)请柬、邀请信

请柬又称作请帖,在社会交际中广泛使用,是邀请客人参加某种活动所使用的文书。

使用请柬,既可以表示对被邀请者的尊重,又可以表示邀请者对此事的郑重态度。凡召开各种会议,举行各种典礼、仪式和活动,均可以使用请柬。所以,请柬在款式和装帧设计上应美观、大方、精致,使被邀请者体味到主人的热情与诚意,感到喜悦和亲切。

邀请信是指由机构、团体、公司、学校等单位或个人举办某些活动时,发予目标单位成员前来参加的邀请性质的信件。邀请信一般包括此次活动的性质、活动的内容、发出邀请、祈请回复及落款等。

邀请信通常适用于一些平常的事情的邀请,而且邀请人同被邀请人之间又很熟悉。一般邀请信具有简短、热情的特点。使用范围很广,召开庆祝会、纪念会、联欢会、洽谈会、订货会、研究会、交流会,以及举行招待会、宴会、茶话会等都可以发邀请信。

(二)贺信(电)

贺信(电)是指国家、机关团体或个人向取得重大成绩或有喜庆之事的有关单位或人员表示祝贺或庆贺的礼仪书信(电报)。贺信(电)具有祝贺性和广泛性。

(三)感谢信、慰问信

感谢信是指得到某人或某单位的帮助、支持或关心后答谢别人的书信。感谢信对于弘扬正气、树立良好的社会风尚,促进社会主义精神文明建设具有重要的意义。

慰问信是组织或个人在重大节日、纪念日或遇到某种特殊情况时向集体或个人表示关怀、问候、慰藉、鼓励的专用书信或电报。

慰问信能够体现组织的温暖、社会的关怀和人与人之间深厚的情谊,给人以继续前进和克服困难的力量、勇气和信心。

(四)开幕词、闭幕词

开幕词是指党政机关、社会团体、企事业单位的领导人,在会议开幕时所作的讲话,旨在阐明会议的指导思想、宗旨、重要意义,向与会者提出开好会议的中心任务和要求。

闭幕词是指党政机关、社会团体、企事业单位的领导人在会议闭幕时所作的总结性讲话。闭幕词按内容可分为一般闭幕词和侧重性闭幕词;按形式可分为口头闭幕词和书面闭幕词。

(五)欢迎词、欢送词、答谢词

欢迎词是指客人光临时,主人为表示热烈的欢迎,在座谈会、宴会、酒会等场合发表的热情友好的讲话。根据不同的分类方法,欢迎词的种类也不同。按表达方式可分为现场讲演欢迎词和报刊发表欢迎词；按社交的性质可分为私人交往欢迎词与公事往来欢迎词。

欢送词是指客人应邀参加了活动，主人为表达对客人的欢送之意，在一些会议或重大庆典活动、参观访问等结束时的讲话。欢迎词作为一种日常应用文，是当代应用写作研究的文种之一。

答谢词是指特定的公共礼仪场合，主人致欢迎词或欢送词后，客人所发表的对主人的热情接待和关照表示谢意的讲话。答谢词也指客人在举行必要的答谢活动中所发表的感谢主人的盛情款待的讲话。

(六)演讲词

演讲词是指在重要场合或群众集会上发表讲话的文稿。在各种会议，它用来交流思想，表达感情，发表意见和主张，提出号召倡议。

演讲词具有针对性、鲜明性、条理性、通俗性和适当的感情色彩等特点。

▶ 复习思考题

1. 请柬的样式有哪几种？
2. 请柬的结构和写法是怎样的？
3. 什么是邀请信？写作邀请信时应注意哪些事项？
4. 贺信(电)的特点和种类是怎样的？
5. 感谢信的特点有哪些？根据不同的标准可分为哪几种？
6. 慰问信的结构和写法是怎样的？
7. 开幕词按不同分类方法如何划分？
8. 闭幕词的主要特点有哪些？
9. 欢迎词、欢送词有哪些类型？
10. 演讲词按表达方式可分为哪几种类型？
11. 下文感谢信有何不妥之处，请指出。

感谢信

尊敬的业主：

　　新春快乐！

　　在春回大地、瑞雪丰年、全家团聚的日子里，业主委员会主任×××等一行前来慰问我公司全体员工，并带来大家都喜欢的节日慰问品。在此，我们全体工作人员向你们表示由衷的感谢！

　　最后，我们工作人员对你们的关心、帮助，再次表示衷心的感谢！

　　祝愿你们身体健康，工作顺利，春节快乐！

参考文献

[1] 何梦生，王键．物业管理应用文写作[M]．北京：电子工业出版社，2006．
[2] 俞红蕾．物业管理应用文写作[M]．北京：中国人民大学出版社，2018．
[3] 林升乐，李丽雅，胡晓娟．物业管理应用文写作[M]．重庆：重庆大学出版社，2004．
[4] 吴秀清．物业应用文写作[M]．北京：中国建筑工业出版社，2008．
[5] 鲁捷，杨凤平．物业管理应用文写作[M]．北京：机械工业出版社，2010．
[6] 夏晓鸣，张剑平．应用文写作[M]．5版．北京：首都经济贸易大学出版社，2018．
[7] 武永春．物业管理[M]．北京：机械工业出版社，2009．
[8] 谭吉平，周林．建筑应用文写作[M]．北京：中国建筑工业出版社，2011．
[9] 张兰，沙聪颖，姜琴，等．应用文写作教程[M]．北京：清华大学出版社，2019．
[10] 郭筱筠．建筑应用文写作[M]．北京：北京交通大学出版社，2010．
[11] 胡伟，唐燕儿，温子勤．应用文写作[M]．北京：北京大学出版社，2015．
[12] 张文锋，王玉红，谭焕忠，等．房地产应用写作[M]．大连：东北财经大学出版社，2006．
[13] 佛山市消费者委员会．佛山市消委会发布《佛山市物业服务消费者调查报告》[EB/OL]．[2018－02－08]．http：//www.cca.org.cn/jmxf/detail/27889.html．